imaginist

想象另一种可能

理想国

imaginist

The Seventeenth Century and the Dawn of the Global World

Timothy Brook

Vermeer's Hat

维米尔的帽子

17世纪和
全球化世界的黎明

［加］卜正民———→著
黄中宪———→译

北京日报出版社

VERMEER'S HAT

by Timothy Brook

Copyright © 2008 Timothy Brook

Published by agreement with Beverley Slopen Literary Agency

through the Grayhawk Agency

All rights reserved.

本书译文由台湾远流出版事业有限公司授权使用。

北京版权保护中心外国图书合同登记号：01-2022-4412
地图审图号：GS 京（2022）0862 号

图书在版编目 (CIP) 数据

维米尔的帽子：17 世纪和全球化世界的黎明 /（加）
卜正民 (Timothy Brook) 著；黄中宪译 . -- 北京：北
京日报出版社，2023.1（2024.10 重印）
　　ISBN 978-7-5477-4378-2

　　Ⅰ. ①维… Ⅱ. ①卜… ②黄… Ⅲ. ①国际贸易－商
业史－研究－世界－ 17 世纪 Ⅳ. ① F749

中国版本图书馆 CIP 数据核字 (2022) 第 148985 号

责任编辑：姜程程
特约编辑：鲁兴刚　魏钊凌
装帧设计：wscgraphic.com
内文制作：陈基胜

出版发行：北京日报出版社
地　　址：北京市东城区东单三条 8-16 号东方广场东配楼四层
邮　　编：100005
电　　话：发行部：(010) 65255876
　　　　　总编室：(010) 65252135
印　　刷：山东韵杰文化科技有限公司
经　　销：各地新华书店
版　　次：2023 年 1 月第 1 版
　　　　　2024 年 10 月第 2 次印刷
开　　本：880 毫米 ×1230 毫米　1/32
印　　张：9.75
字　　数：217 千字
定　　价：65.00 元

版权所有，侵权必究，未经许可，不得转载

如发现印装质量问题，影响阅读，请与印刷厂联系调换：0533-8510898

献给菲（Fay）

意义与价值源自与他人持续不断的对话，而我们所得的意义与价值，只是那不断对话中的短暂驻足而已。

——盖里·汤林森，（Gary Tomlinson）《文艺复兴魔术里的音乐》

目 录

中文版序

　　世界并非自然形成。人们通过自己的所做、所说、所信仰——最重要的是通过彼此的交流将其创造出来。家庭或村落中发生的事情，对置身其中的人来说很重要，但是这种效力往往仅限当地。正是跨区域和跨文化的交流创造了世界。这是历史的动力源泉，是世界变化的方式。

　　本书描绘了 17 世纪上半叶的剧变，越来越多来自世界遥远角落的人发现自己被聚合在了一起。变化的动力不是探索或者发现，也不是渴望遇到陌生人群，并理解他们如何不同——虽然这是随之而来的事情。推动这一新接触浪潮的是简单的经济学：贸易。虽然有一些风险，但购买在一个地方可以廉价获得的货物，并在另一个地方以更高的价格出售一直是一种赚钱的营生。17 世纪出现的变化是贸易规模的扩大。贸易路线向外延伸、更大规模和更耐久的船舶被建造、航海知识传播开来、开采白银的规模足够大以至它可以作为一种通行货币。一个全球性的交易网络形成，明朝成为网络中的一个结点。

　　本书封面上那幅维米尔的画作，也许会使人觉得这是一本研究荷兰画家的书。但它不是，也并非一本艺术史的书籍。它是关于世界的转变，以及它如何触及世界各地的各个人，包括约翰内斯·维米尔（Johannes Vermeer）。在 2008 年本书英文版出版时，英语读者惊讶地发现，我们甚至有可能将维米尔与全球贸易联系在一起。这位荷兰画家因其绘制的那些在安宁祥和的气氛中的女性画作而为人知晓。他描绘一个安静的室内空间，似乎与房间外面的严酷现实相隔绝。他有一种使外部世界消失的天赋。我的读者全都没有想过在他的画作中寻找 17 世纪世界如何改变的标志——而这种改变很大程度上是因为中国。

　　我决定使用维米尔讲述一个他自己无意述说的故事，是为了我的西方读者。对他们来说，17 世纪很遥远，明朝更远。大多数人认为他们没有办法接近中国，因而他们选择回避这一主题。为了说服西方读者跟随我进入陌生的领域，我需要给他们一位他们知道且信任的向导。假如我把董其昌的一幅画放在封面上，普通的西方读者会拿起这本书，和我一起回到明朝吗？恐怕不会。然而，通过跟随维米尔，他们惊讶地发现中国并不那么陌生。他们的另一个惊讶则证明维米尔这一向导是多么优秀：他的绘画并不是和更广阔的世界没有关系的封闭空间。事实上，它们被全球发生的事情深刻地影响。

　　中国读者可能从相反的方向走向本书，因为维米尔所处的是国外，而明朝则是自己家里。然而，即便对于居于中国的你们来说，本书也应该能帮助你们获得一些不同的东西。有关明王朝的标准叙事，特别是明晚期，是一种国内政治衰落和道德沦丧。我在本书中提供的视角则扭转大家以往关注的方向，并将目光投向外部。我希望我的读者不要把明朝当成它自己的故事，而是把它看成全球故事的一部分；不要只认为景德镇瓷器是中国风格的表达，而要思考当这些瓷器出现在荷兰家庭时所产生的影响；不要以为中国人自古以来就喜欢吸烟，而是细观烟草如何传入中国，而就在同一时刻青花瓷正抵达西方。这些交流都不是必然会发生的，但是它们也不可能早于这时发生。它们是 17 世纪世界正在经历的历史转型的一部分。贸易将世界上曾经孤立的区域连接成一个全球交流网络，转移简单的商品乃至复杂的观念在内的所有东西。这是一个无人可以预测的变革，也无人能够扭转。它已经如此强大，以至于其他一切事物也都被改变，包括维米尔的画作。

四个世纪以后，我们对此似曾相识。

第一章　从代尔夫特看世界

二十岁那年夏天，我在阿姆斯特丹买了辆脚踏车，往西南骑过荷兰，展开从亚得里亚海滨的杜布罗夫尼克（Dubrovnik）到苏格兰本尼维斯山（Ben Nevis）这趟旅程的最后一段行程。第二天，我骑行在荷兰乡间，时近傍晚，天色开始变暗，从北海飘来的毛毛雨，把路面变得又湿又滑。一辆卡车擦身而过，把我逼到路边，我一个不稳，连人带车跌到烂泥里。我没受伤，但浑身又湿又脏，挡泥板也给撞弯了，必须拉直。在外流浪，总会碰上坏天气，我通常躲到桥下，但那时无桥可以栖身，于是我找上最近一户人家，敲门请求避雨。奥茨胡恩太太早就从家中前窗目睹我摔车——我猜她有许多漫漫午后是在前窗边度过的——因此，当她开门露出一道缝，往外打量我时，我丝毫不觉惊讶。她迟疑了一会儿，然后甩开疑虑，把门大大打开，让这个又湿又脏的狼狈加拿大青年进到屋里。

我想要的只是站着避一阵子雨，打理好精神就出发，但她不同意，反倒让我洗了热水澡，请我吃了一顿晚餐，留我住一晚，还硬塞给我几样她已故丈夫的东西，包括一件防水外套。隔天早上，明亮的阳光洒在厨房餐桌上，她请我吃了一顿我这辈子吃过最美味的早餐，然后赧然轻笑，说起她儿子若知道她留一个完全不认识的人在家里过夜，而且还是个男人，会有多生气。吃完早餐，她给我当地景点的明信片当纪念，建议我去其中几个地方逛逛再上路。那个星期天早晨，阳光耀眼，我又不赶行程，索性照她的建议，出去随便走走看看。我没想到，就那随意的一游，我与她所在的城镇结下了不解之缘。她给了我代尔夫特（Delft）。

"一座最赏心悦目的城镇，每条街上都有好几座桥和一条河"，以日记闻名于世的伦敦人塞缪尔·佩皮斯（Samuel Pepys）在 1660 年 5 月走访代尔夫特时，如此描述这城镇。他的描述与我所见丝毫无差，因为代尔夫特大体上仍维持 17 世纪时的模样。那天早上，状如 15、16 世纪西班牙大帆船的云朵，从西北边十几公里外的北海急涌而来，将斑驳云影洒在狭桥，以及大卵石铺成的街道上，阳光映射在运河的河面，把屋宇的砖彻正立面照得亮晃晃的。意大利人以打入潮滩的木桩为基础，建造出规模更为宏大的海上运河城市——威尼斯。荷兰人所建的代尔夫特则与此不同，它位于海平面之下。代尔夫特以堤防挡住北海，开凿有闸水道，排干沿海沼地。这段历史就保留在代尔夫特这个字里头，因为荷兰语的 delven，意为"挖凿"。贯穿代尔夫特西城区的主运河，如今仍叫奥德代尔夫特（Oude Delft），意为"旧的有闸水道"。

从代尔夫特的两座大型教堂，特别能看出 17 世纪的历史面貌。位在大市场广场（Great Market Square）的是新教堂，兴建时间比奥德代尔夫特运河边的旧教堂晚了两个世纪，因此而得名。这两座

宏大建筑建造、装饰之时（旧教堂是 13 世纪，新教堂是 15 世纪）
当然属于天主教堂，但今天已不是如此。阳光从透明玻璃窗射进
来，照亮教堂内部，抹掉了那段早期历史，只呈现之后所发生的事
情：禁绝天主教的偶像崇拜作风（包括在 16 世纪 60 年代拆掉教堂
的彩绘玻璃）、将教堂改造成近乎世俗崇拜形式的新教集会所。当
时的荷兰人为了摆脱信仰天主教的西班牙人的统治，多方抗争，而
禁绝天主教的偶像崇拜作风就是其中之一。两座教堂的地面大体是
17 世纪的古迹，因为上面布有铭文，用以标示 17 世纪代尔夫特有
钱市民坟墓的所在。当时的人希望埋骨之处离圣所愈近愈好，而埋
在教堂底下又比埋在教堂旁边好。历来有无数画作描绘这两座教堂
的内部，其中有许多幅画里可见一块抬起的铺砌石，偶尔甚至可以
看到正在干活的挖墓工，以及正忙着自己的事的人（和狗）。教堂
保留了每户人家埋葬地点的记录簿，但大部分坟墓没有刻上墓志铭。
只有负担得起立碑费用的人，才会刻上自己的名字和一生行谊。

　　在旧教堂里，我碰巧看到一块刻有约翰内斯·维米尔 1632—
1675 的石头，每个字刻得工整而朴实。几天前，我才在阿姆斯特丹
国家博物馆欣赏过维米尔的画作，想不到竟会无意中在这里碰上这
位艺术家的最后遗物。我对代尔夫特或维米尔与代尔夫特的关系一
无所知。但突然间，他就出现在我面前，等着我打量。

　　许多年后，我得知那块石头并非他死时就铺在墓上。当时，维
米尔还算不上是大人物，没资格拥有刻了铭文的墓碑。他只是个画
家而已，某个还不错的行业里的一名工匠。没错，维米尔是圣路加
手工艺人工会的领导之一，而且在该镇的民兵组织里位居高位——

但他的邻居里，还有约八十个人拥有同样的高位。他死时一贫如洗，即使他死时有钱，那也不足以让他有资格享有铭文墓碑的殊荣。一直要到19世纪，收藏家和博物馆馆长才把维米尔幽微缥缈、难以捉摸的画作视为大师之作。如今所见的那块石碑是到了20世纪才摆上，好让许多知道他埋骨之处而特意前来凭吊的人——不像我是不知他埋骨处而无意间碰上——能一偿所愿。但是那块石板所在的位置，其实并非维米尔真正埋葬之处，因为1921年大火之后，教堂重建，所有铺砌的石头全被拆掉再重铺。今人所知的，就只是他的遗骸埋在那教堂底下某处而已。

维米尔在代尔夫特生活的痕迹，除了埋骨处之外，其余皆已不存。今人知道他在大市场广场附近他父亲的客栈长大。长大后，大部分岁月在旧长堤上他岳母玛丽亚·廷斯（Maria Thins）家度过。在岳母家一楼，围绕他的子女愈来愈多，在二楼，他画了大部分的画作。最后，四十三岁时，债台高筑、灵感枯竭的他，在岳母家猝然逝去。那栋房子在19世纪被拆掉。与维米尔在代尔夫特生活有关的具体东西，无一留存。

欲一窥维米尔的世界，只有透过他的画作，但是在代尔夫特，这也不可能。存世的三十五幅画作中（另有一幅原收藏于波士顿的伊莎贝拉·斯图尔特·加德纳博物馆，但是在1990年失窃，至今下落不明），没有一幅留在代尔夫特。那些画作全在他死后卖掉，或运到别处拍卖，如今散落在从曼哈顿到柏林的十七座美术馆里。离代尔夫特最近的三幅画作，在海牙的莫瑞泰斯皇家美术馆。这三幅画离代尔夫特不远——17世纪时搭内河平底船到海牙，要花四个小时，如今搭火车只消十分钟——但终究不在他画那些画的所在地。要看维米尔的画，就要到代尔夫特以外的地方。在代尔夫特，就要断了亲眼领略维米尔画作的念头。

维米尔的绘画生涯为何发迹自代尔夫特，而非别的地方，理由多不胜数，从当地的绘画传统到代尔夫特天然光影特色都是。但那些理由并不足以让人断定，维米尔若是住在荷兰其他地方，就画不出那么出色的画作。环境很重要，但无法解释所有的现象。同样，我可以提出许多理由，说明17世纪人类生活的跨文化转变这一全球史为何一定得从代尔夫特开始谈起，但那些理由并不能让人相信，代尔夫特是唯一一个应该作为起点的地方。事实上，那里所发生的事，除去可能改变了艺术史的进程之外，没有一个改变了历史的进程，而我也无意在这之外另发高论。我从代尔夫特开始谈起，纯粹是因为我碰巧在那里摔车，因为碰巧维米尔曾住在那里，因为我碰巧欣赏他的画作。只要代尔夫特不挡住我们远眺17世纪的世界，根据这些理由选择该地作为审视17世纪之地，自然也无不可。

假设选择别的地方作为讲述这段故事的起点，结果又会如何呢？譬如说，选择上海。因为第一次走访代尔夫特又过了几年之后我去了上海，而因为那趟上海之行，我成为研究中国史的学者。事实上，那同样无悖于这本书的构想，因为欧洲和中国正是我在书中所描述互连磁场的两极。若是选上海而弃代尔夫特，我所要讲述的故事会有多大的改变？有可能改变不大。如果撇开显而易见的差异，寻找那两地的相似之处，上海其实和代尔夫特很相似。上海一如代尔夫特，建在原为海水所覆盖的土地上，而且倚赖有闸水道排干上海所在的沼泽地（"上海"也可解为"居海上之洋"，但其实是"上海浦"的简称，意为"靠近河流源头的有闸水道"）。上海同样曾有城墙环绕（但只在16世纪中叶时修筑城墙，以防倭寇入侵）。上海本来有纵横交错的运河和桥梁，而且本来也有水路直通海上。新开垦的土地催生出发达的农业经济，上海成为经济的交易中心，并与周边乡间的商品生产的手工网络紧密相连（当时是棉织品）。代尔夫特有城市中产阶级，他们成为维米尔笔下的人物，雇请维米尔作画，但上海没有这样的居民，文化、艺术的发展大概也大不如代尔夫特。上海最赫赫有名的子弟（后皈依天主教）徐光启，在1612年的信中抱怨上海"薄恶风习"。但上海的富裕人家常赞助艺术，习于虚荣性消费——包括买画和展示画——这和代尔夫特富商的行径似乎颇为相似。更惊人的巧合乃是上海是董其昌的出生地。董其昌是当时最出色的画家和书法家，改造了传统绘画手法，为近代中国艺术奠下基础。称董其昌是中国的维米尔，或称维米尔是荷兰的董其昌，都毫无道理，但两人之间的相似处太过耐人寻味，无法略而不谈。

讲到代尔夫特与上海之间的差异，你或许会觉得两地的相似只是表面。首先是规模上的差异：17世纪中叶时代尔夫特只有两万五千人，位居荷兰第六大城市，至于上海，在17世纪40年代饥荒、动乱之前，城居人口比代尔夫特多了一倍有余，乡村人口则达五十万。更重要的差异在于政治背景：代尔夫特是摆脱西班牙哈布斯堡王朝统治后，新兴共和国的重要基地，而上海则是明清帝国牢牢掌控下的地方政府所在地[1]。从规范其与外界互动的国家政策来看，代尔夫特、上海也必然泾渭分明。荷兰政府积极建构遍及全球的贸易网，中国政府则是在与外国人接触、通商方面忽禁忽开，政策摇摆不定(禁止通商的政策在当时中国内部引发激烈争辩)。这些差异都不小，但我并不觉得重要，因为它们对我的目的影响不大。我写此书的目的是去呈现一个更大的整体，一个人类正以前所未见的方式建构联系和交换网络的世界，而上海、代尔夫特都是这个整体的一部分。不管是从其中哪个开始谈，故事在大体上都没有什么两样。

选代尔夫特而弃上海，与前者还留存古代的氛围有关。我在代尔夫特摔车，一脚跨进 17 世纪的氛围，但若在上海摔车，就不会有这种际遇了。上海的过去已在殖民主义、计划经济、晚近的全球资本主义相继改造下踪迹全无，若要一窥明代风貌，只能求助于图书馆的史料。在豫园周边的小街上，还残存些许明朝风韵。豫园坐落在旧城的中心，乃是园主为了侍奉告老还乡的父亲，在 16 世纪末建成的。后来，以豫园为核心，兴起一个小型的公共集会区，居民在此从事多种活动，包括艺术家到此挂出画轴售卖。但在接下来几百年里，这一带盖满了房子，如今已少有遗迹可让人一窥明朝时该地的风貌了。

但我以代尔夫特而非上海作为我故事的开端，还有一个特殊理由：维米尔留下了一批描绘代尔夫特风土人物的出色画作，而董其昌则未留下这样一批描绘上海的画作。一等到经济能力足以搬到

---

[1] 明朝建于 1368 年，1644 年起义军攻陷北京，明思宗崇祯皇帝自杀。随后清军入关，将起义军逐出北京，明朝灭亡。清王朝维持到 1912 年。

县城去住，董其昌就离开上海。维米尔则待在老家，画下他周遭所见。浏览他的油画，我们似乎进入栩栩如生的世界，在他们周围环绕着充满家庭氛围的事物。他画中的谜一样的人物，带着我们永远无法知晓的秘密，因为那是他们的世界，而不是我们的世界。但是他呈现那些人物的手法，似乎让观者觉得自己进入温馨的私密空间。但那全是"似乎"。维米尔的绘画手法太高明，高明到能欺骗观者的眼睛，让他们以为油画只是个窗户，透过那窗户可以直接窥见他画得仿若真实的地方。法国人称这种绘画上的欺骗手法为错视画法（trompe l'oeil），意为"欺骗眼睛"。就维米尔来说，那些地方的确是真有其地，但可能和他笔下所呈现的差距颇大。维米尔毕竟不是摄影师，而是个错觉画家，运用错觉艺术手法将观者带进他的世界，带进 17 世纪中叶代尔夫特某个资产阶级人家的世界。但即使真实的代尔夫特与他笔下有颇大差距，他的写真画作还是逼真到足以让我们进入那个世界，思索我们所发现的东西。

在本书中，我们会根据维米尔的五幅画作，还有与他同时代的代尔夫特同乡亨德里克·范·德·布赫（Hendrik van der Burch）的一幅油画、某个代尔夫特瓷盘上的装饰画，寻找代尔夫特人生活的蛛丝马迹。我挑上这七幅画，不只是因为画中所呈现的内容，还因为画中小地方隐藏了指向更雄浑历史力量的线索。搜寻那些小地方，我们会发现与画中未充分表明的主题、未真正画出地方相关联的潜在线索。那些小地方所透露的关联，只是间接表明的关联，但那些关联确实存在。

如果那些关联难以察觉，那是因为在那个时代之前，还没有那些。与其说 17 世纪是第一次接触的时代，不如说是第二次接触的时代来得贴切，因为那时候，初次相遇的地点正渐渐转变成一再见面的场所。那时候，人们经常来往异地，并且携带行李同行——这意味着有事物落脚在制造地以外的地方，以新事物的姿态首次出现在那些新地方。不久之后，商业活动取而代之。移动于两地之间，不再是那些偶然的旅人，而是为流通、贩卖而生产的货物，而荷兰正是那些新货物的集散地之一。在阿姆斯特丹——新货物的汇集焦点——它们引来法国哲学家笛卡儿的注意。笛卡儿因为见解不见容于当道，不得不离开信仰天主教的法国，在尼德兰[1]度过漫长的流亡生涯。1631 年，在流亡期间，他称阿姆斯特丹是"货物无奇不有"之地。他问道："要找到世人所可能希冀的各种货物和珍奇物品，这世上还有哪个地方比这座城市更能让人如愿吗？"要找到"世人所可能希冀的各种货物和珍奇物品"，当时的阿姆斯特丹的确是绝佳地方；至于原因呢，在接下来的内容中，自会明了。那些东西流往代尔夫特的数量较少，但还是有一些。有一些甚至落脚在维米尔所住的岳母玛丽亚·廷斯家里，这从维米尔的妻子卡塔莉娜·博尔涅斯（Catharina Bolnes）在维米尔死后为申请破产所拟出的财产清单就可看出。维米尔还没富裕到拥有许多好东西，但从他所得到的东西，可约略看出他在当时的地位。而要在哪里看到那些东西用于实

---

[1]　编注：尼德兰（Netherlands），意为"低地国"，原指莱茵河、马斯河、斯海尔德河下游及北海沿岸一带地势低洼的地区，相当于今荷兰、比利时、卢森堡和法国东北部的一部分。1581 年北部七省成立尼德兰联省共和国，为荷兰前身。荷兰（Holland）本义指北方两省，但一般代指整个国家。其国家法定名称为尼德兰王国。

际生活呢？就在他的画里。

　　为了让本书所要讲述的故事不致枯燥，我要请大家仔细来看画，说得更精确些，来看画中的物品。这方法要有效，大家要暂时放掉某些既有的赏画习惯，尤其是最常见的习惯——喜欢将画作视为直接窥探另一时空的窗口。将维米尔的画视为17世纪代尔夫特社会生活的传形写真，乃是迷人的错觉。绘画不是像照片那样咔嚓一声"拍下"，而是在小心而缓慢的过程中"造出"，而且它所呈现的与其说是客观真实，不如说是想象中的特定情境。这个习惯心态会影响人如何看待画中的事物。把画看成窗口，就会把画中的东西看成二维的细节，而且那些细节不是表明过去不同于我们今日的印象，就是表明过去和我们所知的过去一模一样——在此，又把画当成拍下的照片一般。看到一只17世纪的高脚杯，我们想：那是17世纪高脚杯的模样，长得可真像 / 真不像（两者择一）今天的高脚杯。我们往往不会去思索：高脚杯在那里做什么用？谁制造的？来自哪里？为什么画家将它，而不是别的东西——比如茶杯或玻璃罐——放入画中？

　　本书锁定七幅画来探讨，我希望大家定睛细看每一幅作品时，都只思索这些问题。大家还是能享有赏画的乐趣，但我还希望大家深入画中，仔细观察画中的细节，从中找出该画绘于何时、何地的迹象。那些迹象大部分是在不知不觉中被画进里头的。我们的任务就是找出那些迹象，以便利用画作，不只了解画的故事，还了解我们的故事。艺评家詹姆斯·埃尔金斯（James Elkins）说过，绘画是必须破解的谜。我们觉得必须破解那个谜，以化解我们对自己所处世界的迷惑，减轻我们对于自己为何会置身如此世界的不确定感。

我使用这七幅荷兰画作的用意，就在于此。

如果把那些画中的东西视为供人开启的门，而非窗口后的道具。那么我们会发觉自己置身在通道上，循着通道将对 17 世纪的面貌有所发现，而那些发现是画作本身都未认知，画家自己大概也不知晓的。在那些门后面，有意想不到的走廊和忽隐忽现的偏僻小径，而我们叫人困惑的现在与一点也不简单的过去，则透过那些走廊和小径得以连接贯通，这连接的程度绝非我们能够想象，而方式也会叫我们惊讶。检视这些画中的每样东西，从中将看到 17 世纪代尔夫特的复杂过去，而如果有一个主题曲折贯穿那复杂的过去，那就是代尔夫特并不孤立。它存在于一个触角往外延伸到全球各地的世界中。

我们就从《代尔夫特一景》（View of Delft，彩图 1）开始谈起。在维米尔的作品中，这幅画非常独特。维米尔的画作，大部分以装饰迷人的室内为场景，而且装饰的是互不关联的画家家居生活物品。《代尔夫特一景》则大不相同。它是现今仅存的两幅维米尔室外场景画之一，且是他唯一一幅试图呈现大空间的作品。在宽阔的建筑全景和上方辽阔天空的对比下，从物体乃至人，在大小和重要性上都相形见绌。但这幅画绝非空泛的风景画，而是从紧邻该镇南区的郊外高处往北远眺，视线越过代尔夫特河港科尔克（Kolk）所见到的代尔夫特的特殊景致。前景处三角形水面的对岸，奥德代尔夫特运河注入科尔克港的河口两侧，分立着斯希丹（Schiedam）、鹿特丹（Rotterdam）两座城门。城门后面就是城区。阳光照耀下的新教堂的尖塔引人注目。画中可看出尖塔里没有钟，而我们已知塔钟是在 1660 年 5 月开始安设，因此这幅画的绘制年代，可以断定就在那之前不久。天际线上可见其他塔。往左移，我们看见小圆顶耸立在斯希丹城门上方，接着是体型较小的鹦鹉啤酒厂的锥状塔（16 世纪时代尔夫特是啤酒酿制重镇）。在锥状塔的旁边，旧教堂尖塔的顶部映入眼帘。画中呈现的是 1660 年春天的代尔夫特。

初游代尔夫特三十五年后，我在一次走访莫瑞泰斯皇家美术馆时，与这幅画首次邂逅。我去的时候就预料会看到《戴珍珠耳环的少女》（*Girl with a Pearl Earring*），结果果然见到。我知道馆里还陈列了维米尔其他的画作，但不知道是哪些画，转身走到顶楼的角落房间时，《代尔夫特一景》赫然呈现眼前。那幅画比我预期的大，在画中光影的调制下，画面比复制画更叫人眼花缭乱，且更为复杂。我根据自己研究 17 世纪地图的心得，试图认出画中的建筑，突然想到搭火车到代尔夫特只要十分钟。如果代尔夫特如我所猜测仍保有 17 世纪风貌的话，何不将维米尔笔下的景致与真实景观两相对照呢？我冲下楼，到礼品店买了印有该画的明信片，急忙前往车站。火车出站后才四分钟，我就回到代尔夫特境内了。

我能走到维米尔当初构图取景的那个地点，但如今立在前景处的小公园的圆丘不够高，无法让我取得和他一模一样的视野。维米尔想必是从二楼窗户画下。但只要稍加调整，就能将画中景象转誊到现今所见的代尔夫特上。岁月和城市规划已毁掉原来景致的大部分。斯希丹、鹿特丹两座城门已不见踪影，鹦鹉啤酒厂亦然。城墙已换成繁忙的马路。但是新教堂、旧教堂的尖塔，如同画作，仍矗立在一样的位置。眼前所见不是 1660 年的代尔夫特，但与《代尔夫特一景》中的美丽景致已足够近似，足以让我了解自己的所在位置。这时候看那幅画，第一道门轻松开启，我们见到一如当年从南侧所见到的代尔夫特。有没有第二道门？有，而且是一连好几道。

寻找第二道门的所在位置，首先锁定港口。代尔夫特位于斯希运河（Schie Canal）畔，以科尔克港为船只进出的门户，而沿斯希运河往南，可以到达莱茵河岸的斯希丹和鹿特丹。左边前景处，有艘载客平底船系泊在码头边。这种由马匹拉动的平底船被设计成狭长状，以便通过运河水闸。它航行班次固定，是代尔夫特来往荷兰南部各城镇的交通工具。几个人聚集在平底船附近的码头上，由衣着和举止分析，他们应坐在平底船后部可容八人的上等客舱，而不会挤在船头的二十五名次等客舱的乘客之间。一丝微风使水面起了涟漪，除此之外，画面上无一物在动。港口的另外两侧，船只不是拴住就是已退役。唯一叫人觉得骚动不安的，是参差不齐的建筑天际线，以及大片积云在画面顶端投下了影子。但画面整体仍营造出美好天气下的极致宁静。科尔克港周边还系了其他船：斯希丹城门下的几艘小货船，鹿特丹城门边的另外四艘载客平底船。但我希望大家注意的，乃是画面右边彼此拴在一起的那两艘宽底船。鹿特丹城门前这段码头是代尔夫特修船厂所在的位置。两艘船的后桅杆都不见踪影，前桅杆则遭局部砍掉，显示它们是在这里接受改装或修理。它们是鲱鱼船，为捕捉北海鲱鱼而建造的三桅帆船。这又是通往 17 世纪的一道门，但需要些许说明才有办法开启。

如果说有一个沛然莫之能御的因素，对 17 世纪历史影响最深，那肯定是全球降温。1550 年至 1700 年这一百五十年间，全球气温下降，虽不是持续不断地下降，幅度也因地而异，但各地气温皆有下降却是事实。后人将这段降温时期称作"小冰期"（Little Ice Age），而在北欧，小冰期第一个真正寒冷的冬天，是 1564 年至 1565 年间的冬天。1565 年 1 月，平民出身的低地国大画家，老彼得·勃鲁盖尔（Pieter Bruegel the Elder），绘制出他的第一幅冬景画，描绘雪地上的猎人和在冰上玩耍的人。勃鲁盖尔或许认为自己在画百年难得一遇的异象，结果不然。接下来几年，他又画了几幅冬景，开启了冬景绘画风潮。维米尔从未画过滑雪景致，但我们知道他曾在冰天雪地里出门，因为他在 1660 年，以八十荷兰盾 [1] 的高价，买了一艘装有代尔夫特帆匠所制船帆的滑冰艇。他时运不佳，因为接下来两个冬天，荷兰的运河都未结冰，然后低温再度降临。其他地方气温也下降。在中国，1654 年至 1676 年的严霜，冻死数百年一直结果的橙和橘。此后的岁月，全世界并非总是这么寒冷，但 17 世纪的人却是生活在如此的环境之中。

寒冬不只意味着要用到滑冰艇，还意味着植物生长季节变短、土壤较湿、谷物价格上升、疾病增加。春天气温只消下降半摄氏度，栽种作物就要延后十天，秋天气温若有类似的下降幅度，采收日又要提早十天。在温带地区，这有时会带来大灾难。根据某一说法，寒冷天气会导致另一个严重后果——瘟疫。16 世纪 70 年代到 17 世纪 60 年代那近一百年间，瘟疫肆虐全球各地的人口稠密社会。1597 年至 1664 年间，瘟疫袭击阿姆斯特丹至少十次，最后一次夺

---

[1] 编注：荷兰盾是荷兰王国的货币，于 15 世纪起开始流通，2002 年全面停止使用。

走两万四千多条性命。南欧受害更严重。1576 年至 1577 年那场瘟疫，威尼斯死了五万人（人口的 28%）。1630 年至 1631 年的另一场大瘟疫，又夺走四万六千人（由于人口已减少，致死率相对变高，达到人口的 33%）。在中国，17 世纪 30 年代一波酷寒之后，1642 年爆发致命性极强的瘟疫。瘟疫以惊人速度沿大运河传播，疫区十室九空，明朝国力大衰，无力镇压农民起义，从而导致 1644 年起义军攻陷北京；它也无力抵抗清兵，而后者建立了清朝，统治中国两百多年。

　　寒冷与瘟疫减缓了全球人口的增长率，但如今看来，当时人类似乎正蓄势待发，准备迎接 1700 年左右开始而至今仍方兴未艾的人口大爆发。17 世纪前，全球人口就已突破五亿大关。17 世纪结束时，人口已超出六亿许多。约翰内斯·维米尔、卡塔莉娜·博尔涅斯为全球人口增长做出了小小贡献，但对他们而言可是大不易的成就。他们至少替四名子女送了终，其中三人埋在旧教堂里的家族墓地。没有文献可以说明他们的死因，但有人认为，如果是死于瘟疫，应该会被提到。但死去的终究只占少数，因为另外十一个小孩活了下来，长大成人。维米尔买下滑冰艇时，他们已生了五个或六个小孩；他买滑冰艇，或许不只供自己玩，也为了让孩子享受冰上驰骋之乐。但维米尔的子女里，最终只有四人结婚生子。在许多家庭里，未能结婚的人会被赶出家乡，前往异地谋生，而维米尔的子女，或许就有人走上这样的道路。年轻男子成为船员，随船出海；或者成为职员和奴隶，为处理新兴世界贸易的码头、仓库提供人力；或者成为军人，为军队补充兵员，保护贸易安全。在海上交通日益热络的年代，这类年轻男子也可能成为海盗，为以掠夺海上船只为生的海盗船提供新鲜血液。

在《代尔夫特一景》中，鲱鱼捕捞加工船[1]，是那段历史的标志。北海鱼群因全球降温而南移，造福了荷兰人。冬天气温更低于以往，意味着北极海冰更往南移，导致挪威沿岸海域传统的鲱渔场，大面积封冻。鲱渔场往南移向波罗的海，从而使该渔场落入荷兰渔民之手。代尔夫特城外为何停泊着鲱鱼捕捞加工船，原因就在此。有位开创气象史研究的学者甚至主张，荷兰人在 17 世纪上半叶富裕繁荣——维米尔在其室内场景画所呈现的繁荣——正是拜这意外降下的天然资源之赐。捕捉、贩卖鲱鱼，让荷兰人有资本投注在其他风险事业上，特别是造船和海上贸易方面。那两艘鲱鱼捕捞加工船，正是维米尔为气候变迁留下的证据。

《代尔夫特一景》还有另一道门，可供我们一窥 17 世纪。再看看鹦鹉啤酒厂高塔旁边的旧教堂尖塔，可以看到一道长屋顶，形成一条绵延不断的线，往西延伸到画面左侧（维米尔如果把画面再往左扩大，大概得将位于该城一角用以从运河取水的大风车画进去，如此一来，画面的结构将随之改变）。早先已有评论家指责，维米尔为了不让其他元素破坏画的整体结构，简化了天际线。站在科尔克港的另一头时，我寻找那道屋顶线。我看到的屋顶与维米尔笔下的屋顶差异颇大，但尽管自 1660 年后频频经历增建和拆除，我仍能看到他所画的：一个大型仓库建筑群的屋顶，横跨从奥德代尔夫特

---

[1] 译注：herring bus，是让渔船能在海上用盐加工处理鲱鱼的船，使渔船能在海上待更久，一次出海捕捞更多渔获。

运河到该城西侧护城河的整个街区。我沿着奥德代尔夫特运河往上游走，查看那建筑群的正面，确定那是当年东印度公司大楼（Oost-lndisch Huis）的仓库。荷兰东印度公司（Verenigde Oostindische Compagnie）代尔夫特事务所[1]，代尔夫特与亚洲之间庞大国际贸易网的中枢，就位于那栋东印度公司大楼里。

荷兰东印度公司——简称VOC——在公司资本主义所扮演的角色，就如同富兰克林的风筝在电学上所扮演的角色：它的设立对后世影响深远，但当时人不可能察觉到那股影响。荷兰东印度公司是全世界第一个大型股份公司。为争夺繁荣的亚洲贸易，诸多贸易公司纷纷成立，彼此相互竞争而无法一致对外，荷兰共和国有鉴于此，在1602年强迫它们合并成一个商业组织，荷兰东印度公司由此诞生。官方恩威并济，以迫使贸易公司不得不加入。荷兰东印度公司掌握贸易垄断权，凡是未加入该公司的企业，均不得在亚洲做买卖。另一方面，除了上缴不算过分的股利税，该公司赚多少钱，官方均不干预。商人不情不愿地配合这项安排，荷兰东印度公司随之以六个地区性事务所联合会的形式诞生。这六个事务所分别是出资一半的阿姆斯特丹事务所、位于北荷兰的霍伦（Hoorn）事务所、恩克赫伊曾（Enkhuizen）事务所、位于南荷兰莱茵河口（泽兰省）的米德尔堡（Middleburg）事务所、位于荷兰心脏地带的鹿特丹事务所以及代尔夫特事务所。最初那看来是各方势力妥协下不可能济事的产物——各事务所掌管各自的资金和营运，同时遵守一致的指导方

---

[1]　译注：荷兰东印度公司在六座港口城市分设事务所，这是其中之一。

针和政策——最后却证明是卓绝的创新发明。只有像荷兰共和国这种独特的联邦制国家，才有可能想出集多家公司于一体的公司组织。荷兰东印度公司具有强大力量又不失灵活，使荷兰在亚洲海上贸易权的争霸战中取得极大优势。

才不过几十年的光景，荷兰东印度公司就成为 17 世纪世界最强大的贸易公司，成为今日主宰全球经济的大型企业取法的典范。由该公司头字母组成的标志，也成为当时最广为人知的公司商标，甚至可能是世上第一个全球性标志。这个标志由该公司名称的三个头字母组成，V（Verenigde）位在中间，O（Oostindische）、C（Compagnie）各与 V 的一根触角重叠。每个事务所可在这花押字的上方或下方加上自己城市的第一个字母。代尔夫特事务所将它的头字母 D 盖在 V 字下方的尖点上，形成它专属的标志。如今，在奥德代尔夫特运河西侧，前代尔夫特事务所办公场所的立面上，仍可见到荷兰东印度公司的标志。该事务所于 1631 年取得这栋建筑。此后，又加建了几栋建筑，每个新建筑上都饰有标志。如今，那几栋建筑早已转为私人寓所——荷兰东印度公司在 18 世纪 90 年代破产，1800 年解散 [1]——但建筑上仍保有标志，提醒世人那段历史。荷兰人家喻户晓的这个标志，使得荷兰东印度公司这家停业已久的公司，就算在今日，仍活在低地国人民的心中。

在 17 世纪的代尔夫特，大概没有人不知道代尔夫特事务所在哪里。荷兰东印度公司对代尔夫特经济太重要，因此代尔夫特事务

---

[1] 编注：一说 1798 年。

所的位置在当地必然是人所周知的。如果他们之中有哪个人和我一起站在码头的另一边，面对从卡佩尔斯桥（Capels Bridge）底下流过斯希丹和鹿特丹两座城门之间、注入科尔克港的奥德代尔夫特运河，他们大概仍能轻易指出荷兰东印度公司仓库和办公建筑群的红瓦屋顶，也大概会转身面南，向着运河的另一头，指出德夫哈芬港（Delfshaven）、斯希丹港、鹿特丹港的方向，而那些是代尔夫特镇位于莱茵河口的诸海港。代尔夫特这片地区是该镇的商业门面，该镇居民就是从这里与外界贸易往来。话说回来，一旦注意到荷兰东印度公司的存在，《代尔夫特一景》这幅画就让人觉得它不只是装饰用，它在题材的选择上也不是那么随意，反倒是别有用意。

画中虽可见到荷兰东印度公司的建筑，但没有证据显示维米尔本人和画中这栋建筑有直接关系。荷兰东印度公司创立的头几年，他祖父针对该公司股票进行投机买卖，弄到几乎破产，此后，他家就和该公司没有任何关系。但在代尔夫特，没有哪户人家能真正避开荷兰东印度公司。维米尔的父亲雷尼耶·沃斯（Reynier Vos，雷尼耶出生时，他家族尚未采用维米尔这个姓）是个艺术品商人和客栈老板，他或许未替该公司工作，但他的生意有赖途经代尔夫特的客人上门，而那些客人大部分是为该公司公务而来的。画家也很可能置身荷兰东印度公司的势力圈。例如，在阿姆斯特丹，伦勃朗（Rembrandt）替该公司的董事画肖像，收入颇丰。但就目前所知，维米尔未受机构或个人委托作画。代尔夫特或许在荷兰东印度公司的势力范围里，但维米尔从未成为荷兰东印度公司的画家。

维米尔从未替荷兰东印度公司效力，但有数万荷兰人这么做。

荷兰有一批历史学家估计，该公司营运头十年——几乎和 17 世纪头十年重叠——有八千五百名男子搭该公司的船离开荷兰。接下来的每个十年，数目有增无减。到了 17 世纪 50 年代时，每十年出国的人数已超过四万。1595 年至 1795 年这两百年间，有近百万人从荷兰走海路前往亚洲，其中大部分是年轻男子，他们宁可在东印度公司觅得工作，也不愿待在拥挤的家里，靠有限的家产过活。他们希望到外地打拼，改善生活，而亚洲就代表他们的希望。维米尔的亲戚里，至少有三人搭荷兰东印度公司的船出去闯天下。根据维米尔伯父迪尔克·范·德·敏内（Dirck van der Minne）的遗嘱，在他 1657 年去世时，有个叫克拉斯的儿子，也就是维米尔的堂兄弟，"在东印度当外科医生"。他长女的两个儿子，也就是克拉斯的两个外甥：阿尔扬·格里松·范·萨南（Aryen Gerritszoon van Sanen），迪尔克·格里松·范·萨南（Dirck Gerritszoon van Sanen），"两人都在东印度"。

这近百万人并非全经过代尔夫特前往东方，但有数万人是如此。他们从这里顺运河而下，前往莱茵河口的鹿特丹，再前往东方。维米尔小时候大概在父亲的客栈里碰过这样的人，听过要前往东方的客人大谈自己将远行冒险，也听过回来的人吹嘘自己的种种冒险事迹。旅程未必是有去有回的。事实上，一去不返的可能性更大。每三个搭船前往亚洲的人中，就有两个没回来。有些人死在途中，更多人死在抵达之后的东方——他们因不具免疫力而死于疾病。但死亡并非一去不返的唯一因素。许多人选择留在亚洲，其中有些人为逃避衣锦荣归后的金钱代价，或者不愿面对落魄返乡的耻辱，有些人能够在落脚的地方安身立命，无意回到早已抛却的家乡。为荷兰东印度公司远赴异地的人，死亡率甚高，但尽管如此，该公司业务蒸蒸日上，荷兰亦国力大增。

　　欧洲人能够开展并维持全球规模的商业活动，很大一部分要归功于伴随海上贸易而来的新科技。英格兰博学之士弗朗西斯·培根（Francis Bacon），1620 年时选出三个特别值得注意的"机械方面的发明"，在他眼中，那三个发明已"改变了世间万物的面貌和状态"。其中一个发明是指南针，使航海家在茫茫不见陆地的大海上航行时，依然能大略掌握自己的所在位置。另一个发明是纸，让商人能够记录从事多重交易所需掌握的详细资料，能够满足长距离贸易的频繁书信往来需求。第三个发明是火药。要是在 16、17 世纪武器制造者没有促成弹道技术的突飞猛进，赴海外经商的欧洲人，大概很难让当地人束手接受他们根本不需要的贸易安排，也难以保住贸易的成果。荷兰东印度公司充分利用这三项创新发明，打造出从欧洲横跨到东亚的贸易网络。培根断言："任何帝国、任何派系、任何星宿，对人世的支配和影响，似乎都还不如这三项发明。"

　　培根不知这三项发明全来自中国，只是说它们源自何处"隐晦难明"。若有人告诉他那是中国的发明，他大概也不会觉得惊讶。13 世纪后半叶曾在元朝朝中任职的马可·波罗，返回欧洲后写下《马可·波罗游记》，以生花妙笔描述他的东游见闻。拜他的精彩描述所赐，在培根的时代，中国已是大众心中极尽幻想之地。欧洲人认为那是个无比富强的国度，许多人进而认为，通往中国的最快路线，必定也是取得财富、权力的最快路线。于是欧洲人前仆后继地寻找通往中国之路，那股热情大大影响了 17 世纪的历史进程——不只影响了欧洲和中国，也影响了欧洲和中国之间的大部分地方。这就是为什么本书每个故事后面，即使是那些乍看之下似乎和中国毫无关系的故事后面，都藏有中国因素的缘故。中国富裕的魅力笼罩了 17 世纪的世界。

17 世纪爆发的大迁徙，滥觞自 16 世纪就已开始左右欧洲人抉择的中国热。16 世纪是个发现与发现之后暴力冲突的世纪，是个发横财与犯错误的世纪，是个穿越边界与封闭边界的世纪，由此 16 世纪创造出一个往四面八方蔓延的关系网。17 世纪则与此不同。初次相遇渐渐变成持续的交往；凭运气的交易变成制度化的定期贸易；比手画脚的交谈，换成混杂不同语言而成的方言和名副其实的沟通。这些改变的背后有一个共同因素所促成，那就是人员流动。在此之前的人类史上，从来没有这么多人从事这么长距离的迁徙，而且离开故乡在异地待这么久的时间。从来没有这么多人，与操持陌生语言、陌生文化的人交易。在这同时，学新语言、适应陌生风俗的人也多于以往。大体上来讲，初次接触已结束。17 世纪是第二次接触的世纪。

第二次接触开始后，促成相遇的力量有了改变。互动时间变长，互动也变得更容易重复发生。但这些改变所带来的效应，也不是简单到能够预知或了解的。有时它们促成日常习惯行为彻底改头换面，也就是古巴社会学家费尔南多·奥尔蒂斯（Fernando Ortiz）所谓的"文化互化"（transculturation）[1]。有时它们招来反抗、暴力、自我认

---

[1]　译注：不同文化相遇时，一种文化为了自己的需要而改造其他文化、将其据为己用的过程。

Inside the map:

● 荷兰东英印度公司事务所

0   20 英里

0   20 公里

特塞尔岛

弗里斯兰

北 海

恩克赫伊曾

霍伦

须德海

哈勒姆

阿姆斯特丹

乌得勒支

海牙

莱茵河

代尔夫特

斯希丹 鹿特丹

泽 兰

米德尔堡

莱茵河

马斯河

安特卫普

科隆

布鲁塞尔

低地国家，约 1650 年

同消失。在17世纪，大部分第二次接触所产生的效应介于这两个极端之间，也就是透过相互影响的过程促成选择性调适。不是彻底改头换面或殊死冲突，而是协商与袭取；不是胜与败，而是取与予；不是文化的改头换面，而是不同文化间的互动。那是人们需要调整自己行为与观念，以化解他们所碰上的文化差异，以转移未预料到的威胁，以谨慎响应同样未预料到的机会的时代。那不是执行宏大计划的时代，而是随机应变的时代。发现的时代已大体告终，帝国主义的时代尚未到来。17世纪是随机应变的时代。

这股随机应变的时代精神，所促成的改变微妙而深刻。再拿前面提过的画家董其昌来说。出身上海的董其昌是见到欧洲版画的第一代中国人。耶稣会传教士带了一批版画到中国，欲透过视觉艺术形式传达教义，协助皈依者揣想耶稣的生平。就董其昌的绘画生涯来说，1597年标志了其画风上的一大转变，而那个转变为近代中国艺术的诞生奠定基础。有人主张，欧洲版画里的视觉艺术手法，可能促使他转向这种新风格。或者再拿我们那位代尔夫特出身的画家来说。维米尔是见到中国绘画的第一代荷兰画家，而他所见的中国绘画，绝少画在绢或纸上，大多画在瓷器上。有人认为，他使用"代尔夫特蓝"、偏爱以黄白色背景突显蓝色材料、喜爱用变形透视法和放大的前景（《代尔夫特一景》就用到这两者）、愿意让背景留白，都透露了来自中国的影响。今人对维米尔所知甚少，对仅有的一点已知部分已研究透彻，不大可能再找到证据证明这项说法是真是假。这只是一个文化影响的观点，这种影响若再早一个世代大概不可能出现。透露这种文化间相互影响的蛛丝马迹，细微到几乎察觉不到，而走回 17 世纪时，我们该期盼看到的，就是这些蛛丝马迹。

从这个角度来看，我们将检视并从中找出 17 世纪蛛丝马迹的那些画作，或许就不该只被视为让我们能跨入过去、重新发现过去的门，还应视之为镜子，让我们能从中看到产生过去与现在的诸多因果。佛教使用类似的意象来描述世间所有现象的相互关联，称作因陀罗网。因陀罗创造世界时，把世界造成网状，网的每个打结处系上一颗宝珠。现存或一直存在的所有东西、能够想出的所有想法、每个真实无误的数据——套用一句佛家用语，即"万法"——都是因陀罗网上的一颗宝珠。每颗宝珠不只通过那张网而与其他所有宝珠相连，而且每一颗的表面都映出网上其他所有宝珠。因陀罗网上的每样东西，都暗含网上的其他所有东西。

维米尔若是听到这个隐喻，大概也会大为激赏。他喜欢把曲面放进画中，利用曲面反映周遭所有东西。玻璃球体、铜质器皿、珍珠——就像他作画时很可能倚赖到的透镜——适于用来显露眼前所见事物背后的真实。在维米尔的画作中，有八幅都画了戴珍珠耳环的女子，而且维米尔在那些珍珠上画了隐约可见的形状和轮廓，暗示她们所处空间的结构。其中最抢眼的珍珠，莫过于《戴珍珠耳环的少女》里那颗珍珠。那颗珍珠非常之大，大到很可能根本不是珍珠，而是上了清漆、使其呈现珍珠光泽的泪珠状玻璃坠子[1]。珍珠的表面

---

[1] 当时的欧洲人喜爱既大又圆的珍珠，而这颗珍珠虽然大，但是不圆。中国人欣赏大颗珍珠——上等珍珠直径至少得有一寸八九分（3.75 厘米）——但除了大之外，按照中国的珍珠鉴赏规则，还得"一边小平，似覆釜者"。这种品质的珍珠叫作"珰珠"，只供用于耳饰。

映照出少女的衣领、头巾、让光从左边照在她身上的窗子，隐约映出她所坐的房间。仔细观察维米尔笔下的一颗珍珠，他幽深的画室赫然浮在眼前。

这一无限交错反映的现象，显然呼应了 17 世纪人类最伟大的发现：世界就如一颗珍珠一样，是一个悬浮于空中的球体。他们需要直面新的观点，认识到世界乃是连续不断的平面，在其之上，没有无法到达的地方，任何地方都暗含了其他地方的影子；除了他们共有的这个世界外，没有什么其他的世界。他们也需要认识到他们居住在永远骚动不安的现实世界，在这样的世界里，人不断在移动，东西可能跨过半个地球，以便一处的买家能买到另一处制造者所制造的东西。这些要求迫使他们以全新而陌生的方式思考自己的人生。对某些人而言，例如中国第一部科技百科全书《天工开物》（1637 年）的作者宋应星，这一流动现象正象征着生活在更开放、更美好的年代。"滇南车马，纵贯辽阳，"宋应星在《天工开物》的序里慷慨陈词，"岭徼宦商，衡游蓟北。为方万里中，何事何物不可见见闻闻？若为士而生东晋之初、南宋之季，其视燕、秦、晋、豫方物，已成夷产。从互市而得裘帽，何殊肃慎之矢也。"

对其他人而言，这新兴的全球性流动现象，不只重新界定了他们的世界观，还拓展了他们的眼界，开启了数十年前不可能出现的机会。不管宋应星认识到有个更广阔的新世界存在之后，心中多么雀跃，他终究只能窝在中国内陆，凭想象神游世界大地，以此度过一生——他的生活天地离海太远，终其一生大概连海都没见过，更别提航行其上。但宋应星这位中国百科全书编纂者若有同辈荷兰

人那样的机会，大有可能成为威廉·科内利斯·斯考滕（Willem
Cornelisz Schouten）那样的人。斯考滕来自荷兰的霍伦港，这是许
多荷兰第一代航海船长的故乡。他首先于1615年至1617年环航地
球一圈，然后在17世纪20年代随荷兰东印度公司人员重返亚洲海
域。但1625年，船只返乡，经历了穿越印度洋的漫长旅程，正要
抵达马达加斯加岛东岸的安通吉尔湾（Antongil Bay）之际，斯考
滕不幸身亡，葬于该岛之上，死因未有记载。有一首纪念他的诗，
不知出自何人之手，称颂斯考滕体现了时代精神：

> 在我们这西方世界，他出生、长大的所在，
> 勇敢的斯考滕无法停下脚步；他最深处的火热灵魂
> 催促他追寻再追寻，远行，奋力向前。

　　这位诗人大可以哀叹勇敢的斯考滕客死异乡，无缘回到故乡霍
伦，但他并没有如此，反倒颂扬这位水手之死是一大成就，是他所
选择环游全球生涯的巅峰。

> 安然走过无数漫游之后，他躺在自己所希望的世界里，
> 正可谓死得其所。啊，伟大且奋进的人
> 长眠在幸福的平和之中！

　　对斯考滕而言，17世纪死在海外，并不是客死异乡，反倒是永
远安居在他所想望的世界。若他厌倦了马达加斯加，他最后的唯一

归宿也不是霍伦，而是天堂。

> ……但若是他的灵魂不愿
> 永远困居狭促的安通吉尔，
> （一如尘世里你大无畏地选择了
> 东、西海洋间未知的水道，
> 脚程快于太阳，超前一昼一夜），
> 你往上飞升，这次凌驾了太阳的高度，
> 然后在上帝所居的天堂，找到希望和永远的安息。

　　在东西方，17 世纪最狂热的追求，是横渡"东西海洋间未知的水道"；是通过旅行、接触、接受新知识，缩减原本无可弥合的距离；是以自己的故乡为抵押，换取一个自己向往的世界。那是 17 世纪人心中的火焰。由伟大且奋进之人的激情制造出的失序、混乱，并非叫每个人都兴奋莫名。1609 年一名中国官员抱怨，这场旋风般的巨变，其最终的结果，就只是"富者愈富，穷者愈穷"。就连斯考滕躺在吊床上，慢慢咽下最后一口气时，都可能怀疑辛苦这一生是否值得。但有相当多的人被拉进这变动的旋涡中，进而相信自己的脚步也可以比太阳还快。他们的世界——正快速变成我们世界的世界——将永远改观。因而，像维米尔这种一辈子守在故乡的艺术家，却能够瞥见这改变的身影，也就不足为奇了。

第二章　维米尔的帽子

维米尔想必有几顶帽子。虽然没有文献提及，但是维米尔那一代有他那种身份地位的荷兰人出现在公开场合，绝不会光着头。看看《代尔夫特一景》前景处的人，不管是男是女，人人都戴着帽子或包着头巾。穷汉凑合着戴的宽边帽名叫连帽（klapmuts），较有钱的男子为了向人炫耀，戴上《军官与面带笑容的女子》（*Officer and Laughing Girl*，彩图 2）中的那种帽子。看到那位军官在屋里还戴着他那顶时髦的大帽子，根本不必大惊小怪。维米尔笔下只有正在工作的男子没戴帽子：音乐老师或科学家。追求女性的男人，绝对戴着帽子上场。男人进屋或向女人致意时要脱帽的习俗（今日已少有人记得的习俗），在当时还没有。只有在君王面前，温文有礼的欧洲男子才会脱下帽子，然而荷兰人自豪自己无须向任何君王鞠躬致意，鄙视那些奉行这一规矩的人，因此荷兰人时时戴着帽子。维米尔在两幅画中将自己画进画里，而那两幅画里，他都戴着帽子。在《老鸨》（*The Procuress*）中，他屈居乐师这个小角色，戴着几乎垂到一边肩膀的华丽贝雷帽。十年后，在《绘画艺术》（*The Art of*

Painting）中，他戴了更小的黑色贝雷帽，而即使在那时候，那都是这位艺术家有别于他人的独特标记。

维米尔还有其他社会角色要扮演，因此需要符合那些角色身份的服装。他在代尔夫特民兵组织里当"射手"，享受这职务带来绅士般的身份地位，但没有证据显示他懂得如何使用火枪。维米尔死后，妻子卡塔莉娜·博尔涅斯拟出他身后财产清单，以作为她申请破产的依据，清单中有一柄长矛、一具胸铠、一具头盔，但没有枪和军服。从当时描绘的着军服荷兰绅士的许多肖像画来看，他需要一顶气派的毛毡帽，和《军官与面带笑容的女子》中那位军官所戴一模一样。若戴贝雷帽，会被人视为轻慢，而铁头盔戴起来又不舒服，只有作战时才戴。身为民兵，代表拥有特定的社会地位，而且必须穿着得体，以免有失身份，因此，维米尔想必拥有一顶像《军官与面带笑容的女子》中所见的那种帽子。

他是否曾拥有那样的帽子，我们不得而知。死后财产清单里没有那顶帽子的蛛丝马迹，但那种帽子很值钱，而卡塔莉娜又急需钱用，因此在维米尔死后到她提出破产保护这两个半月间，卡塔莉娜很有可能已将它卖掉。我们能确知的是他家族里有位制帽匠。维米尔的伯父迪尔克·范·德·敏内是个毛毡制造商兼制帽匠，1657年去世时有一个儿子、两个外孙在东印度公司。或许迪尔克做了几顶帽子给侄子维米尔，而《军官与面带笑容的女子》中的那顶帽子没准就是其中之一。

那顶帽子将会是我们在这幅画中所要开启的门，但我们在此先花点时间想一想这幅画作本身。我们看到什么？一身鲜红外衣、打扮炫丽、身形超乎正常比例（维米尔爱用的视觉变形手法效果）的军官，在向美丽的年轻女子（我猜是以卡塔莉娜为模特画成）示爱。画中场景或许看似在表现非常个别的行为，但其实不折不扣地展现了他作此画那个时代的社会风气，因为它以当时近乎稀松平常的场景，呈现了 17 世纪 50 年代末讲究礼仪的荷兰社会里，年轻男女追求异性时奉行的新规则。

再早个几十年，军官没有机会和更高地位的女性如此对坐调情。社会风气不允许追求者和被追求者私下相会。维米尔在世时，追求异性的规矩改变，至少在荷兰城市地区如此。谦恭有礼取代战场上的英勇厮杀，成为赢得女人芳心的法门。浪漫爱情取代金钱，成为赢得爱意的凭借。演出两性之间紧张气氛的剧场也改在家中。男女仍为获得性和终身伴侣而商谈——这正是那位军官和面带笑容的女子正在做的——但这时商谈化身为调情，而非讨价还价；商谈的目的是结婚，以及一栋配有铅框窗子和昂贵家具的坚固砖屋，而非床上一小时的欢愉。

资产阶级生活的新象征挤掉了过去金钱的象征，礼貌取代了喧闹，男女的互动变得更拘谨、更高雅。因此，描绘调情场景的画家，不再像 17 世纪先前那样，以热闹的妓院为背景，而是开始把调情男女放在室内。维米尔在世的年代，正是两性关系转变的高峰，以及随之衍生出来的绘画传统手法的高峰。《军官与面带笑容的女子》显示他理解了这项转变的结果。

在反抗西班牙的漫长独立战争中上过战场的荷兰士兵，可能曾视女人为战利品而恣意掠夺，但那样的时代当时已结束。维米尔为何在这对交谈男女后面的房间后墙上，挂上《荷兰全境和西弗里斯兰的最新精确地形图》（*The New and Accurate Topography of All Holland and West Friesland*），原因或许在此。那份地图来自 1609 年停战前承制的一份宣传品，旨在颂扬荷兰人追求独立的奋斗精神，但此时早已是陈年往事 [1]。军官不再扮演那样的战场角色，他们拥有的权威和尊敬也大不如前。维米尔颠倒地图上的设色，把土地画成蓝色的，水画成褐色的，或许暗喻军人地位的逆转——陆地和海洋易位，军人和平民的相对关系在不同的社会秩序里也改变了。男女的相对关系，可能也有了改变，因为画中的军官虽然神气活现，但在这场可能的婚姻谈判中，摆出恳求姿态的是他，而决定权则在女方。维米尔在世时，荷兰社会正经历大规模的变迁——从军事社会过渡为平民社会，从君王制过渡为共和制，从天主教过渡为加尔文教派，从商行过渡为公司，从帝国过渡为国家，从战争过渡向贸易——而上述反转现象，正是这大变迁的一部分。

但是在这幅画中，我们所走进的门不是那张地图，而是那顶帽子，因为在那扇门的另一边，有着通往更广阔天地的通道。走到通道尽头，我们会来到 1609 年 7 月 30 日早上尚普兰湖（Lake Champlain）边，今日叫克朗波因特（Crown Point）镇的地方。

---

[1] 这幅地图呈现新成立的尼德兰联省共和国的沿海一半国土，以西方为地图的上方。最初由代尔夫特一地以绘制地图为业的范·伯肯罗德（van Berckenrode）家族绘制，1620 年刚过不久，由阿姆斯特丹最负盛名的商用地图绘制师威廉·布劳出版。维米尔将这幅地图入画，或许是为影射或嘲弄荷兰先前的绘画传统：以地图之类代表世界的图像，来贬抑画中人物——特别是女性——的庸俗的传统。

"他们望着我，我望着他们"，萨缪尔·尚普兰（Samuel Champlain）回忆他双手拿着火绳枪，走出土著盟军队伍那一刻时，如此写道。尚普兰是圣劳伦斯河（St. Lawrencs River）地区法国传教团的团长，一心想探查五大湖区，找到通往太平洋的西北通道。这时，在他的前方，数十名身穿木盔甲的莫霍克族战士摆出了战斗队形。三名队长站在最前头。他们一看到尚普兰就定住不动，然后开始往前。尚普兰写道，他们一举起弓，"我立即端起火绳枪，直直瞄准其中一个队长"。木板条制作的盔甲，抵不住枪弹。"一发下去，就有两个倒地，一个受伤。稍后不久那伤者也伤重不治。"

尚普兰火绳枪的弹膛里有四颗铅丸。在三十米的距离下，四颗弹丸出去，可能一个目标都打不中，但不知为什么，竟有三发命中。那三个莫霍克族队长倒地，两个当场死亡，队长身后的战士吓得呆住，尚普兰身后则响起欢呼声。他的盟军欢呼声"大到甚至能盖过雷声"。尚普兰得花整整一分钟替火绳枪重新装填弹药，敌军若是在这时反击，他只能任人宰割，因此这番混乱来得正是时候。莫霍克族战士还没来得及回神，尚普兰事先安排在树林里的两名法国火绳枪手之一，从树林里朝莫霍克族侧翼开了枪。据尚普兰所写，这一枪"再度吓坏他们。见到队长已死，他们无心再战，开始逃跑。他们抛弃田地和要塞，逃进森林深处"。

尚普兰的土著盟军跟进攻击。齐发的箭掠过他头顶，射中一部分敌军弓箭手，给了他重新装填弹药所需的掩护。他朝败退的莫霍克族战士背后再度开枪，又杀掉几个。这场战役从开打到结束只有几分钟而已。尚普兰的盟军割下十几个死去的莫霍克族战士的头皮

1609 年，在尚普兰湖岸边，萨缪尔·尚普兰朝莫霍克族战士开枪。出自萨缪尔·尚普兰所写的《尚普兰先生航行游记》(*Les Voyages du Sieur de Champlain*)

作为胜利信物，以便带回村子。而回到村子时，会有女人朝他们的独木舟游来迎接他们，并接下头皮挂在脖子上。他们还抓了十几个莫霍克人一同北返，以填补村子里日益短少的壮丁。部落间的杀伐，正使交战双方年轻男子愈来愈少。尚普兰的土著盟军有一些受了伤，但要不了命。这场战役的结果是一面倒：一方死亡、败逃，另一方只中了些箭伤。尚普兰一方大获全胜。

那天早上所发生的事，是白人、印第安人关系史上的转折点之一——白印混血的加拿大历史学家奥利弗·狄卡森 (Olive Dickason) 甚至认为那是白印关系史上唯一的转折点。从此，印第安文化和生活方式慢慢走上毁灭之路，而不管是战胜的印第安一方，还是战败的印第安一方，至今都没有将其恢复。这一切究竟是如何发生的？

　　萨缪尔·尚普兰是入侵北美大陆的第一拨欧洲人之一。1603年，他以法国考察队一员的身份，初次溯圣劳伦斯河而上，进入五大湖区——他称之为加拿大——以寻找贸易伙伴。那次航行他遇见的最重要的人物是酋长阿纳达毕朱（Anadabijou），阿纳达毕朱统领的部族被法国人称为蒙塔涅（Montagnai）[1]。当时有五千蒙塔涅人住在圣劳伦斯河北岸，萨格奈河（Saguenay River）汇入圣劳伦斯河处的塔杜萨克（Tadoussac）一带。法国人来到此地之前，萨格奈河就是重要的贸易路线，但他们的产品，特别是铁器，使土著人毛皮与铜的贸易量跟着提高——这些毛皮与铜最远产自哈德逊湾。掌握塔杜萨克，使阿纳达毕朱和蒙塔涅人得以享有富足生活，但也使他们成为其他急欲掌控该贸易的部族——特别是莫霍克族——攻击的目标。阿纳达毕朱以盛宴隆仪接待尚普兰。他需要与法国人结为盟友，正如法国人也需要与他结为盟友。

　　尚普兰知道，没有蒙塔涅人的支持，法国人挨不过一个冬天，更别提要打进既有的贸易网络了。但尚普兰也理解到，让阿纳达毕朱掌控他的贸易通路，他的利润就少。他必须跳过蒙塔涅人，将触角往更接近海狸栖息地的圣劳伦斯河上游伸去。因此他才会在1609年，在尚普兰湖边和莫霍克人交火。他需要内陆地区的盟友，好带他往更上游走，而获致盟友的最稳当的办法，就是和他们并肩作战。贸易所得可以支付他考察的开销，但贸易若要做成，有赖于信任，

[1]　在今天的加拿大，蒙塔涅人被称作"伊德鲁第一部族"（Idlu First Nation），这一名字也以罗马字母拼为Innu，意为"人"。

而作战将助他赢得那份信任。接下来的三十年里，尚普兰陆续和好几个印第安部族——也就是他所谓的"邦"——结盟，蒙塔涅人是他第一个结交的盟友，但在 1608 年时，他已准备绕过阿纳达毕朱，把法国基地搬到更上游处的魁北克的峡谷。不过他仍然与蒙塔涅人交易，并且在来年溯河而上，前往尚普兰湖时，只搭乘他们的独木舟，小心翼翼地维持对蒙塔涅人的尊重。

那年夏天，尚普兰在魁北克与伊洛凯特（Iroquet）的儿子结盟。伊洛凯特是阿尔冈昆族（Algonquin）的酋长[1]，急于想拓展取得欧洲商品的渠道。他还想与法国人结盟，因为阿尔冈昆人比蒙塔涅人更易遭受莫霍克人的夏季劫掠。尚普兰向他儿子保证，来年 6 月他会再来，和伊洛凯特的战士一起攻击莫霍克人。在蒙塔涅人、阿尔冈昆人之后，第三个部族休伦人（Huron）加入了他的阵营[2]。四个小部落组成的休伦联盟，成员住在安大略湖——这是溯圣劳伦斯河而上第一个碰到的五大湖——北岸的林地里，那里分布着大约二十四个大聚落。他们的语言属于易洛魁语系，而非阿尔冈昆语系，但他们与阿尔冈昆人结盟，而非与安大略湖南岸的易洛魁人

---

[1] 阿尔冈昆一词意为"亲戚"或"盟友"，过去指零散分布在今日魁北克、安大略两省境内的阿尔冈昆族。与尚普兰结盟的是其中名叫 Onontchataronons 的一支，今日称作"小阿尔冈昆部族"（Petite Nation Algonquins）。

[2] 与尚普兰一同战斗的休伦人是 Arendarhonons，意为"岩石边的人"，为休伦联盟四个部族之一。"休伦"一词似乎是法国人所创，作为 Arendarhonon 的简称。法国人认为该族人的发型类似野猪头上的毛（hure de sanglier），因此取名休伦。休伦人自称温达特人（Wendats），意为"岛民"，因为在其宇宙起源神话里，先民生活在悠游于宇宙之海的龟岛之上。如今，他们的后代，在魁北克称作 Wendats，在俄克拉何马称作 Wyandots。

(Iroquois)。尚普兰还未进入休伦人地盘，休伦人就已经知道他。其中一个休伦部落的酋长奥查斯特奎恩（Ochasteguin）与伊洛凯特是盟友，1609 年，他通过伊洛凯特认识尚普兰。奥查斯特奎恩跟伊洛凯特一样，都希望打开贸易之门，但也希望在与易洛魁联盟的长久战争中得到外力之助。

易洛魁联盟由五个部族于 16 世纪组成，莫霍克人位居最东，掌控安大略湖南岸整个森林地区。莫霍克人被称为易洛魁联盟的东部大门，被委以保卫该联盟东翼的重任，从而使他们在联盟五个部族里最先接触到欧洲人。莫霍克人渴求欧洲的商品，特别是斧头，为了取得欧洲货物，每年闯进圣劳伦斯河谷洗劫一次。尚普兰拿莫霍克人与休伦人相比，称莫霍克人是"坏易洛魁人"，休伦人则是"好易洛魁人"（因休伦人所操语言属于易洛魁语系）[1]。莫霍克人的威胁使休伦人、阿尔冈昆人、蒙塔涅人恢复本已停摆的结盟关系，以为应对。最初他们不确定法国盟友有多可靠，而且怀疑法国人只是来做买卖，打仗的兴致可能不大。伊洛凯特和奥查斯特奎恩双双向尚普兰私下透露，1608 年那个严冬，有谣传说法国人是商人，没兴趣打仗。

尚普兰否认这项谣言，信誓旦旦说绝无此事。"除了打仗，我

---

[1]　该世纪更晚时，易洛魁联盟扩张为六个部族，这六个部族如今居住在安大略省西南部。易洛魁人自称 Rotinnonhsionni，意为"造屋者"（法国人将其改称为 Hodénosaunee）。阿尔冈昆人称易洛魁人为 Naadawe，意为"蛇"。莫霍克人自称 Kanyenkehaka，意为"燧石地之人"。"莫霍克"一词是阿尔冈昆人对他们的蔑称，意为"吃活物者"，影射他们是"食人族"。法国人则称他们为 Anniehronnon。

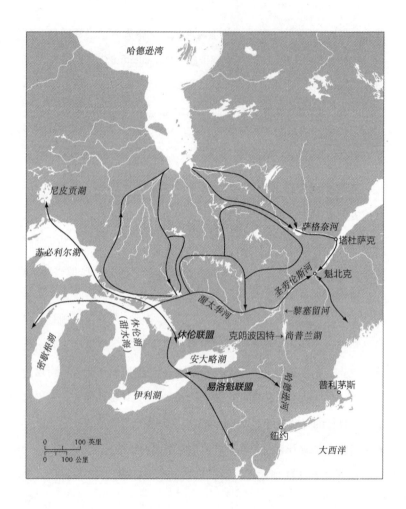

五大湖地区贸易路线

别无意图，因为我们所有的，就只有武器，而非用来以物易物的货物。"他们第一次会面时，他如此宣示。"我唯一的念头，就是践行向你们许过的诺言，"他甚至反过来质疑他们，"要是我听到中伤你们的谣言，我会把那些造谣中伤者当成比你们的敌人更不可饶恕的敌人。"伊洛凯特和奥查斯特奎恩和颜回答，他们从没相信谣言，甚至连听都不去听。每个人都知道，他们口中的造谣者是蒙塔涅人。蒙塔涅人不愿失去独揽法国货物的特权地位，但为了更大的目标——攻击莫霍克人——他们放下猜忌，一致对外。多部族组成的联军在 6 月 20 日出发。

部分人脱队，带妻子和货物回到休伦尼亚（Huronia）。之后，这支作战队伍由二十四艘独木舟组成，每艘乘载三人。法国人搭乘他们所带来的双桅河船——可坐十名划桨手加一名舵手的河船——但尚普兰更喜欢和蒙塔涅人同乘独木舟。法国人那艘双桅船很快就碰上麻烦了。一行人要溯黎塞留河（Richelieu River）而上，划向尚普兰湖，但途中要攀上数道急流。法国船太重，上不去急流，也无法走陆路扛过去。根据尚普兰为让法国大众了解他的冒险事迹（且为了替自己的冒险活动争取经费）所写的自传，他向土著人诸酋长抱怨，你们"先前所告诉我的，和我在急流区实际见到的，全都不一样。也就是说，用那艘双桅船，根本过不了急流"。各酋长对尚普兰的苦恼表示同情，答应会带他看别的"好东西"来弥补。奥查斯特奎恩和伊洛凯特先前怕失礼，因而未直接告诉他不该带那种双桅船来。他们认为，与其泼他冷水，惹他不高兴，还不如让他自己去学到教训。

队伍前进时，派了斥候到前头搜寻敌人踪迹。天黑时，斥候即返回队伍，然后所有人睡觉，营地里不派人值夜。尚普兰看不惯如此松懈，直接向土著盟友表达了自己的失望。

"你们应该派人站岗，聆听、注意动静，"他告诉他们，"而不该像你们现在这样，活得像 bestes。"bestes 是 bêtes 一词的古法语拼法，意同英语的 beasts（野兽），但在此译为"蠢东西"，或更糟糕的"蠢畜生"，或许更为贴切。双方对于对方语言都并非完全理解，因此，一方言语伤人，另一方很可能没听懂而感受不到。无论如何，他们之间的问题不只在语言。尚普兰眼中明智的防备措施，在土著人眼中，根本是闻所未闻。

"我们不能醒着，"一名土著人很有耐心地向这位气急败坏的欧洲人解释，"白天打猎时，我们干的活已经够多了。"

按照法国人的军事思维，在这样的情境下，主张人只做必须做的事，不做没必要做的事，根本没有道理。易洛魁联盟的战士已距离不远，此时还不设卫兵，的确愚蠢，但在敌人还未进入可攻击我方的范围时，就把宝贵精力浪费在站岗上，又更愚蠢。尚普兰脑海中的战争是另一种战争。他不知道，土著人行军作战的方式谨慎，但异于欧洲人。

来到距尚普兰湖不到一日行程的地方时，作战队伍必须决定继续往前还是折返。那时候，土著人战士不只花许多心思找寻附近是否有易洛魁人的迹象，也费心观察是否有蛛丝马迹透露这次冒险行动是吉是凶。诉说、倾听彼此的梦境，乃是预卜吉凶的办法之一，但还没有人做出明确预示未来的梦。这时，就得请教萨满巫师了。

那天晚上，萨满巫师搭起为幽灵寄身的棚屋，卜问最明智之道。棚屋安置妥当之后，他脱下袍服，铺在棚屋上，裸身进屋，然后起乩。巫师进入催眠状态，流汗、抽搐得非常厉害，致使棚屋都被附在他身上的力量晃动。众战士蹲成一圈，围住那间被施了巫术的棚屋，聆听萨满巫师一连串无法理解的话。萨满巫师口中，一下子是他本人清楚的说话声，一下子变成低沉沙哑的幽灵说话声，好似萨满巫师在和幽灵交谈。他们还留意棚屋上空是否有灵火出现的迹象。

占卜的结果是吉。作战队伍应该继续前进。做了这项决定之后，众酋长集合战士，排列成战斗队形。他们在清出的空地上摆上枯枝，每根枯枝代表一名战士，好让每个战士知道开战时自己的位置。然后众战士轻松排练几次队形，了解作战队形的运作和遭遇敌人时的应对之道。尚普兰喜欢这一作战计划，但不喜欢占卜那一段。他称那位萨满巫师是"神棍""恶棍""无赖"，他所玩的那一套全是骗人把戏。参加仪式的人，同样遭他鄙视。尚普兰说他们"像猴子一样蹲坐在地"，全神贯注看着占卜仪式的进行。他称他们是"可怜虫"，被"那些道貌岸然的人"诓弄、欺骗。诚如他向法国读者所透露的，"我常跟他们说，他们的做法愚不可及，他们不该相信那些东西"。他的盟友想必认为他灵性不足，才会不懂人应该吸收更高深的知识。

在某项占卜上，尚普兰最后还是让了步，接受当地习俗。他的土著人同伴常彼此询问做了什么梦，也常问他这问题，而他一贯表示没做过梦。但后来，他真的做了梦，就在距离与敌人接触只有两三天行程、一行人正在尚普兰湖上往南划的时候。他们紧贴着湖的西岸划，往南深入，直到阿迪朗达克山（Adirondack Mountains）进入视线。他们知道自己愈来愈接近莫霍克人的地盘，这时要改成夜行，白天则静悄悄地躲在森林里最浓密的地方。不能点火，不能出声。尚普兰最终还是做起梦来。

尚普兰醒来之后，他们一如以往问他有没有做梦，他语气坚定地说："我梦到我们的敌人易洛魁人，在我们眼前，溺死在某座山附近的湖中。"收到这样的征兆，他的盟友大为兴奋。他说起梦中他曾想救那些溺水的人，结果引来他们的嘲笑。"他们全该死，"他们笃定地说，"因为他们是废物。"但是尚普兰的梦收到他所要的效果。他的盟友因此信心满满，不再担心袭击可能失败。尚普兰或许恼火于他所说的"他们经常举行的迷信仪式"，但他也够精明，懂得将计就计，利用他们所深信而他不认同的信仰，给了他们所要的东西。

6月29日拂晓，他们划了一夜的船之后上岸扎营，众酋长开会，修改战术。他们向尚普兰解释，他们会组成整齐队形面对敌人，而他得站在第一线。尚普兰想提出替代方案，好让法国人带来的火绳枪更能发挥威力。他构想的战术不只要赢得那场战役，还要彻底击溃敌人，但他无法解释自己的构想，为此大为苦恼。温达特裔[1]史学家乔治·悉维（George Sioui）怀疑，尚普兰的目标是把莫霍克人全数歼灭，而不只是打赢一场仗而已。北美土著人认为，战争的结果若是羞辱敌人、让敌人跑掉亦无不可，但欧洲人不甘于如此。用今天的话来说，土著人的目标是调整该地区各部族之间的生态边界，

---

[1] 译注：即法国人口中的休伦人。

与之相反，尚普兰的目标乃是要为法国人在内陆建立一个固若金汤的根据地。他希望杀掉愈多莫霍克人愈好，而那不是为了取得辉煌战功，而是为了防止莫霍克人干扰法国人独占贸易的霸业。而他有遂行这心愿的武器——一把火绳枪。

尚普兰的火绳枪将是这场袭击胜败的关键，也将是打破许多土著部族之间原本就岌岌可危的均势，让法国得以一手重组该地区经济的关键。1609 年，火绳枪还是相当新的发明。虽然欧洲人发明了火绳枪（arquebus），但火器并非源自欧洲。最早制造火药并利用火药发射火焰、发射投掷物的乃是中国人。不过，欧洲的铁匠展现高明本事，将中国人的火炮按比例缩小，造出便于携带而又可靠的火器。火绳枪一词，意为"钩子枪"，因枪口处铸上一个钩子而得名。火绳枪笨重，不容易拿稳，也射不太准。钩子让枪手得以将火绳枪挂在携带式三脚架下，稳定枪身以便射击。另一个稳住火绳枪身的办法，是将枪管搁在叉架上，立起的叉架和枪手水平视线一般高。17 世纪初，枪炮匠已开始制造更轻的、可省去这些配件的火绳枪。荷兰枪炮匠把枪减轻到 4.5 公斤，相当不可思议。尚普兰带去的那把枪就是这种轻型的枪，不过不是荷兰所制，而是法国制，不需钩子或支架这些累赘就能瞄准。

但火绳枪再怎么减重，射击仍然很不方便。1609 年时，扳机还在研发当中。当时的火绳枪仍需用到火绳机，火绳机是带有火绳的金属夹具，用来引燃引火盘中的起爆药。启动火绳机，使被点燃的火绳落到引火盘上，起爆药随之点燃，引火盘上的火焰通过枪膛的小孔进入膛内，使膛内的发射药爆炸（17 世纪中叶，枪炮匠开始制造不管何时放下枪都不易爆炸的扳机，滑膛枪自此取代火绳枪）。击发装置虽然不易使用，但火绳枪还是改写了欧洲地图。胜败再也不光是取决于兵力的多寡，而是要靠军队武装配备的精良与否。荷兰枪炮匠在军火研发上领袖群伦，替这个新国家的军队提供了更便于携带、更精准、更易于大量制造的武器。荷兰火绳枪兵结束了西班牙在欧洲大陆的霸权地位，使荷兰也得以挑战葡萄牙人、西班牙人在欧洲境外的支配地位。而像尚普兰这样的法国火绳枪兵，则让法国势力得以伸入五大湖区，日后更是削弱了荷兰在欧洲的影响力。

　　欧洲诸国之间的竞争，推动了火绳枪的发展，而火绳枪则使所有的欧洲人在面对世界上其他地区的民族时占了优势。没有这项武器，西班牙人不可能征服墨西哥和秘鲁，至少在传染病开始肆虐、大肆摧残当地居民之前是如此。这项科技优势使西班牙人得以奴役被征服者，逼迫他们在南美大陆安第斯山脉的银矿场工作，进而从那些矿场采得数量庞大的贵金属，支付在印度、中国的批发市场大量进货的开销。南美的白银重组了世界经济，使欧洲、中国以前所未有的方式串联在一块，而如此的神奇效应是在枪口威胁下产生的。

　　火器一旦传入拥有金属加工技术的文化里，它的神奇威力往往就脱离了欧洲人的掌控。日本人学习枪炮制造工艺特别快。最早出现在日本的火绳枪，是 1543 年搭中国船前往日本的两位葡萄牙冒险家所带入的。当地的封建领主见到这件武器之后大为赞叹，付巨款买下他们的枪，然后立即将枪转送到当地一名刀匠手中，不到一年，那名刀匠就造出堪用的复制品。几十年的工夫之后，日本已经武装完备。1592 年日军入侵朝鲜时，就带着数万支火绳枪上战场。

要不是带着日本人亟欲取得的先进火器到来，荷兰人不可能在1609年——也就是尚普兰向张口结舌的莫霍克人展示火绳枪威力的那一年——获准开设他们在日本的第一个通商口岸（日本归于一统之后，德川幕府即在17世纪30年代禁止火器进口，表明他们选择退出火器研发精益求精的恶性循环。这一政策形同自我解除武装，直到19世纪中叶才改弦更张）。

北美土著那时还不知道如何加工金属，但很快就懂得使用火器，且通过贸易取得火器。尚普兰曾试图阻止枪支流入土著人手中，心知那将削弱他的军事优势。他之所以能打赢1609年尚普兰湖边的那场仗，乃是因为还没有枪支落入莫霍克人手中。其他欧洲商人则没这么提防。英格兰人拿枪换毛皮，但只跟与他们友好的土著部族交换。以新阿姆斯特丹（今天的纽约市）为据点做买卖的荷兰人，则没那么注重是敌是友，卖火绳枪不拘对象。土著商人很快就知道枪的价值，于是要求欧洲人用枪交换货物。大量的枪因此流入内陆，很快就辗转流到欧洲人所掌控不到的地方。荷兰人最后才明白，他们卖给盟友的火绳枪，最终落入敌人的手里，于是宣布凡是将枪卖给土著的欧洲人，一律处死。不幸的是，这道命令下得至少迟了十年。

在那场战役中，尚普兰的火绳枪还发挥了另一个作用。事情发生在战事结束后的隔一天。话说战败的代价，就是要接受活祭。活祭不能在作战地点举行。阿尔冈昆人和休伦人这时深入莫霍克人地盘，生怕敌人以更大的兵力迅速反扑。第一场胜利的奇袭效果，不可能再得。他们必须离开。但他们不想放掉抓到的莫霍克战士。年轻男子是宝贵资产，不该浪费掉。有些男俘虏会被带回部落，如果可能的话，还会融入俘虏他们的部族之中。但至少有一个要用来献祭。他们割断俘虏的腿筋，使他们行动不便，然后绑住手臂，把他们押上独木舟，以最快的速度往北划。到了那天太阳下山时，他们划了将近四十公里，已经到了可以举行活祭的距离。那是重大的仪式，要通宵举行。

抓一名莫霍克战士献祭，乃是为了向作战时相助的幽灵感谢，为了向作战前给予梦兆的幽灵致敬，为了给死于易洛魁人先前几次袭击的战士报仇。对于活祭者本身，那也是个无比重大的仪式，是对勇气的终极考验，他将在考验中验证自己到底是个伟大的战士，还是抬不起头的懦夫。仪式始于请他开唱战歌。他一边唱，俘虏他的人一边从火堆里拿出火红的枯枝，烫他的身躯。他们慢慢烫，这项折磨需要持续到太阳升起。每次那位莫霍克战士昏过去，他们就往他背部倒冷水，要他醒来。一夜的折磨于天亮时结束，换成开膛剖肚和仪式性的食人肉。

尚普兰想提早结束这折磨。那名莫霍克俘虏没犯罪，也未拥有有用情报，按照欧洲做法，根本不该受折磨。

"我们不做这种残忍事，"尚普兰语气坚定地说，"我们杀人很干脆。你们如果希望我用火绳枪射死他，我会很乐意。"然后他昂首阔步走开，明确表露自己的不悦。他的土著盟友很苦恼，为了让他高兴，于是请他回来解决那个莫霍克人。事情最后如他所愿，而那不是因为土著人认同他的说法，认为他的做法是对、自己是错，而是因为礼仪要他们主随客便。或许他们认为用火绳枪射杀，乃是法国人执行胜利献祭的方式。

翌年夏天，奥查斯特奎恩和尚普兰再度联手，第二次痛击莫霍克人。1611 年夏，他们第三次相见时，奥查斯特奎思带了休伦联盟的其他几个酋长同行。双方想协商扩大直接贸易的规模。休伦酋长们给了尚普兰四串贝壳珠，作为信守承诺的保证。这种贝壳串珠，就是今日所谓的贝壳念珠，在土著文化里，既充当货币，也作为合约信物。四串贝壳珠绑在一块，表明休伦联盟四部族的酋长保证与法国人站在同一边。这就是今日所知的休伦结盟带（Huron Alliance Belt），至今仍存。

除了贝壳串珠，诸休伦酋长还送上尚普兰最想要的东西：五十张海狸毛皮。休伦人只知道在他们自己的文化里，海狸皮是很值钱的东西，但或许不知道法国人为何对海狸毛皮的需求永不满足。法国人需要海狸毛皮，不是像土著人那样，为了拿它富有光泽的上层毛皮来给衣服衬里或镶边。法国人想要的乃是下层绒毛，这是制作毛毡的原料。海狸毛具独特的倒钩特性，放在含有醋酸亚铜和加汞阿拉伯胶的有毒溶剂里焖煮时，很易于牢牢缠结（制帽匠以易精神错乱而著称，那是因为他们在工作时吸入有毒的气体）。如此焖煮过的毛皮，一旦经过捶打、晒干，就成为制造上等帽子的绝佳毛毡。

15 世纪之前，欧洲制帽匠用欧洲的海狸毛皮，作为制造帽子所需的毛毡材料，但因为过度捕捉，海狸数量减少了十之八九，而北欧开垦荒地又摧毁了它们的天然栖息地。然后毛皮贸易转移到北方的斯堪的纳维亚，但过度捕捉又使斯堪的纳维亚的海狸灭绝，海狸毛皮帽的生产随之断绝。

到了 16 世纪，制帽匠不得不用绵羊毛制作毛毡。羊毛毡不是理想的制帽材料，因为毛质较粗，且没有海狸毛那种如茅草般蓬松的天然特性。毛毡制造者可加进兔毛，用以促成这种覆顶效果，但成品仍不如海狸帽结实。碰到下雨，羊毛毡往往吸水而不排水，一旦变湿，马上就会变形。羊毛也因为颜色灰扑扑而不讨人喜欢。羊毛可以染色，但毛毡匠所用的天然染料，固着不牢，特别是碰到下雨时。羊毛毡也没有海狸毛皮那种强度和柔韧性。荷兰穷人戴的标准帽子——连帽——就是用羊毛毡制成，因此会下垂。

16 世纪末，出现海狸毛皮的两个新来源。第一个是西伯利亚。俄罗斯设陷阱捕兽的猎人进入西伯利亚，寻找更理想的猎捕地点。陆路运送遥远，而荷兰人虽试图掌控波罗的海贸易，确保毛皮稳定输入欧洲，但俄罗斯货源不稳定。另一个新辟的来源是加拿大，开辟的时间约略相同。在圣劳伦斯河注入大西洋处的北美东海岸捕鱼的欧洲人，发现东部林地里海狸众多，且人设陷阱捕兽的土著猎人乐于高价卖出海狸毛皮。

加拿大的海狸毛皮于 16 世纪 80 年代开始小量出现在欧洲市场，随后需求暴增。海狸帽重新大为流行。这个时尚首先在商人圈流行，但又过了几十年，就扩延到宫廷、军方的上层人士。不久，凡是讲究派头的人，必然有顶海狸帽。17 世纪第二个十年，海狸帽的价格涨到羊毛毡帽的十倍之高，使帽子市场一分为二：一种是买得起海狸帽的人，另一种是买不起海狸帽的人。价格分割的结果之一，是出现繁荣的二手市场，供应那些买不起新海狸帽而又不想将就羊毛毡帽的顾客需求。欧洲诸国政府担心通过虱子传染的疾病散播，严格规范二手帽的市场。

买得起海狸帽的人比派头、比身份，制作海狸帽的商人争夺市场占有率，两者合在一起使制帽匠竞相制作出更为稀奇古怪的帽子，以领先竞争对手。海狸帽开始讲究颜色和表面绒毛的细微差异，这场时尚热潮持久不消。帽顶抬高、压低，变窄、变宽，拱起、下陷。帽檐于1610年时开始变宽，随时尚而翻起或垂下，但整体趋势是愈来愈大。帽子加上彩色帽带，以标榜真正的时髦，帽带上则嵌入酷炫的装饰。《军官与面带笑容的女子》中那位军官，在帽带上嵌入什么装饰，我们看不出来，但他的帽子乃是当时最时髦的男用毛帽——不过这种时尚也正步入尾声，约十年内就会消失。

加拿大供应的海狸毛皮刺激了帽子的需求，进而推高帽子价格和毛毡贩子的利润。对当时正欲在圣劳伦斯河谷建立第一批小殖民地的法国人而言，价格、利润的飙升是一大利好，因为这给了他们意想不到的收入来源，可借以支持勘察、殖民的开销。在巴黎值一里弗（Livre）[1] 的商品，运到北美洲换海狸毛皮，再运回巴黎，价值升为两百里弗。这一买卖也使土著人和欧洲人的关系更为紧密。早年，土著人认为他们在占贸易伙伴的便宜。"拿海狸来做什么都很好用，"某位蒙塔涅族捕兽者暗笑着对一位法国传教士说，"它可以用来制茶壶、轻便斧、剑、小刀、面包；简而言之，做什么都可以。"他认为买他毛皮的欧洲人，特别是新英格兰地区的英格兰人很好骗。

---

[1] 译注：法国旧货币，相当于一磅白银。

"英格兰人没脑筋，拿二十把这样的小刀跟我们换一张海狸毛皮。"法国人付的价码稍低于英格兰人。在土著人的经济里，海狸皮的价值远没有欧洲人所付的那么高。双方都认为对方吃了亏，而在某个方面来看，双方的看法也都没错，这桩买卖因此得以如此兴旺。

对尚普兰而言，1609年是毛皮贸易关键的一年。按照规定，他的商业集团所享有的十年垄断期在前一年就要到期，而巴黎的制帽公司极力主张结束垄断，好让价格下降。尚普兰极力反对，担心没有垄断权之后，他的计划将因资金短缺而无以为继。垄断期满之前，他恳请国王亨利四世延长期限。请求得到获准，但只延长一年。因此，1609年时，海狸毛皮市场全面开放。竞争对手立即抢进，使海狸毛皮价格下滑了六成。尚普兰唯一的希望，就是利用个人与土著人的友好关系，在没有竞争对手涉足的更上游处做买卖。为了不让休伦市场落入对手之手，尚普兰拿义子（他晚婚，膝下无子）交换给奥查斯特奎恩，以示双方友好，永无异心。因此，失去国王给的垄断权，反倒促使尚普兰往北美大陆更深处探索。

尚普兰往西推进，除了寻找毛皮，还为了找别的东西：中国。他向亨利解释为何需要继续拥有垄断权时指出，他不只想造福他的生意伙伴。他买下毛皮，乃是为了支付更重要活动所需的开销，而那个更重要的活动就是"找出不受北方冰山干扰或酷热区热气折磨的通往中国的通道。目前，我们的海员前往中国时要经过那酷热区两次，回程又要经过两次，艰苦、危险难以置信"。对尚普兰而言，毛皮在巴黎维持高价，才能从中赚取高额利润，支付寻找前往中国道路的开销。

那并非这时才有的想法。1603 年，他一开始接下亨利四世交付的任务时，合约中就已言明这点：他应"以沿着海岸和取道大陆的方式，努力找出可轻易穿越这国度，抵达中国、东印度诸国或尽可能遥远之其他地方的路径"。因此，他原来的任务就是寻找"一条有助于和东方人通商的通道"。那个念头一直在鼓舞他往西深入北美大陆。

当时已知欧洲前往中国的路线有两条，分别绕经非洲、南美洲的最南端。这两条路线距离长而又艰苦，时时有葡萄牙人、西班牙人严密巡逻防守，不让外人染指。然后还有西北航道、东北航道，一条绕过美洲，另一条走过俄罗斯上方。这时，荷兰人、英格兰人已证明绕经俄罗斯、加拿大的北极圈路线不可行，但仍有些人希望亨利·哈德逊（Henry Hudson）找到进入哈德逊湾的通道能连接抵达太平洋的路径。法国人想在没有冰山或其他欧洲强权的阻挠之下，抵达传说中的东方，而要一遂此愿，唯一的寄望就是找出横越北美大陆的通道。尚普兰需要土著人的知识来找出这条隐藏的通道，他还需要和土著人做买卖，以取得利润丰厚的商品，足以支持他探勘开销。他无意为征服而征服或是为殖民而殖民，也就是说，他若征服或殖民，也是为了实现他唯一的梦想：找到前往中国的通道。

在尚普兰之前，雅克·卡蒂埃（Jacques Cartier）已经勘察过圣劳伦斯河口，让·阿方斯·德·圣通日（Jean Alfonse de Saintonge）则已在 16 世纪 40 年代航行过拉布拉多半岛沿岸，但都未能找到通往中国的路径。那成为他们和他们之后的其他人探索那些海域的动机。尚普兰第一次来到美洲期间，英格兰人乔治·韦茅斯（George

Weymouth）航入北极区，当时他带了一封伊丽莎白一世写给中国皇帝的信，并附上拉丁语、西班牙语、意大利语的译文，以备中国境内的耶稣会传教士万一不懂英文，也可透过其中一种译文转译成中文。韦茅斯未能抵达目的地，未能将伊丽莎白女王的亲笔信交给中国皇帝，但那是他此行所欲达成的目标。尚普兰同样受到这目标的激励，但他认定通往中国之路不在绕经大陆，而在贯穿大陆。他希望溯圣劳伦斯河而上，最终可抵达中国。1603 年尚普兰来到圣劳伦斯河源头附近的索圣路易（Sault St. Louis）急流群而不得不折返时，那梦想仍在脑海里徘徊不去。十五年后，尚普兰提议，一旦打通通往中国之路，就在那里设立河畔海关，课征行经此地的货物税。那地方如今叫拉辛纳（Lachine），意即"中国"[1]。

在近代欧洲努力摆脱孤立、进入更广阔的世界的时期，憧憬抵达中国，乃是贯穿这段时期的一个富有想象的主题。这一主题始于14 世纪末，一名游历过中国的威尼斯商人返回家乡之时。那商人讲述东方的新奇国度和惊人财富，让每个愿意听他讲故事的人听得津津有味。他就是马可·波罗，威尼斯人叫他 Il Milione，意为"百万趣闻先生"。他引人入胜的《马可·波罗游记》是 15 世纪的畅销书，由他在狱中时一位写通俗传奇文学的牢友替他执笔写下。马可·波

---

[1] 取这地名的并不是尚普兰，而是那些嘲笑 1669 年罗内－罗比特·德·拉·萨勒（René-Robert de la Salle）欲找出通往中国的水路却无功而返的人。当年那些探险家无功而返，回到魁北克时，人称他们是"中国人"，而德·拉·萨勒位于索圣路易的采邑，则改名拉辛纳，并沿用至今。

罗眼中的蒙古人忽必烈汗治下的中国叫人着迷，纯粹是因为在 14
世纪的欧洲，没有哪个国家有那么气派的宫廷、那么辽阔的土地、
那么庞大的经济、那么壮观的城市。那个被称作中国的地方，乃是
无法抵达的欧亚世界另一端财富与权势的象征。

　　一个世纪后的 1492 年，哥伦布带着一本《马可·波罗游记》，
率领三艘小船往西横越大西洋，那时他已经知道世界是圆的，往西
航行会抵达亚洲。他对世界的了解够深，已经知道会先抵达日本，
紧接着再抵达中国，但他不知道亚洲与欧洲相隔究竟多远，他也未
预料到它们之间隔着一个大陆。回到西班牙后，他向国王费尔南多
二世报告，抵达伊斯帕尼奥拉岛（Hispaniola，现在属于多米尼加共
和国）时，"我认为那可能是陆地，是中国的一省"。其实并不是，
因此哥伦布才必须说服国王，第一次西航几乎已经抵达目的地，第
二次西航一定会达成目标。就算那岛不是中国或日本，也必然是日
本东岸之外的岛屿，传说中富裕的中国也就不远了。同时，他向费
尔南多二世保证，只要他的水手动身寻找，必能在他所发现的那座
岛找到黄金。借此，他把一手必输的牌——伊斯帕尼奥拉不是日本
或中国——反而打成一手好牌。但他深信，下一座岛会是日本，再
过去就是中国。

　　欧洲人对中国传说中的富裕深信不疑，因此费尔南多二世才会
同意资助哥伦布第二次西航。随着欧洲人更了解全球地理，欲抵达
中国的热情更为强烈，这心愿更可能成真。在莎士比亚的《无事生非》
中，培尼狄克宣称，宁可去"从蒙古大可汗的脸上拔下一根胡须"，
也不愿跟她讲话，借此拒斥与贝特丽丝为伍。伦敦观众懂得莎士比

亚要表达的意思。若说那句话大概是男人所能许下最难办到的誓言，他们大概会同意，但那并非办不到。16、17 世纪之交，这一传说中的国度在欧洲人的脑海中非常鲜活，让希望到中国发财致富的憧憬变得更为强烈。当时一则有关中国的谚语称，中国人有两只眼，欧洲人有一只眼，世界其他地方的人是盲人 [1]——明褒暗贬那些执着于单一看法的人。

因此，尚普兰才会溯圣劳伦斯河而上：他要找出横越大陆抵达中国的水路。这是当时的人已然深信的想法，因为安特卫普的制图大师亚拉伯罕·奥特里斯（Abraham Ortelius），在印制于 1570 年的一张地图中，以红色标出这样一条水道。甚至在尚普兰之后，这看法仍存在于 1634 年《环宇水道测量图》（*Carte Universelle Hydrographique*）中的北美地图上。这张地图是法国的地图绘制员让·盖拉尔（Jean Guérard）所绘，他在五大湖西边的空白处加注指出，“据信从这里可通往日本”[2]。

尚普兰问了土著人可以走哪条路前往中国，但是得不到答案，于是转而问他们哪里有咸水。1603 年夏，在圣劳伦斯河上游，有位土著人告诉他，从注入下一座湖（今天的安大略湖）的那座湖（伊利湖）再往上的那座湖（休伦湖），湖水是咸的。这正是尚普兰所企盼的消息，但那个地区的其他阿尔冈昆人的说法与此相反。他仍

---

[1] 编注：关于这则谚语的来源及演变，可参考吴莉苇，《中国人的两只眼——从欧洲人将波斯谚语转化为中国传说看文化误读》，《世界历史》，2011，第 5 期。

[2] 让·盖拉尔的 1634 年世界地图，《环宇水道测量图》，在哈德逊湾旁边加了如下批注："1612 年由英格兰人亨利·哈德逊所发现的大洋，据信从这里可通往日本。"

继续问人。有个阿尔冈昆族青年说，他第一个会碰到的那座湖（今天的安大略湖）最西端的湖水微咸。尚普兰就需要这个叫人振奋的消息。他保证会回来亲自尝尝那湖水，但最后，他深入内陆，已是几年后的事。1613 年，埃蒂安·布赫雷（Étienne Brûlé）——也就尚普兰用来当人质交换奥查斯特奎恩的义子——告诉他，休伦湖不是咸的。又过了两个夏季，尚普兰才亲自造访这座湖。他尝了湖水，发觉 douce，意即"甘甜"，证实一个令人气馁的事实：休伦湖并未与太平洋相连。

尚普兰是地图绘制员，第一次航行时，他就靠地图绘制本事，首次得到上司的注意。他一生替当时称作新法兰西（la Nouvelle-France）的那个地方绘了好些张详细地图。他的第三张地图绘于1616 年，是史上第一张描绘休伦湖的地图。他把那湖称作 Mer Douce，意为"甜水海"，一方面确认那个新发现的事实，同时可能在提醒自己，探寻之路还未结束。在这张地图上，尚普兰有一个含糊不清之处，还有一个夸大之处。含糊之处在甜水海的尽头：他让那湖延伸到地图左侧之外，做法叫人费解，难道是因为没人知道它通往何处？夸大之处在北侧：他把北冰洋的海岸线画成往南延伸，非常逼近休伦湖——那里某处必然有通往海洋的通道。他想要表达什么？无非就是：只需锲而不舍的探查，法国人（他）就会找到那条横越大陆、连接法国与中国的隐藏通道。

十六年后，尚普兰出版他最后一张描绘新法兰西的地图。这张地图更完整描绘了五大湖区，但伊利湖、密歇根湖仍然未出现。这时候，尚普兰已知甜水海并未往西一直延伸到太平洋，而是有尽头的（不久之后，甜水海这名称就会式微，为休伦湖一名所取代）。但在这淡水湖的尽头之后，还有一大片水域，大小、面积都不详的大湖（今天的苏必利尔湖），靠一连串急流与其相接：有朝一日，这个位于系列湖泊中的另一座湖，说不定就被证明是通往中国的路径。

尚普兰从未踏足苏必利尔湖，但让·尼克雷（Jean Nicollet）却曾经去过。尚普兰手下有好几名负责深入林区搜集皮货的皮货商（coureur de bois），让·尼克雷就是其中之一。尚普兰出版 1633 年地图的一两年前，尼克雷碰到一个欧洲人从没碰过的部族，他或其他人就将那部族称作皮安人（Puants），意为"发恶臭的人"。在最后一张地图上，尚普兰标出那个部族，指出有个"皮安族"，即"臭人族"，住在最终注入甜水海的湖泊边。法语的"臭人"一词乃是对阿尔冈昆语"脏水"一词的讹译，而阿尔冈昆族用"脏水"形容微咸的水，也就是尝起来带咸味的水。这个部族不自称皮安人。他们是威尼皮古人（Ouinipigous），也就是今日所称的温尼贝戈人（Winnebagoes）[1]。但是因为一番曲折复杂的推理，欧洲人始终坚称地平线另一头的下一个水域必定是咸的，必定是"臭的"——必定是太平洋——的推理，于是，这个名称就冠在他们头上[2]。

---

[1] 尚普兰在其地图标出的这座湖乃是尼皮贡湖，只是位置标错。尼皮贡（Nipigon）是 Ouinigipous 的另一种说法。后来，这名字再度遭修改，用以指称马尼托巴的第一个大聚落：Winnipeg。

[2] 法国人也称他们是 Gens de Mer（海上民族）和 Peuples Maritimes（沿海民族）。欲将他们与海水搭上关系的念头，强烈得无法动摇。

　　温尼贝戈族酋长邀让·尼克雷前来做客。尼克雷知道绝不能失礼，因此出席这场为他而办的盛宴，出现在数千名远道而来的宾客面前时，他穿上了行李里最体面的衣服：绣了花鸟的中国袍服。

　　像尼克雷这种活跃于内陆的代理商，不可能自己弄到这件衣服。他不可能有机会接触这种东西，更别提有钱买。那件袍服想必是尚普兰的。但尚普兰如何弄到那东西？这种稀奇古怪的东西，直到17世纪初才从中国流入欧洲北部。这件衣服今已不复存在，我们无从追查它的来处。它很可能来自中国的某个耶稣会传教士，那传教士把它带回或寄回欧洲，以证明他为那个有教养的文明国家奉献了一生。英格兰旅行家约翰·伊弗林（John Evelyn）在巴黎见到一批中国袍服，大为惊艳。它们是"非常漂亮的长袍，缝制、绣制在金布上，但色彩非常鲜艳，那种光彩、艳丽是我们欧洲人做不出来的"。尚普兰待在加拿大的头几年，在巴黎不可能弄到像尼克雷所穿袍服那样的东西，因此他想必是在1624年至1626年这两年赋闲时，以高于行情的价钱买来，因为他深信这东西对他在加拿大的冒险事业很有用。他知道耶稣会传教士觐见时一身中国官服打扮，而如果他本人没有机会穿那件中国袍，他的使者可能会有。毕竟要觐见，穿着就要得体。结果，得以见到这华服的不是中国人，而是温尼贝戈人。

　　尼克雷的袍服只是说明尚普兰梦想抵达中国的另一个象征而已。从一开始赴北美洲冒险，那梦想就在他脑海中盘旋。他有个朋友是诗人，曾为他1603年的第一部自传写诗题献，在那首诗中，那位诗人称尚普兰矢志于"走得更远，传教，发现东方，不管是经由北方或南方，以抵达中国"。他的所有探险、结盟、战斗，全都是为了这个目的。在尚普兰湖岸,尚普兰冒生命危险射杀三名莫霍克族队长,就因为他想抵达中国。他要控制供应欧洲毛毡制造商所需毛皮的贸易,但更重要的是,他得找出通往中国的路线。尼克雷的袍服是实现那梦想的工具,维米尔的帽子则是那追寻的副产品。

尚普兰的伟大冒险当然没有成功。法国人从未能以搭独木舟横越加拿大的方式抵达中国。不管是成是败,他们的作为让东部林地的土著人死亡惨重。休伦人受害尤深。17 世纪 30 年代,一波波传染病通过欧洲人传入休伦联盟,1640 年最为严重,恶性天花传播,使该联盟原有的两万五千人口骤减了三分之二。有些休伦人亟于保住自己部落免于灭绝,转而求助于 17 世纪 20 年代就已开始进入休伦尼亚的法国耶稣会传教士的教义。有些休伦人或许从耶稣会的基督教谦恭教义中得到慰藉,但那慰藉对于抵消另一个更具体的伤害没什么帮助——他们无力抵抗易洛魁人。1641 年,法国人决定撤销禁卖火器给休伦人的规定——只同意卖给皈依基督教的休伦人——让这个部族能武装御敌,但为时已晚。

1649 年夏、秋,几千名休伦人退到甜水海东南角的嘎霍恩朵岛(Gahoendoe)避难。约有四十八名法国传教士、工匠、军人加入他们。休伦人想在岛上某个内陆湖边缘扎营,法国人则决定在甜水海岸边建造远远就可见到的木栅,准备最后一次抵抗易洛魁人。为了纪念这最后的抵抗,嘎霍恩朵岛改成今日所知的名字——基督教岛(Christian Island)。

结果,最后抵抗的对象不是易洛魁战士,而是饥饿。这个岛面积太小，猎物不足以喂饱那么多难民，而且他们所种的玉米成熟得太晚。随着冬天渐渐降临，他们所能捕到的鱼和从更北方的部族所买到的六百蒲式耳[1]橡实，已经不足以喂饱所有的人，饥荒随之降临。受害最大的是孩童。有个走访难民村的耶稣会传教士，说到有个乳房松垂的母亲，看着自己小孩"一个接一个死在自己怀里，连把他们丢入墓穴的力气都没有"。他那赚人热泪的描述点出那年冬天苦难的深重，但所言并不尽属实。大约三十年前，有一组考古学家和土著人助理挖掘了那个遗址，在村子旁边的沙质土壤里挖出几具死于营养不良的人的骨骸，而那些遗骸都经过细心埋葬。挖掘完毕之后，他们将遗骨同样细心地放回原处，新长出的落叶树林被允许重新加以开垦，以后将无人知道那些墓的所在位置，没有人会再来打扰他们。

那年冬天快结束时，数百名休伦人决定冒险越过结冰的湖面，向在大陆地区巡逻的易洛魁人投降，但湖面的冰禁不住他们的重量而塌陷，许多人溺死。其他人等待冰雪融化，然后分路逃命。一组人消失于北方内陆，另一组人护送法国人回到魁北克。他们的后裔温达特人如今仍居住于该地。

如今，高大的山毛榉、桦树林，已盖住基督教岛上最后一个休伦人村落的遗址。除非你碰巧知道村落的所在，否则是绝对找不到的。如今，基督教岛已辟为奥吉布韦人（Ojibwe）保留区。我在岛上待了几个夏天，每次走在那曲折绕过孩童埋骨处而树影斑驳的小

---

[1] 译注：按英制，1 蒲式耳合 36.368 升。

径上，总会回想起 1649 年、1650 年之交那个饥饿的冬天，惊叹于历史的大网将那个不为人知的地方与 17 世纪出现的全球贸易、征服网络绑在一起。那些孩子是那段历史里失落的环节，是拼命寻找通往中国之路、为支持这寻找活动而寻找财源的欧洲人雄心之下被人遗忘的受害者，是将维米尔的帽子放在那位军官头上那出历史剧里渺小的演员。

第三章　一盘水果

维米尔的《在敞开的窗边读信的年轻女子》(*Young Woman Reading a Letter at an Open Window*，彩图3)，约略与《军官与面带笑容的女子》绘于同时。我们看到同样的楼上房间、同样的桌椅，甚至穿同样衣服的同一个女人，我想那应该又是以他妻子卡塔莉娜·博尔涅斯为模特绘成的。两幅画中女子的动作有异，但所要阐述的事大同小异：男女之间的追求示爱。在《军官与面带笑容的女子》中，这件事明显无隐，我们看到男子正在追求女子。相对而言，《在敞开的窗边读信的年轻女子》中，只看到那女子。男子存在于画中，但不是具体的存在，而是在女子所读的信中。他在外地，可能在半个地球之外。她在窗边，就着阳光读信，但这一次，窗不只是半开，而是大大敞开。情郎离家在外，只能透过书信对她倾诉。情郎远在他乡，促使维米尔营造不同的氛围。在她聚精会神看着我们无缘看到的字句时，轻松交谈的明快消失，取而代之的是一种内化的紧张。

如果说这两幅画展示的空间和主题相同，那么它们所展示的物品却有所不同。《在敞开的窗边读信的年轻女子》，画面不凌乱，但画中的东西却较多，且那些东西的作用不只在营造视觉活动。为了平衡这些叫人眼花缭乱的东西，维米尔让墙壁空无一物。空白但不是单调苍白，这无疑是西方艺术里质感最丰富的空墙之一。X 光分析显示，维米尔最初让那面墙上挂了幅丘比特画像 [后来他在《站在古键琴边的女士》(*Lady Standing at the Virginals*) 用到这幅画像]，让观者知道她在看情书，但后来他决定不用这类明显的象征性暗示，而将它涂掉。为了让房间带有纵深和立体的感觉，他用了垂帘这项传统手法，一张帘子挂在敞开的窗子上，另一张则拉到前景处一侧，仿佛有人将它拉开，露出了这幅画（在画前挂上帘子，以保护画免受阳光晒坏和其他伤害，是过去常见的做法）。桌子盖上了布，这次盖的是色彩艳丽的土耳其地毯———一如今日，这类地毯太值钱，舍不得铺在地上———而且地毯一端挤成一团，让画面显得生动有力。桌子中央的地毯上，有个状似那位军官的帽子而斜起摆放的东西，指向她情郎或丈夫可能去的更广大的世界。那是摆了一堆水果的瓷盘。

我们看画时，目光会先投向那个少妇，但在维米尔那个时代，那只盘子大概会和那少妇争夺观者的目光。在当时，那样的盘子赏心悦目，但仍旧不常见，而且贵得并非人人都买得起。在那之前一二十年，中国瓷盘鲜少出现在荷兰绘画中，但那之后一二十年，中国瓷盘到处可见。17 世纪 50 年代那十年，正是中国瓷器在荷兰艺术里———一如在荷兰人生活里———赢得一席之地的年代。17 世纪的荷兰画家将静物打造成一种艺术表现形式，而中国瓷器正是这种新流行的绘画体裁表现的一部分。画家挑选可差不多归为一类的东西（水果）或看来表现同一主题（腐败、虚华的象征）的东西，然后将之以赏心悦目的方式安排在桌子上。一只中国大瓷盘，正是可将较小的东西（例如水果）聚拢，杂乱摆放成堆，同时传达出动感的那种东西。画静物的难处，在于要让画面逼真到骗过观者的眼睛，让人以为那不是画。高明的画家可能在画里画上一只苍蝇，好像那苍蝇也上当受骗似的。以错视手法营造几可乱真的效果，正是维米尔绘画生涯里乐此不疲的挑战。

在卡塔莉娜前面桌上摆上那盘水果，用意在悦目，但维米尔用杂乱摆放的水果静物，传达她读远方——可能远自荷属东印度群岛——情郎来信而竭力想控制思绪时那种心情的混乱。她的姿态和举止显示她是冷静之人，但即使连她都无法稳住思绪。她前面滚出盘子的水果也是。当然，那全是安排和装模作样。情郎是虚构的，画中女人所拿的那张纸，上面很可能一个字都没有，而地毯、盘子、帘子全是刻意摆上。但那个世界确实存在，且是我们所追寻的。代尔夫特以生产精致陶器而著称，因此在绘于代尔夫特的画作中画上这只盘子，丝毫不显突兀。这只盘子将是一道门，透过这道门，我们将走出维米尔的画室，走上从代尔夫特通往中国的数条贸易长廊。

赤道以南十六度，距西非沿岸两千公里处，一座火山岛孤悬于大西洋海面上。18 世纪时，英国东印度公司将圣赫勒拿岛（St. Helena）并入大英帝国，然后在该岛背风面，当时叫教会湾（Church Bay，今詹姆斯敦湾）的地方，建造了詹姆斯敦（Jamestown）。这个岛最为人知之处，就是 1815 年拿破仑兵败滑铁卢之后，遭英国放逐于此——漫长的英法争霸大戏在此画下句点，英国崛起为 19

世纪全球首要强国。

英国人占据圣赫勒拿岛之前，这个岛是所有国家船只从亚洲返回欧洲的漫长航程途中停靠的小站。它正好位于将船只从好望角往北推送的东南信风的路线上，是船只和船员遭遇暴风、疾病折磨后休养生息的避难之地；是休息、修理、在最后一段返乡航程之前补给淡水的避风港。现代船舶不需这类岛屿，都是过圣赫勒拿而不入，使这个偏处汪洋大海中的孤岛，如今只有观光客上门。

1613 年 6 月 1 日早上 10 点左右，教会湾里唯一的船只是一艘英格兰船——英国东印度公司的"皮尔"号（Pearle）。"皮尔"号在两周前就已入港，当时有一支船队从亚洲返回伦敦，"皮尔"号是那船队的六艘船之一。船队中还有一艘英格兰船"所罗门"号（Solomon），但另外四艘属于荷兰东印度公司。17 世纪时荷兰、英格兰时常交战，但双方的船长都乐于撇开歧见，结队航行，合力抵御他们真正的竞争对手——西班牙人和葡萄牙人。这六艘船在圣赫勒拿待了两星期，休息、整补，以便踏上返回欧洲的最后一段航程。但 6 月 1 日清晨船队起航时，"皮尔"号并未随队出发。该船抵达圣赫勒拿时，五十二名船员中已有一半挂病号，船队离港时，大部分病患依旧虚弱得无法干活。那天早上，船员仍然在把水桶装满清水，运上"皮尔"号。船长约翰·塔顿（John Tatton）别无选择，只得把启程时间延到隔天早上，希望能赶上船队。

那天早上稍晚，其他五艘船已经离开，塔顿和船员正忙着准备出航事宜时，教会湾南端岬角外出现两艘葡萄牙大船的身影。那种大船是被称作克拉克（carrack）的大型武装商船，葡萄牙人建造来运送远洋货物。两艘武装商船已完成前往果阿（Goa）——印度西岸上的葡萄牙小殖民地——的处女航，载了大批胡椒要返回里斯本。这种武装商船是当时欧洲人所建造的最大的木船，塔顿心知"皮尔"号绝不是它们的对手。他知道不能硬碰硬，最保险的做法乃是赶紧逃到他们大炮的射程之外，于是立即扬帆，迅速离港。由于事起仓促，水桶和那一半生病的船员，都留在了岛上。但他不打算一走了之，而是别有计划。他拼命追那支英、荷船队，希望说服荷兰舰队司令扬·德里克松·拉姆（Jan Derickzson Lam）将船队调头，回教会湾夺下那两艘武装商船。

天黑后，"皮尔"号赶上拉姆的旗舰"阿姆斯特丹市徽"号（*Wapen van Amsterdam*，简称"市徽"号）。拉姆"欣然同意，打信号指示船队跟进"，塔顿后来如此报告。但并非所有荷兰船都注意到他调头的命令。"万丹"号（*Banten*）、"白狮"号（*Witte Leeuw*）调头跟来，但"佛利辛恩"号（*Vlissingen*）未收到信号，另一艘英格兰船"所罗门"号也是。拉姆未因此丧气。四艘对两艘，或许不如六艘对两艘那么有把握，但他的船队有奇袭的优势。

经过一天半费力的逆风航行，由四艘船组成的英、荷船队返回到圣赫勒拿。葡萄牙人果然疏于防备，拉姆和塔顿的奇袭奏效。葡萄牙舰队舰长赫罗尼莫·德·阿尔梅达（Jeronymo de Almeida）想必看到"皮尔"号逃离，但未把那艘英格兰船放在心上。他没想到它会折返，也就未对此预做防备。他的旗舰"拿撒勒圣母"号（*Nossa Senhora da Nazaré*，简称"拿撒勒"号），整个船身横着面向大海，停锚于海湾内。"加尔默罗山圣母"号（*Nossa Senhora do Monte da*

Carmo，简称"加尔默罗山"号），与它并排靠拢停泊，被那艘更大的船堵在里面。

葡萄牙人还来不及将武装商船调度为较有利于防御的位置，拉姆即发动攻击。他命"万丹"号和"白狮"号以葡萄牙人几乎无法开炮反击的角度，朝"拿撒勒"号的船首、船尾驶去，然后命"市徽"号直直航向它。塔顿后来写道，拉姆应该试着谈判招降，但他似乎一心只想夺取。"太贪心了"，塔顿如此评断。

据塔顿的记载，"万丹"号攻击"拿撒勒"号，"使葡萄牙人的士气凉了一大半"。然后，"白狮"号船长勒洛夫·西蒙茨·布洛姆（Roeloff Sijmonz Blom）朝"拿撒勒"号船尾开炮，在船身吃水线以上部位轰出大洞。布洛姆将船驶得更近，打算割断"拿撒勒"号的锚缆，希望借此让它漂上岸搁浅。"加尔默罗山"号在"拿撒勒"号后面，只能眼睁睁看着友船遭攻击，无力相助，但总算能递上一条替补缆绳，重新稳住"拿撒勒"号。布洛姆将"白狮"号驶到与"拿撒勒"号、"加尔默罗山"号平行靠拢的位置，准备登上对方旗舰。在此同时，他的右舷炮手与"加尔默罗山"号以炮火互轰。

接下来的战局，如今有两种说法。有一说是，葡萄牙人的炮火直接命中"白狮"号的火药库，另一说则主张"白狮"号下甲板处一门发生故障的火炮爆炸。不管是哪个原因，爆炸炸掉"白狮"号的后部，船顷刻之间沉入海底。塔顿深信，布洛姆和他的四十九名船员，还有船上两名英格兰乘客，全给炸死或溺死在海湾里，但事实上有些人获救，被葡萄牙人带回里斯本并遣返回国。

失去一整艘船和其船员、船货后，海军将领拉姆禁不起再拿别的船来冒险，于是下令其他船撤退。撤退之前，塔顿遗弃在岛上的船员，已聚集在海湾北岸边求救，而塔顿最终也将"皮尔"号驶到够近的地方，救走了其中十一名。这趟远航的不幸并未到此结束。"万丹"号航进阿姆斯特丹的内海须德海（Zuider Zee，今艾瑟尔湖）途中，穿过特塞尔（Texel）水道时搁浅并解体。拉姆实在是时运不济。荷兰东印度公司在这水道沉没的船只，用五根手指头就数得完，偏偏"万丹"号就碰上这倒霉事。（那支葡萄牙舰队的命运也好不到哪里去。舰队长阿尔梅达让两艘船顺利返抵里斯本，但"加尔默罗山"号受损太严重，不得不就此退役。）

"白狮"号沉入 33 米深的海底时，大批货物跟着葬身海底。该船的船货清单现今仍存于荷兰某档案机构里，根据该清单可查出失去了哪些东西。上面列了 15000 袋的胡椒[1]、312 公斤的丁香、77 公斤的肉豆蔻，还有总重达 480.5 克拉的 1317 颗钻石。清单是在万丹（Banten）写成，万丹是荷兰东印度公司在爪哇岛最西端的商港。该公司对于细节一丝不苟，要求每笔收支均要清楚记下，因此可以合理推断，凡是搬进货舱的物品，全都记录在公司的分类账里。正因如此，1976 年下海打捞"白狮"号船骸的海洋考古学家，才会对所找到的东西大为惊讶。他们认定船上的香料老早以前就已腐烂，钻石早已消失于港湾漂移不定的沙中，因此不可能找到船货。他们的本意乃是打捞该船的金属制品，特别是火炮。结果，在四分五裂

---

[1] 一袋胡椒重约 12 公斤。按照阿姆斯特丹每 1 磅（0.494 公斤）0.8 佛罗林金币的零售价，这批胡椒值 364000 荷兰盾。

的船壳底下的烂泥之中，竟散落着数千件在 1613 年时与"中国"
(China) 一词同义的东西——瓷器。

　　那些瓷器会不会是后来停泊的船只为减轻负载，然后沉入那
船骸上的呢？有可能，但有太多瓷器集中于一处，而且打捞上岸的
瓷器，其风格和年代都指出它们制于明万历年间，而万历皇帝崩于
1620 年。所有证据——唯独该船的船货清单不是——都指出，这
批货来自"白狮"号。那场爆炸居然让那批瓷器留存至今。那些细
心打包好的瓷器若顺利运抵阿姆斯特丹码头，大概会给当场卖掉、
转卖，碰出缺口、出现裂痕，最后遭到丢弃。17 世纪运回荷兰的
瓷器，最后的下场几乎都是如此。如今有一些古瓷器散落在全球
各地的博物馆和私人收藏家手里，但它们是个别残存的瓷器，脱
离了将它们运到欧洲的时空环境，脱离了它们原属的那整批船货。
"白狮"号的爆炸，无意间让这批船货免于落入那样的下场。没错，
打捞出的瓷器大部分已不全，但讽刺的是，如此幸存下来的瓷器，
比它们若顺利运抵阿姆斯特丹，再经过从 1613 年到今天这四百年，
所能幸存下来的还要多。它们或许受损，但仍在一起（现藏阿姆
斯特丹国家博物馆），而那意味着我们可以从中了解 17 世纪初期
瓷器的船运情形。

　　中国瓷器初抵欧洲，让见到或拿到的欧洲人大吃一惊。要欧洲
人形容那东西，他们只能想到拿水晶来比拟。上了釉的表面坚硬而
富有光泽，釉底图案轮廓鲜明，色彩亮丽生动。最上等的瓷器薄到
对着光看的时候，可以看到另一面拿着瓷器的手的影子。

最引欧洲人注目的风格是青花。青花瓷是薄白瓷，以钴蓝在表面作画，并涂上完全透明的釉。青花其实是中国制瓷史上的晚期产物。在江西，常替宫里制作瓷器的"瓷都"在景德镇。景德镇的陶工在14世纪才发展出烧制真正的瓷器的技术。烧瓷必须将窑温推升到1300摄氏度，才足以将釉料烧成如玻璃般透明，使釉料与瓷体融合为一。永远固定在釉与瓷体之间的是叫人看得目不转睛的蓝色图案。欧洲最近似青花瓷的是釉陶。釉陶是以900摄氏度的高温烧成的陶器，表面涂有氧化锡釉。釉陶表面似瓷器，但薄度和透明度不如瓷器。欧洲人在15世纪从伊斯兰陶工那里学得制瓷技术，当时，伊斯兰陶工已懂得制造质量足与中国瓷匹敌的平价瓷器，以取代进口品。直到1708年，才有位日耳曼炼金术士在德累斯顿郊外的迈森（Meissen）镇模仿出制造真正瓷器的技术，不久，迈森也成为上等瓷器的同义词。

白底蓝花的效果，叫欧洲买家惊艳。今人认为纯白底饰上深钴蓝色线条、图案，是典型的中国风，但其实那是借来的美学风格，或者至少是经过改造转化的风格。中国陶工开始烧制真正的瓷器时，中国在蒙古人治下。当时蒙古人还掌控了中亚，使货物得以从他们的大陆帝国一端经陆路运到另一端。波斯人很早就喜爱中国的陶器，8世纪起波斯就有中国陶器贩卖。波斯陶工造不出像中国陶那么白的陶器，于是发展出用仿似中国釉的不透明白釉掩盖灰黏土的技法。他们在白底上绘上蓝色装饰图案，以本地的钴为蓝颜料，效果不凡。13世纪波斯、中国都在蒙古人统治下，因而有更直接的往来，中国陶工更容易将产品推入波斯市场。一贯敏于市场需求的他们，调整产品外观，以符合波斯人的品位。将钴蓝装饰纳入图案，就是他们调整的地方之一。中国的钴，颜色比波斯的钴淡，于是景德镇的陶工开始引进波斯钴，以制造出他们认为能迎合波斯买家需求的颜色。

青花瓷就在这漫长的创新过程中诞生。它在波斯销路甚好，而这有一部分要归功于《古兰经》禁止用金盘或银盘进食。有钱人想以昂贵餐具招待宾客，既然不能用贵金属器皿盛放食物，就需要同样讨人喜欢、同样高贵的东西取代，但在《古兰经》问世的时代，没有那样的东西。景德镇的瓷器正符合这一需求。蒙古、中国的买家也着迷于这瓷器的外观。我们所认为与"中国"同义的瓷器，其实是不同文化的物质因素、美学因素无意间交会的产物，而这个产物让全球的陶瓷制造为之改观。例如帖木儿宫廷里的叙利亚陶工在15世纪初开始仿中国瓷制陶。随着全球陶瓷贸易在16世纪扩展到墨西哥、中东、伊比利亚半岛，17世纪扩展到英格兰、荷兰，这些地方的陶工也跟进模仿。人人致力于模仿中国青花瓷的外观和感觉，但有很长时间未能如愿。在17世纪时，中国以外的市集里，卖陶瓷的摊位上，凌乱摆着品质与真品差了一大截的次等仿制品。

1596年，荷兰读者从扬·惠根·范·林斯霍滕（Jan Huygen van Linschoten）笔下，首度知道中国瓷。范·林斯霍滕是荷兰人，但受雇于葡萄牙人，前往印度工作。他那畅销的《旅行日记》（*Itinerario*），启发了下一代的荷兰世界贸易商。范·林斯霍滕在果阿的市场见到中国瓷器。他没去过中国，但搜集到有关此货物相当可靠的情报。"说到那里所制造的瓷器，"——在此他所说的中国是从果阿打听来的——"大家听了绝对不相信。那些瓷器每年外销到印度、葡萄牙、新西班牙以及其他地方！"范·林斯霍滕得知，瓷器造于"内陆"——如景德镇——而且只有次级品外销。"精美得水晶玻璃都比不上"的一级品，留在国内供宫里使用。

至少从 15 世纪起，印度商人就已开始将中国瓷器带进南亚次大陆。瓷器贩子将瓷器从中国内陆运到中国东南沿海，转卖给东南亚的中国商人，那些中国商人再转手卖给印度商人。绕经非洲的海上贸易路线的开辟，立刻替瓷器打开了欧洲市场。葡萄牙人是最早在果阿取得中国瓷器的欧洲人，但是再过不久，他们就会将贸易路线拓展到华南，进而可以在那里向中国批发商直接批货。那是荷兰人想参与的路线，而不久之后他们也如愿以偿。但最早运到阿姆斯特丹的一大批中国瓷器，并不是荷兰人千里迢迢运来，而是荷兰人、葡萄牙人在公海上敌对的结果，而且就发生在圣赫勒拿岛外海。1602 年，"白狮"号沉没的十一年前，一队荷兰船只在该海域拿下葡萄牙船"圣伊阿戈"号（San Iago）。他们轻松夺下"圣伊阿戈"号，将它连同所有船货带到阿姆斯特丹。在该城码头上，随之出现大批中国瓷器，首次抵达荷兰的大批瓷器，引来全欧各地的买家抢购。荷兰人称那是克拉克瓷（kraak porselein），以表明那来自葡萄牙的克拉克武装商船。

来年又有一大批瓷器用船运到尼德兰，来源和第一批同出一辙。荷兰人在马六甲海峡——连接印度洋与南海的海上通道——的柔佛，夺下"圣卡塔莉娜"号（Santa Catarina）。这是 17 世纪最轰动的掠夺船货案。"圣卡塔莉娜"号装载了十万件瓷器，总重超过五十吨（还有一千二百捆的中国丝，由于那年意大利丝的生产停摆，

那批丝销路甚好)。为北欧诸国国王采购的买家群集阿姆斯特丹，
各国国王要他们不管现行价格多少，一律买下。

当时荷兰正发动一场战争，矛头主要指向西班牙，而非葡萄
牙。夺取"圣伊阿戈"号、"圣卡塔莉娜"号，还有"白狮"号沉没，
只是那场战争里的几场小冲突而已。1580 年至 1640 年这六十年间，
葡萄牙受西班牙国王统治，葡萄牙作为属国，处处听命于西班牙。
而在荷兰人眼中，葡萄牙人为虎作伥，因此把他们也纳入攻击目标，
自然是合情合理。但西班牙才是主要敌人：西班牙在 16 世纪占领
低地国，曾以令人发指的行径镇压荷兰的独立运动。西班牙和尼德
兰联省共和国 [1] 于 1609 年签订的停战协议，已让低地国境内的直接
敌对态势消弭了一段时间，但在欧洲之外，西班牙王国和荷兰共和
国之间的斗争仍未停歇。

但在公海上演的敌对行为 —— 西班牙理所当然称之为"抢
劫"——并不只和荷兰本身的独立运动有关，还和重新划定全球秩
序有关。这要追溯到 1493 年，哥伦布首次航行到西印度群岛的次年。
鉴于在大西洋彼岸发现新土地，教皇在该年敕令，以摩洛哥外海佛
得角群岛（Cape Verde Islands）以西 100 里格 [2] 处画下的南北子午
线为界，凡是在那线以西所发现的新土地，全归西班牙管辖，以东
的新土地则归葡萄牙管辖。其他欧洲国家均不得进入新发现地区贸
易，也不得拥有那些新地区。次年，西班牙、葡萄牙签订《托尔德

---

[1]　译注：荷兰共和国的全称。
[2]　译注：旧长度单位，一里格约合五公里。

西里亚斯条约》（Treaty of Tordesillas），更改了 1493 年教皇诏书的
条款。该条约将分界线往西移 270 里格，而这可能是因为葡萄牙人
知道，或至少怀疑，有一部分南美土地往东突出于该线之外（他们
是对的，那就是巴西）。

至于在地球另一边，这条分界线该划在哪里，《托尔德西里亚
斯条约》完全没提，因为缔约双方当时都还没去到那里。因此，葡
萄牙、西班牙迅即朝相反方向出发，力图抢先完成环球壮举，葡萄
牙人往东经过印度洋，西班牙人往西经过太平洋。他们知道中国在
地球的另一头，谁先在世界那个地区立足，谁就有资格取得世上最
有价值的东西。中国政府无意让他们任何一国在中国建立据点。中
国只准外国人以到访外交使节团成员的身份在中国逗留。外交使节
团的界定很有弹性，且双方对此有共同认知，前来向中国皇帝"纳
贡"的邻国使节团，从实际运作角度来看，形同贸易代表团。来华
使节可以从事贸易，前提是贸易量不能太大。要做买卖，就得以使
节身份前来，而买卖正是葡萄牙想要的。他们早西班牙一步抵达中
国，极力想开启与明朝的正式沟通渠道，但一再遭拒，不得不在离
岛的背风处从事非法贸易。16 世纪中叶，终于达成的一个非正式协
议，让他们在华南沿海的一处狭长半岛上落脚，这就是澳门。他们
在那里扎根，建立小殖民基地，作为与中国、日本贸易的根据地。

16、17 世纪之交，荷兰东印度公司的船只也出现在南海上，在
澳门以北远至福建的沿海，寻找可与中国贸易的地方。中国政府已
和一群"佛郎机"（他们对欧洲人的称呼，袭用阿拉伯人的称法）
达成非正式的贸易协议，让他们以澳门为贸易据点，因此无意再给

另一批佛郎机贸易特许权。但中国民间商人热衷于和所有佛郎机做买卖，如果价格合理，有些官员也愿意睁只眼闭只眼。其中最臭名昭著的官员，是掌管海关关税的太监高寀。海关税收直接送进皇室私库而非户部，因此，为主子谋利的高太监开始不顾朝廷禁令，在1604年，于某离岛的背风处，设立私营的贸易集散地，让他的人可以和荷兰人做买卖，高太监和皇帝从中得到丰厚的回报。地方巡抚不久即风闻这一阴谋，派水师前去阻止高太监的走私勾当 [1]。

相较于中国，东南亚缺少强大国家，因此该地区成为荷兰人寻找立足点较为理想的地区。西班牙人（以菲律宾的马尼拉为基地）和葡萄牙人人数太少，不足以控制该地数千座岛屿，荷兰人迅速进入，1605年从葡萄牙人手中夺走当时所谓的香料群岛。四年后，荷兰东印度公司在爪哇岛最西端的万丹，设立其第一个常设贸易站。拿下东边的雅加达之后，该公司将总部迁到雅加达，并将雅加达改名为巴达维亚。从此，荷兰在地球的另一头有了一个可据以挑战西、葡人独占亚洲贸易的基地。这个新安排对该公司的营运大有帮助。荷兰从该地区的进口额，每年增加将近3%。

在亚洲贸易市场的争霸战中，"白狮"号是尼德兰最早且较重大的损失之一。那艘船早在1601年，也就是荷兰东印度公司成立的前一年，就已完成从阿姆斯特丹到亚洲的处女航，航程两万五千

---

[1] 1603年，高寀派半官方的代表团前往菲律宾马尼拉的西班牙殖民地，以查明该地有座"金山"的传言是否属实。此举让西班牙人大为惊恐，生怕中国接着派兵入侵，于是大举屠杀城里的华人居民。三十六年后，屠杀华人事件再度上演，第六章就以此事为主题。

公里^[1]。来年 7 月返回荷兰。荷兰与葡萄牙船只在亚洲海域的对峙态
势升高之后，荷兰人在该船的船头、船尾加装了六门新的青铜炮。
1605 年，"白狮"号再次启程前往亚洲，挂名在荷兰东印度公司旗下。
1976 年打捞沉船的考古学家从海湾打捞出的铜炮上，就记载了这一
新的商业安排。铸炮师傅亨德里克·米尔斯（Hendrick Muers）在
炮背刻上他的名字和制造年代——*Henricus Muers me fecit 1604*——
在那上方，则刻上荷兰东印度公司互相重叠的头字母 VOC，加上该
公司阿姆斯特丹会所的识别符号 A。

"白狮"号顺利完成第二次远航，然后在 1610 年展开它第三次
远航，此去再无复返。那一次，船在万丹卸货，然后被拨入一个海
军中队，随该中队前去平定香料群岛肉豆蔻商人的暴乱。那年冬天，
"白狮"号一直隶属该舰队，协同猎捕驶出马尼拉的西班牙船，共
捕获五艘。接下来的春、夏季，"白狮"号被调去执行岛与岛之间
的货物运送，然后奉命返回万丹装货，展开第三次的返航阿姆斯特
丹之旅。1612 年 12 月 5 日，"白狮"号与另外三艘船合编为船队出
发，船队司令是海军将领拉姆。来年夏天 6 月 1 日，"白狮"号离
开圣赫勒拿岛，展开返回阿姆斯特丹的最后一段航程。接下来的发

---

[1] 荷兰人替船取名时爱用狮名，特别是荷兰东印度公司经营初期。随便举个例子，
1609 年就有艘叫"红狮"号的船驶往日本。荷兰人也用地名作为船名。"代尔夫特"
号于 1607 年下水，往返果阿、爪哇三趟；1640 年又建了一艘"代尔夫特"号。"中
国"号于 1608 年停泊在香料群岛特尔纳特岛岸边时，沉没于暴风雨中；1676 年，
荷兰东印度公司阿姆斯特丹事务所下水另一艘"中国"号，船身比前一艘"中国"
号大了 1.5 倍。相对的，葡萄牙人以女圣徒的名字命名武装商船，祈求她们的保佑。
中国人以鸟的名字给船取名，希望船在水上如鸟般疾飞。

展，大家都已经知道了。

荷兰的海上劫掠引来欧洲其他国家的抗议，抗议国不只葡萄牙[1]。1603 年荷兰人夺占"圣卡塔莉娜"号时，葡萄牙要求归还该船和船上所有的货物，坚称那是非法侵占。荷兰东印度公司的董事觉得，必须好好为自己辩护，以达到在吹捧自己的本事之余，还能不因这类海盗行为而受罚。他们需要借助国际法则，证明自己的所作所为名正言顺，于是从代尔夫特聘请了精明的年轻律师惠格·德·格洛特 [Huig de Groot，在英语世界，他的拉丁名——雨果·格劳秀斯（Hugo Grotius）——更为人所知] 写辩护状，替他们的主张，即夺取葡萄牙、西班牙船只不是劫掠，而是为捍卫该公司合法利益所采取的措施，提出有力论据。

1608 年，格劳秀斯提交了荷兰东印度公司董事所要的东西——长篇大作《捕获法》（*De jure praedae*）。他在这部论文中主张，西班牙海军封锁荷兰——当时仍在封锁——乃是战争行为。这种挑衅行为让荷兰有权将葡萄牙、西班牙船只视为交战船。因而，夺取他们的船是合法行为，而非非法侵占。次年，格劳秀斯将《捕获法》扩充为他的代表作《海洋自由论》（*Mare Liberum*），英文版的完整书名为《论海洋自由或荷兰参与东印度贸易的权利》（*The Freedom of the Seas or the Right Which Belongs to the Dutch to Take Part in the*

---

[1] 1606 年一艘荷兰船——碰巧又叫"白狮"号——在圣劳伦斯河劫掠法国船时，法国国王向荷兰政府抗议，宣称荷兰人无权在他辖地以内贸易。荷兰人同意赔偿那些船只的船东损失，但也利用此次调查，顺势宣称他们想在哪儿贸易，就可以在哪儿贸易，法国人无权阻止。

East Indian Trade）。

在《海洋自由论》中，格劳秀斯提出好几个新奇而大胆的主张。其中最大胆的乃是"人人有权贸易"这个自古未曾有人提出的主张。贸易自由首度被宣告为国际法的一项原则，此后一直是国际秩序的一环。根据这基本原则，任何国家都无权阻止他国国民利用海上通道从事贸易。如果贸易是自由的，那么，赖以从事贸易的海洋，也是自由的。葡萄牙、西班牙无权独占对亚洲的海上贸易，剥夺他人的贸易自由权。西、葡两国主张，他们辛苦地到那些地区贸易，将基督教带给那些地区的土著，独占贸易乃是他们那番辛苦付出所挣来的，但格劳秀斯不接受这一说法。让异教徒改信基督教，确是崇高的作为，但未崇高到可以独占贸易；不只如此，在格劳秀斯眼中，这种作为还违反了人人都应受平等对待的原则。"宗教信仰不能不顾主权所衍生出的自然法或人类法。"他人拒绝接受基督教信仰，"并不足以构成向他们开战或掠夺他们财物的正当理由"。同样的，某国投注资金在使他们皈依基督之上，也不代表该国就可以名正言顺地禁止其他国家和他们贸易。荷兰东印度公司从极自私的角度解读格劳秀斯的观点，将自己的行为合理化，随之允许旗下的船长，凡是碰上不准他们入内贸易的地方，均可以用武力强行进入。

荷兰东印度公司的董事还认知到，主宰瓷器贸易最稳当的办法，是通过正规的贸易渠道取得瓷器，而非从其他船只抢来瓷器。他们开始告知离开万丹的旗下船长，船上若没载中国瓷器，就别回来。1608 年，他们发出一份船货清单：五万件奶油碟，一万件盘子，二千件水果碟，还有盐瓶、芥末瓶、多种宽碗和大碟各一千件，加上数量不明的罐、杯。这份清单显示需求暴增，而中国商人最初未能满足这暴增的需求。但需求推升价格。"这里的瓷器通常非常昂贵"，失望的万丹业务主管在 1610 年给荷兰东印度公司董事的信中如此写道。更糟糕的是，只要有荷兰船队到港，中国商人"立即坐地起价，价格涨到叫我看不出有何利润"。唯一能遏制价格波动的办法，是不再买进，要求中国人改善供货质量。"从今以后我们要留意瓷器质量，与中国人签合同时要求他们多带些货来，"他写道，"因为目前为止他们所带来的货，数量不多，且多半质量低劣。"该年所求售的瓷器，他决定一件都不买。"只有非常珍奇的东西才看得上眼"。

1612 年冬天，"白狮"号在万丹码头装货时，中国商人已经开始供应符合荷兰东印度公司要求的更高质量的瓷器。"阿姆斯特丹市徽"号——也就是拉姆那支毁损大半的船队的旗舰——只带回五桶瓷器，每桶装了五个大碟。那些是特地买来要送给荷兰东印度公司官员的瓷器。这一趟要运回的瓷器，主要装在另一艘到港的荷兰船"佛利辛恩"号上。该船卸下 38641 件瓷器，从上菜用的昂贵大盘、白兰地细颈瓶到朴素但讨人喜欢的油罐、醋罐、承置蜡烛的小杯都有。这批货价值 6791 荷兰盾，根据当时一名熟练工匠一年可赚 200 荷兰盾来看，这算不上天文数字，但也算不小了。漫长的瓷器贸易就此开始，且贸易额逐年增长。到了 1640 年，随便挑艘船来看，比如"拿骚"号 (Nassau)，就运了 126391 件瓷器回阿姆斯特丹。那艘船上利润最高的货物不是瓷器，而是胡椒——"拿骚"号运回 9164 袋胡椒——但瓷器仍是荷兰社会里最常见的货物。17

世纪的头五十年，荷兰东印度公司船只所运回欧洲的瓷器，总数超过三百万件。

中国陶工为全球各地市场制造瓷器，但也为国内市场制造瓷器，且为此制造的瓷器，量与质远大于、优于他们为国外制造的瓷器。明朝的中国人和荷兰家庭一样热衷于拥有美丽的青花瓷，但他们选购青花瓷时，依据复杂得多的鉴赏标准。

文震亨（1645年去世）是他那一代的艺术鉴赏大家和艺术评论权威。"白狮"号爆炸、沉没时，他生活在文人荟萃的苏州。苏州生产、消费中国境内最俗气的艺术品和文物，也生产、消费最精致的艺术品和文物。文震亨得此地利，得以写出他有关文化消费、高尚品味的著名指南《长物志》。他是16世纪大书画家文徵明的曾孙，工于文章，出身自苏州极有钱的上流家族，由他来代表他所属阶级，评断在讲究礼数的上流社会里何者得体、何者失礼，何物该拥有、何物该避免——这正是《长物志》着墨之处——再恰当不过。该书针对如何买对、用对好东西提出指导原则，对于本身不像文震亨那样的文人雅士，而学识或家庭教养又不足以了解那些东西的人来说，这正切合所需。这是为了那些渴望得到更上流人士认可的暴发户所写的书。就文震亨本身而言，利用他们的无知来牟利，倒也不失为高明的生财之道，因为那本书销路甚好。

在论饰物那一节，文震亨将上等瓷器的标准定得很高。他同意瓷器是文人雅士所该搜集、摆设的东西，但认为大约1450年之后生产的瓷器大概没有价值可言，至少那是你不会想让朋友知道你拥有的东西，以免贬低个人品位。他说瓷中逸品该"青如天，明如镜，薄如纸，声如磬"[1]，但他也很了解现实，怀疑如此逸品根本未曾造出过，甚至在 15 世纪亦然。的确有一些 16 世纪的瓷器通过他的评鉴，但前提是那些瓷器只供日常使用。例如可能会有人以陶工崔国懋所制的茶杯奉茶待客（崔国懋在景德镇开设的民窑——崔公窑——在1550 年至 1575 年间，生产包括青花瓷和彩瓷在内的精美瓷器）。但文震亨批评，那些杯子实则稍嫌过大而有失优雅。只有在别无杯子可用时，才会派上用场。

对于那些想跻身更上层社会的人，拥有高雅器物不难，使用它们则要战战兢兢、小心以对。即使拥有一件文震亨认为值得拥有的好瓷器，仍需小心，勿用错地方或时机。例如，摆出花瓶供人观赏时，只适合摆在一种家具上，那就是他所说的"倭几"[2]。桌子的大小依花瓶大小、风格而定，而花瓶大小风格又取决于花瓶所摆设房间的大小。"春冬用铜，秋夏用瓷"，他如此主张，其余皆不宜。"贵铜瓷，贱金银。"应避用贵金属材质的器物，并非为了避免傲慢，而是让那些徒然有钱而没教养或品位的人了解自己有多低俗。他还劝道，"忌有环，忌成对"。

文震亨所立的许多规矩，包括花瓶里该摆什么花。他对摆花提出种种劝诫之后，语重心长地总结道："亦止可一二种，过多便如酒

---

[1] 编注：指柴窑所出瓷器。柴窑为五代时期后周世宗柴荣的御窑，宋时称"柴窑"，所出瓷器尤佳。下文夏姓商人所谓"只在五代十国生产这类东西的某个窑"亦指柴窑。

[2] 译注：日式台座型家具。

肆。"欧洲人买来中国瓷瓶之后，兴致勃勃，插上大把花朵，荷兰画家在不是画客栈情景时，喜爱画上繁丽花朵（有时画客栈情景时也是如此），文震亨若是见到，大概会觉得这些人品味低劣得无以复加，俗得无可救药。不妨想象一下他若见到欧洲人使用中国茶杯的方式，会何等错愕。例如用崔公窑生产的瓷杯喝茶时，以水果、干果配茶，他认为无妨，但绝不可以与橘子相搭。橘子香气太浓，不宜配茶食用，茉莉、桂皮亦然。在这场文震亨批评低俗品味的战争中，欧洲人若是上场较量，必输无疑。

欧洲人不可能知道这些攸关身份、品味的规矩。他们才刚进入瓷器的世界，只想着如何把一些瓷器弄到手，哪想得到使用瓷器的规矩？欧洲人也有规矩，但他们对奢侈品的使用礼仪，那时还没那么讲究，至少在陶瓷器上是如此。从"佛利辛恩"号卸下的珍贵瓷器，1613 年在荷兰东印度公司的仓库拍卖时，买家极其渴望，完全不在意风格或质量。它们所唯一传递的文化价值，乃是它们稀有、独特、昂贵。欧洲人未曾用过瓷器，刚买进瓷器之后，可能会摆在任何他们认为合适的地方。中国碟子开始出现在餐桌上，因为瓷器非常易于清洗，不会残留前一餐的菜味。瓷器也拿来摆设，被当成来自地球另一端的高贵珍奇物品。瓷器成为美化桌子、展示柜、斗篷乃至门上过梁的饰物（17 世纪中晚期，荷兰室内场景画开始仔细着墨于门框，这时可见到门框上高高摆着碟子或花瓶）。若要欧洲人只将上等花瓶摆在低矮的倭几上，根本毫无意义，因为当时欧洲人根本不知道倭几长什么样子。他们想把花瓶摆哪里，就摆哪里。

文震亨极为看重这些规矩。在他所处那个身份地位区隔复杂的世界，只要有富而无礼的有钱人，气焰胜过徒有丰富学识而无钱无势的人，高雅凌驾低俗的态势就随时可能遭扭转。财富无法去除低俗。反之，随着文震亨所置身的那个商业时代，愈来愈多的暴发户汲汲于炫富摆阔，不懂追求生活质量，财富反倒更可能让人流于粗俗，而非助人摆脱粗俗。那些没教养的有钱人，就着银盘、金盘进食，完全没意识到自己的粗俗可鄙。他们拿新近烧成的瓷杯洗毛笔，不知根本不该用瓷器，而该用玉或青铜制器皿——文震亨认为只有造于 1435 年前的瓷水罐才值得用。这些规矩很严，只有具备文化素养的文人雅士才深谙此道，那些有钱老粗不可能具备那些素养，除非他们去买一本《长物志》，这说起来确实讽刺。在身份地位的争夺战中，新取得地位者总是处境艰险，因为他们没机会订立规矩。但另一方面，他们至少有机会下场一玩。毕竟，穷人连机会都没有。

　　文震亨若到贯穿苏州城的大运河边码头，看看要装船运往荷兰的瓷器，大概会嘲笑那些瓷器太不入流。那些大部分是为外销而制造的克拉克瓷器。从文震亨的标准来看，克拉克瓷器瓷壁太厚，画工太劣，装饰的图案毫无精巧雅致可言，正是那种可用来骗外地外行人的劣质货。苏州的文人雅士绝不会将点心盛在画工拙劣而底部写上"上品"（许多外销品上写有这标志）的碗里，供客人传递取用；绝不会用底部刻有 15 世纪的假款、表面涂了乳白釉、釉面密布小孔的低劣碟子盛蜜饯招待客人；绝不会把好茶倒进前一年才造的杯子里。1635 年一本自大的北京指南[1]写到，景德镇偶尔还是能造出让

---

[1]　编注：指《帝京景物略》。

拥有者不致有失颜面的"佳品"，但真正的瓷器鉴赏家会尽可能避用当代的东西。若是有所怀疑的时候，古瓷通常是比较保险的选择。

从中国人的标准来看，欧洲人把荷兰东印度公司船只卸下的瓷器当成宝物一般，可知见识浅陋，但从欧洲人本身的标准来看，那可是识货的表现。因为欧洲除了意大利、佛兰德斯陶工所制造的那些粗糙、易碎的陶盘、陶罐以外，还能拿什么跟中国瓷器一较高下呢？无论在精致、耐用、风格、颜色上，还是在其他几乎所有陶瓷质量上，中国瓷器都更胜一筹。欧洲陶工无人能造出那样高质量的东西，因此荷兰东印度公司的船只一旦抵达荷兰，就有来自各地的人前来抢购。

17 世纪初，瓷器初抵欧洲北部的时候，价格高到大部分人都买不起。莎士比亚在 1604 年写成的《一报还一报》中，让剧中丑角庞贝以他妓院老板咬弗动夫人最后一次怀孕的冗长故事，逗得爱斯卡勒斯、安哲鲁哈哈大笑。而他说那故事时，提到她叫人端来梅子干。"那时我们屋里就只剩两颗梅子，放在一只果碟里，那碟子是三便士买来的，您老爷大概也看见过这种碟子，不是瓷碟子，可也是很好的碟子。"[1] 咬弗动夫人的妓院经营得不错，买得起好碟子，但还是买不起中国碟子。但就在仅仅十年后，这样的台词就显得不合时了，因为十年后，中国瓷器开始大量涌进欧洲市场，价格开始下滑。一如撰写阿姆斯特丹史的作者在十年之后所观察到的那样，"瓷器数量与日俱增"，以致中国碟盘已"和我们密不可分，一般人的日

---

[1] 编注：依照朱生豪译本。

常生活几乎无时不用到"。到了 1640 年，有个走访阿姆斯特丹的英格兰人说道，"不管是哪种地位的人家"，家里都有很多中国瓷器。

瓷器输入欧洲，全拜那位阿姆斯特丹作家口中的"那些航运"之赐，那些航运以往往叫欧洲人大吃一惊的方式和速度，改变欧洲人的物质生活。因此笛卡儿才会在 1631 年惊叹，阿姆斯特丹是"货物无奇不有"之地。十年后，英格兰旅行家约翰·伊弗林来到阿姆斯特丹时，同样惊叹于这城市的风貌："不计其数的店铺群和在那城市前方往来不断的船只，放眼现今全世界，那城市无疑是最繁忙的地方，那城里的人无疑是最热衷于经商者。"阿姆斯特丹虽然繁华热闹，欧洲其他大城市其实也不遑多让。三年后伊弗林走访巴黎，吃惊于"各种想得到的天然或人工珍奇物品，印度制或欧洲制珍奇物品，供奢侈享受或日常使用的珍奇物品"，"等着人用钱来买"。在塞纳-马恩省河边某个市场区，有个叫挪亚方舟的店铺让他感到特别惊艳，他在那店里发现各式各样琳琅满目的"橱柜、贝壳、象牙、瓷器、鱼干、稀有昆虫、鸟、画、上千件珍奇奢侈品"。这时，瓷器已是大家轻松买得起的奢侈品之一。

对东方制造品的需求暴增，不久就开始影响那些制造物的生产。在那之前，中国陶工几百年来一直都很清楚，该迎合外国品味制造器皿，比如将通常呈葫芦状的花瓶造型扁平化，使其外观如土耳其细颈瓶，或者制出带有分隔的盘子，以配合日本人的饮食习惯。随着来自欧洲的需求增长，东南亚港口的中国瓷器商人得知欧洲人的喜好，随之在回到中国时将讯息告知供货商，要他们据此重新设计产品。景德镇的陶工制造外销品时，不理文震亨所提的中国鉴赏标准。他们只想知道哪种产品卖得掉，并准备为了迎合欧洲人品味，在下一个季度就更改设计。例如土耳其郁金香在 17 世纪 20 年代风靡欧洲北部，景德镇陶工就在碟盘上画上郁金香。瓷器绘师没见过郁金香，画出来的花和郁金香几乎是天差地别，但不碍事，重点在他们立即回应市场的变动。1637 年郁金香市场崩盘时，荷兰东印度公司赶紧取消所有绘饰郁金香的碟盘订单，唯恐进货后滞销，一个都卖不出去。

景德镇陶瓷厂特别针对欧洲人的喜好，前后设计出多款混合东西文化的出色产品，而荷兰人称之为"连帽"的大汤盘就是其中之一。这种盘子的形状因让人想起荷兰下层人士所戴名叫连帽的廉价羊毛毡帽而得名。从"白狮"号货舱装有大量这类汤盘来看，这是当时很受欢迎的商品，那名称虽然给人品味低俗的联想，但仍沿用至今。

中国人不用这种盘子。问题症结在于汤。与欧洲汤不同，中国汤较接近清汤而非炖汤；中国的汤是拿来配主菜喝，而不当主菜。这样，拿起碗喝汤，不算失礼。因此，中国汤碗碗壁较陡，利于就着碗口喝。欧洲用餐礼仪严禁拿起碗，因此需要为此特别设计大匙。但把欧洲匙放进中国汤碗里，汤碗会翻倒，因为碗边太高，重心不够低，无法支撑匙柄的重量。扁平状的大汤盘因此应运而生，碗口宽，摆进欧洲匙不必担心出意外。

中国消费者对于外销欧洲的产品兴趣不大。如果那怪玩意儿在中国境内流通，也纯粹当它是珍奇物品在流通。后人在两座 17 世纪初的中国人坟墓里挖出少数克拉克瓷器，而墓主很可能就因为这一理由而拥有那些东西。有件以欧洲风格装饰的分菜用的大盘，出土自 1603 年去世的明藩王墓；两对连帽式的大汤盘，出土自某省级官员的墓葬。两座坟都位于江西省，也就是瓷都景德镇所在的省份，说明这两人因地缘之便而取得那些东西。他们为何想要那些东西，如今只能诉诸揣测。他们或许认为克拉克风格是当地正好弄得到的带有迷人异国风的器物。在此，有个耐人寻味的殊途同归的现象：欧亚大陆两端的上层人士都拥有克拉克瓷器，在中国，是因为他们认为那体现了西方异国风格，在欧洲，则是因为他们觉得那是典型的中国产物。

荷兰东印度公司运送瓷器的船次在 17 世纪第二个十年更为固定，中国碟盘随之不只用来装饰桌子、填满餐具柜、摆在衣柜上方，还出现在荷兰油画里。最早一幅画有中国盘子的荷兰画，由彼得·伊萨克茨（Pieter Issacsz）绘于 1599 年，也就是在那批抢来的葡萄牙船货第一次大甩卖，使荷兰买家有机会入手那些东西的几年前。第一幅画有大汤盘的画，是两年之后尼可莱斯·吉利斯（Nicolaes Gillis）所绘的静物画。吉利斯画了一堆杂乱摆在桌上的水果、干果、罐子、碗。在今人看来，这和其他荷兰静物画没有两样，但在 1601 年的人看来，画的主角是那件只有最有钱的人才买得起的中国瓷器，大部分荷兰人从没见过实物，更别提摸过了。以吉利斯的收入，他所画的那件瓷器不可能是他的。要再过两年，"圣伊阿戈"号的船货才会抵达阿姆斯特丹，要再过十年，中国瓷器的价格才会降到一般人买得起。因此，他很可能是受那瓷器的主人委托将之画下：那时候，那不只是静物画，还是珍贵个人物品的画像。

到了 17 世纪中叶，荷兰家家户户都装饰了瓷器。绘画追随生活，于是画家将中国碟盘放进室内场景，在表现真实生活景况之外，也传达些许阶级的优越。在代尔夫特，中国瓷器在维米尔出生之前就已开始出现于市面。荷兰东印度公司代尔夫特事务所的旗舰"代尔夫特市徽"号两次远航亚洲，分别于 1627 年、1629 年返回，总共运回 15000 件瓷器，其中有些在维米尔在世时大概还存于当地。代尔夫特收藏中国瓷器最多的是代尔夫特事务所的所长尼可莱斯·费尔堡（Niclaes Verburg）。费尔堡有能力购买他的海船运到鹿特丹和平底船运到代尔夫特的任何商品，因为他于 1670 年去世时，是代尔夫特最富有的人。

玛丽亚·廷斯不是费尔堡那种大富人家，但还是希望自己家能符合时下的优雅品味。如果维米尔的油画可作为判断依据的话，则廷斯—维米尔家也应该拥有几件瓷器。《在敞开的窗边读信的年轻女子》中那件大汤盘，也出现在《睡妇》（*A Woman Asleep*）中，因此那很可能是他们自己家的。他们家可能还拥有一件中国青花带柄敞口水壶或水罐，因为《被中断的音乐》（*Girl Interrupted at Her Music*）中，有一只这样的瓷器出现在桌上的鲁特琴后面。但这不可能是直接得自荷兰东印度公司，因为已有欧洲工匠画蛇添足，替其加上银盖。在《戴珍珠项链的女子》左侧桌上，也摆了一只克拉克式的姜汁罐。罐子表面的弧形倒影，映出左边一个未见于画中的窗户。如此着迷于光线的维米尔，画起中国壶罐那样富有光泽的东西，想必乐在其中。在这张桌上，戴项链女子的正前面，有一只碗壁曲而陡的小碗，这是否是廷斯—维米尔家拥有的第四件中国瓷器呢？

荷兰东印度公司运回欧洲的瓷器乃是供虚荣性消费的昂贵商品，只落入那些买得起的人手中。对于其他买不起的人，欧洲陶器制造者提供进口替代品，搭这股中国瓷器热的顺风车捞油水。其中卓然有成的包括代尔夫特的陶工和制陶砖工。他们的先祖16世纪从意大利的法恩扎（Faenza）迁来 [釉陶（faïence）这一彩陶器的名称，就因原产于该地而得名]，先往北迁到安特卫普寻找工作，然后继续北移，以躲避西班牙军队镇压荷兰独立运动掀起的战乱。他们带来陶器制造知识，在代尔夫特知名的啤酒厂里设立烧窑。当时已有许多代尔夫特啤酒厂因劳动阶级抛弃啤酒改喝杜松子酒而被迫关门。在这些新近改建的制陶厂里，他们开始根据来自中国的新的瓷器审美风格摸索复制，成品推出后受到市场欢迎。

代尔夫特陶工的仿冒品，质量比不上中国的青花瓷，但也还过得去，而且价格低廉。在荷兰东印度公司开始贸易的头几年，一般人只买得起几件瓷器，代尔夫特精陶为这些人提供了买得起的替代品。代尔夫特陶工不只模仿，同时还有所创新。他们最畅销的低端市场产品乃是青花壁砖，满足了代尔夫特资产阶级兴建新宅的需求。壁砖的蓝色散发一丝迷人的中国风，而壁砖表面所绘人物的线描风格，隐约重现了一般人大概会认为是中国风格的东西。安东尼·贝利（Anthony Bailey）在维米尔传记中说得好："剽窃遥远异地的东西，从中造出如此富有创意的产品——创造出一种民俗艺术——实在少见。"这一产业欣欣向荣。维米尔开始作画时，代尔夫特城的劳动力有四分之一投入与陶器贸易有关的工作。代尔夫特精陶受到那些买不起中国瓷器的人青睐，销路既好又广，该城名字代尔夫特跟着产品传开。在英格兰，碟盘被称作 china，在爱尔兰则被称为 delph。

代尔夫特陶砖出现在五幅维米尔的画中。画家和制陶砖匠同属圣路加手工艺人工会，而且维米尔还是该工会的领导之一，因此他必然认识开窑厂的人，甚至认识一些地位高于一般制陶砖匠的陶器画师。维米尔似乎很欣赏陶砖上信手描上的装饰图案——建筑与船、丘比特与军人、撒尿的男人和抽烟的天使——因为他把其中某些图案画进自己的画里。他似乎很喜欢他们所用的钴蓝色，因为那颜色是他绘画的标记之一。18 世纪风靡欧洲的中国式装饰风格（chinoiserie），在他的钴蓝设色和在光亮表面仔细重现光线的手法上，或许就已露出端倪。

虽然欠缺具体证据，我们仍可以推断，维米尔既然在荷兰东印度公司的事务所城镇生活，以作画为业，他就应该见过中国画。我们知道代尔夫特事务所的所长尼可莱斯·费尔堡收藏了几幅中国画，但那些画不大可能拿到他家外面展示。但想必有一些中国人眼中的漂亮画作，由好奇的水手带回，在公开领域流通。约翰·伊弗林写他在巴黎的挪亚方舟店见到过奇怪的外国画，那里面会不会有中国画？阿姆斯特丹有位讽刺作家在著作中虚构"一幅一笔画出十二个橘子的画"，让读者看了大笑，在此，他认定读者熟悉中国画家那种奔放流畅的笔法。如果尼德兰有中国画流通，维米尔肯定会想办法一睹。

装饰物的流通，不只是单向从中国到欧洲。欧洲器物和绘画也在中国流通。1610 年 3 月 5 日，"白狮"号第三次离开阿姆斯特丹航往亚洲的途中，也就是文震亨动笔写《长物志》的几年前，有位夏姓艺术品商人前去拜访他经常往来的客户李日华。李日华住在嘉兴，是著名的文人画家和有钱的艺术品收藏家。李日华交往的上流人士，与文家交往的是同一批人，因此大概认识《长物志》的作者。他是夏姓商人的老主顾，向他买画和古玩已有多年。夏姓商人刚从长江三角洲另一头的南京回来，而南京是古玩奇珍的买卖重镇。他带了一些特别挑选的稀世珍品给李日华过目，包括一只明宪宗成化年间（15世纪70年代）的瓷酒杯，一只写书法时用来替墨汁加水稀释的卧虎状青铜古砚滴，还有两只拇指大小的淡绿色耳环。夏姓商人向李日华保证，那两只耳环是稀有的水晶，来自只在五代十国（10世纪中叶）生产这类东西的某个窑，借此暗示要卖个高价。

李日华对夏姓商人带上门的东西大部分中意，但他一眼就看出，夏姓商人对两只耳环看走了眼。他决定戏弄一下对方，于是假意拿起来仔细打量，然后点明它们是玻璃制的。它们不但不是宋代的古物，甚至不是中国的东西。那天稍晚，李日华在《味水轩日记》中写道："此海南番舶所携，乃夷国炼化物也。世间琉璃玻璃之属，皆西洋诸夷销石为之，非天然八宝也。"李日华很得意自己见识更胜夏姓商人一筹，但口气中并无恶意。他知道买卖古玩总免不了碰上赝品，很高兴这次被骗的不是买家，而是卖家。讨来一番指教的夏姓商人心服口服地离开，比起自己想把那耳环卖给像李日华那样精明的人，恐怕更觉得尴尬的是自己花了大钱在南京买下了它。

这段逸事是否表明中国人对外国东西不感兴趣？并不是。我们要弄清楚李日华收藏文物的目的。在他眼中，收藏是为了找出足以证实古人文化优于今人的东西。因此，文物的真伪对他非常重要。他想要得到能让他神游更美好时代的东西，而更美好时代只存于过去。这则逸事所表明的，是 17 世纪时外国商品的确流通于中国。如果外国商品到了南京，然后经由行商之手流通到周边城市，那么想必有其销路。它们的流通规模不如外国商品在欧洲那么大，但那时候它们抵达中国的数量毕竟少得多。此外，在欧洲，经过约略一个世纪的全球掠夺和贸易，已把欧洲人训练成外国奇珍异品的鉴赏行家，中国则不是如此，外国珍奇物品在中国的需求并不大。对中国收藏家而言，外国商品并非不准碰的东西。在《长物志》中，文震亨鼓励读者弄到某些外国物件。他推荐朝鲜的毛笔和纸，认为日本有好些东西——从折扇、青铜尺、钢剪刀到漆盒、上等家具——都值得拥有。外国所产并不构成欣赏的障碍。

如果外国货物在中国构成"问题"，那并非因为中国人对外国东西有根深蒂固的鄙视，而是和东西本身随环境变化的特质有关。美的东西要能传达文化意涵才被看重。对古董来说，就是要能传达中庸、和谐、崇古有关的意涵。古董受到看重，乃是因为它们让拥有者具体接触到距今已远的美好过去。东西背负着必须传达意义这个包袱，人们就很难看出外国货的价值。物以稀而贵，对收藏家而言，对神奇或古怪东西好奇，是应予认可的收藏动力，但叫人生起收藏念头的最根本因素，乃是欲让自己接触文明的核心价值。因此文震亨才会推荐读者使用朝鲜、日本的东西。中国与朝鲜、日本的文化互动，其来已久，因此朝鲜、日本的东西可视为和中国的东西属于同一文明精神范畴。它们是和中国之物有所差异，但那差异不强烈，只是奇特，还未到怪异的地步。

欧洲之物则不可如此看待。对于海外的事物，李日华并非没有兴趣了解。事实上，他的日记里有多处论及他所听闻驶入中国沿海的外国船和外国水手。但来自外国的东西，在他的象征体系里没有一席之地。它们不具价值，只是引人好奇而已。相对而言，在欧洲，中国之物带来较大的冲击。在那里，差异使人想要拥有。欧洲人往往将之融入自己的生活空间，甚至更有过之，为此修正自己的审美标准。维米尔《在敞开的窗边读信的年轻女子》前景处所放置的那个盘子，是外国之物，而那盘子所置身的那张土耳其地毯，也是外国之物。那些东西未引来鄙视或不安。它们是美的，且来自制造美好且可以买到美物的地方。就这么简单，而光是这样就足以使之成为值得购买之物。

这类外国之物在欧洲人的居室里占有一席之地，但在中国人的居室里则没有。到头来，这个问题与审美或文化无关，症结在于各自能以何种心态来看待更广大的世界。有荷兰官方全力支持的荷兰商人，当时行走全球，将足以具体传达世界另一头是何风貌的神奇东西，带回科尔克码头。代尔夫特人把中国的碟盘视为他们幸运的象征，幸福地在自家里摆出。它们当然美，而且荷兰家庭喜欢那种美所带来的乐趣。而中国碟盘出现于荷兰人家，也象征了看待世界的正面心态。

李日华站在家乡嘉兴的码头往海的方向看，除了看到饱受海寇侵扰的海岸，还看到什么？在他眼中，海外那更广大的世界是威胁的来源，而非美好未来或财富的来源，更不是喜悦或启发的来源。

他没理由去拥有象征这一威胁的东西，把它们摆在书斋之中。反之，对欧洲人而言，冒再大的危险和成本去把中国货弄到手都值得。因此，"白狮"号沉没的四年后，舰队司令才会又回到南海劫掠西班牙、葡萄牙的船只，夺取中国船只，只为得到更多的中国货。

第四章　地理课

有一幅维米尔的画，轻松就可从中找出那正包围、入侵代尔夫特的更广大世界的蛛丝马迹，那就是《地理学家》（*The Geographer*，彩图4）。那幅画以维米尔的一贯手法呈现他的画室，我们看到同样的封闭空间，那是在维米尔画作里预期会看到的空间，明亮的窗户再度被画成以极斜的角度面对观者，因而完全看不到窗外街道的景象。但这一次，房间里东西杂乱，而且那些东西跃然指向更广阔的世界。维米尔在这里要表达的无关乎男女情爱（前两幅画的主题），也无关乎高洁人格的追求（那是我们不久就会探讨的另一幅画的创作源头）。这幅画主要表现另一种追求，表达想了解世界的渴望，而这里的世界不是房间内部的世界，甚至不是代尔夫特的世界，而是商人和旅行家正在进入，正从那里带回奇妙东西和惊人新消息的广大世界。那些东西迷住人的眼睛，那些消息占据人的脑海，而维米尔那一代才智不凡之士，正尽情吸取那些消息，开始用全新的角度打量世界。他们要拟定新的量度标准，要提出新的理论，要以大至涵盖整个地球的宏观眼光，小至深入幽微、开始揭开一滴雨水或一粒微尘的神秘内在的微观眼光，建造新的模型。

这就是《地理学家》的主题。因此，这幅画给予观者的感受有别于维米尔其他的画作，也就不足为奇了。他以一贯手法围绕着一个人物来构图，那人正专注于自己的事，目光未投向观者。但其他画作里那种让观者仿如置身画中人旁边的亲切感，不见于此画。我们的目光被引向那个停下来沉思的地理学家，一如被引向那个读信的年轻女子，但我们未能进入更深的心理层面。或许维米尔想通过《地理学家》[和其姊妹作《天文学家》(*The Astronomer*)]，展开新题材的创作，但不是很清楚如何让这个知性的场景在观者心中激起涟漪。对观者，或对画家本身来说，那股想借由描绘世界地图来认识世界的热情，终究不如想借由爱来了解另一个人的热情更引人入胜。或许，委托维米尔画这两幅画的人希望通过它们呈现对科学知识的新渴望，而维米尔对这样的主题提不起劲。甚至，委托作画的就是画中的人，而最合理的猜测，这个人可能是代尔夫特的布商、测量员、博学之士——安东尼·范·列文虎克（Antonie van Leeuwenhoek）。

列文虎克这个姓就是他的地址："狮门旁那个角落"，而狮门就是《代尔夫特一景》中那对城门右边的第一个城门。他最为著称的事迹就是以透镜做实验，因此被今人誉为微生物学之父。就文献来看，维米尔和列文虎克没有直接往来，但就间接证据来看，他们是朋友的可能性很大。他们两人同月出生，住在代尔夫特的同一个区，又有共同的朋友。对于那些质疑两人是朋友的人来说，这三点大概还不足以改变他们的看法。但是在维米尔死后，列文虎克扮演了关键角色。维米尔死时，他的绘画和艺术品经销事业都处于低潮，死后两个月，遗孀卡塔莉娜不得不申请破产，市政委员会接到申请之后，即指派列文虎克管理维米尔的遗产。从另外一幅肖像画来分析，这位推开桌上的土耳其地毯，手拿测量用的两脚规，俯身在地图上的男子，就是列文虎克。即使不是列文虎克，此画推崇的也正是列文虎克那一类人。

有关更广阔世界的蛛丝马迹，在画中处处可见。那位地理学家摊开在面前的文件，内容模糊难辨，但显然是张地图。一张羊皮纸质的海图，松散地卷在他右手边的窗下。两份卷起的海图摆在他身后的地板上。一份欧洲沿海图——这幅地图的顶端指向西方，而非北方，主题也就随之明了——挂在后墙上。那幅海图出自何人之手，尚不得而知，但它与威廉·布劳（Willem Blaeu）所绘海图类似。布劳是阿姆斯特丹的商用地图出版商，印制了许多地图，《军官与面带笑容的女子》中后墙上那张地图，就是其中之一。整幅画最上方有颗地球仪，那是亨德里克·洪迪乌斯（Hendrick Hondius）1600 年出版的地球仪的 1618 年版。

维米尔笔下的地球仪，只露出洪迪乌斯口中的东洋（Orientalus Oceanus）那一面，而东洋就是今人所谓的印度洋。对 17 世纪初的荷兰航海家来说，航越那片海域非常艰巨。前往东南亚的葡萄牙路线，要绕过好望角，再往北经过马达加斯加岛，一路顺着弧形海岸线航行。这条路线的优点在于航行中可频频看到陆地，不易迷失于汪洋大海之中，缺点是航行方向逆风、逆洋流，而且虽然受到不同程度的挑战，这条路线仍掌控在葡萄牙人手中。1610 年，有位荷兰航海家发现另一条路线。这条路线在抵达好望角后还要再往南航行到南纬四十度处，然后借西风和西风漂流之力，船只可迅速航越印度洋边缘，再乘着东南信风转北航往爪哇，完全避开印度沿海。通往香料群岛的航程，因此缩短了几个月。

那只地球仪下方的涡卷图案（当时的地图绘制员习惯以这种带题词的涡卷图案，填补地图上的空白区）难以辨认，但现存的一个实物可弥补这个缺憾。洪迪乌斯在涡卷图案里，以印刷体简要解释了这颗地球仪为何不同于他1600年出版的地球仪。"每天前往世界各地的考察活动频繁展开，考察队清楚见到并报告那些地方的所在位置，因此，如果这地图大不相同于我们先前所出版的其他地图，我想不会有人觉得奇怪。"然后，洪迪乌斯恳请热心的业余人士鼎力相助——这种人在编纂这方面知识上有着重要作用。"在此恳请好心的读者，若对某地有更为完整的了解，还请不吝赐教，以增进大众福祉。"大众福祉的增进，当然也代表销售量的增加，但只要能让产品更为可靠，当时没人在意大众福祉的增进是否会有利于厂商。当时外面是个新世界，为了理解那个世界，值得花钱取得相关知识，特别是无知的具体后果之一乃是船难。

西班牙耶稣会士阿德里亚诺·德·拉斯·科特斯（Adriano de las Cortes）就因为对南海的认识不够"完整"而吃到苦头。1625年2月16日早上，他所搭乘的"吉亚圣母"号（*Nossa Senhora da Guia*，简称"吉亚"号）在中国沿海触礁。"吉亚"号是葡萄牙船，离开西班牙的菲律宾马尼拉殖民地，欲前往珠江口的葡萄牙殖民地澳门。船于三个礼拜前离开马尼拉，沿着吕宋岛西侧往北逆风航行，然后朝西穿越南海前往中国。航行在南海的第三天，寒冷的浓雾使船动弹不得。导航员应该带有相关的海图，以顺利走完这条已走过多次的马尼拉—澳门航线，但海图用处不大，靠它们跟靠太阳、星星辨认方位没有差别。同时碰上浓雾、减速、缓流，使他束手无策。大略估算出船与赤道的距离不是太难，但要估算出船在东西间的哪个位置，就没办法。（确定海上经度所需的仪器，还要再过一百五十年才会问世。）两天之后，开始起风，但不久刮起大风，把船吹得偏离航道更远。"吉亚"号的领航员无法算出所在位置，只能等看到陆地，根据海岸轮廓判断所在位置。

2月16日凌晨，距天亮还有两个小时，大风突然将船推上中国海岸。地图上未标示出上岸处，船上的人也无人认得。后来幸存者才知道，他们搁浅在澳门东北方三百五十公里处。船解体的地方水不深，"吉亚"号上两百多人，大部分人得以泅水上岸。只有十五人未能登岸：若干水手、若干奴隶（其中一名是女的）、一些来自马尼拉的他加禄人、两名西班牙人、一名年轻日本男孩。

附近渔村的居民下到海边，盯着这批上岸的外国人瞧。他们爬上岸时，村民避得远远的。大部分村民可能从没有这么近距离见过外国人，因为这个沿海渔村不在两条对外贸易的主要航线上——一条是从澳门到日本，另一条是从月港（今漳州）到菲律宾，而月港在与澳门相反的方向上，距此地两百公里。住在这段海岸的渔民知道有外国人在那些海域航行，大概听过澳门的葡萄牙人（中国官方称那些葡萄牙人为"澳夷"），而且知道那些人不大可能攻击他们。他们害怕的是倭寇和可怕的红毛（这是刚出现的词语，用以指称荷

17 世纪全球贸易路线

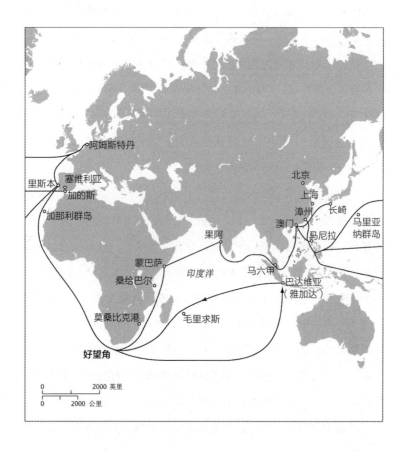

阿姆斯特丹

里斯本
塞维利亚
加的斯
加那利群岛

北京
上海
漳州
长崎
澳门
马里亚
纳群岛
马尼拉

果阿

蒙巴萨
桑给巴尔
印度洋
马六甲
巴达维亚
（雅加达）

莫桑比克港
毛里求斯

好望角

0   2000 英里
0   2000 公里

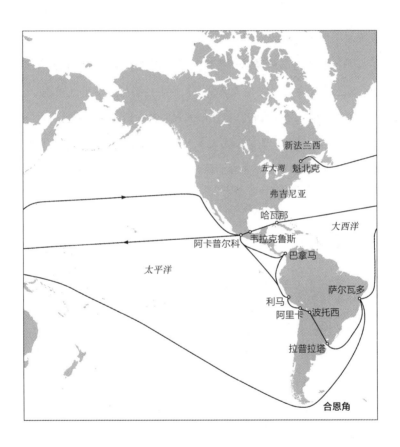

新法兰西

五大湖　魁北克

弗吉尼亚

哈瓦那

大西洋

阿卡普尔科　韦拉克鲁斯

巴拿马

太平洋

萨尔瓦多

利马

阿里卡　波托西

拉普拉塔

合恩角

兰人）。官府于 1525 年禁止与日本人进行海上贸易，倭寇愤而袭掠中国沿海进行报复，"吉亚"号搁浅时，倭寇为患已有百年。他们以善使刀而令人生畏。当时当地仍流传，曾有十二名日本人持刀，杀掉派去围剿他们的三百名中国民兵。红毛则让他们更为害怕。荷兰人袭掠那段沿海地区，只是最近两三年的事，但因为手法凶残，很快就恶名昭彰。从中国人替荷兰人所取的绰号，便可以知道中国人见到他们时，是什么特征最让中国人印象深刻。对于中国人而言，黑色是正常的发色。葡萄牙人大多也是黑发，因此，在中国人眼中，他们只是长得丑，还谈不上怪。荷兰人则不然，他们金色带红的头发，叫中国人看了就惊骇。凡是发色如此的人，都是红毛，都是荷兰人，因而都很危险。

上岸的不只红毛、倭寇、澳夷，其中还夹杂着全然不同的另一种人——"黑鬼"。那些是伺候葡萄牙主人的非洲黑奴，在东亚的各个欧洲殖民地里都有他们的身影。他们和中国人所见过的人都很不一样，因而最令中国人害怕。

村民的目光停在那些外国人身上没多久，就转而盯上随着生还者一起漂向岸边的箱子和木桶。他们开始把漂浮的船货拖上岸，翻找值钱的东西。不久，当地民兵带着刀和火绳枪抵达，他们的任务是把船难幸存者留在登岸处，等军队指挥官前来处理。他们也想捡拾船难后冲上岸的东西，但货物已被村民抢先一步捡走，他们只好找上那些一身湿漉漉的幸存者。他们搜了一些人的身，叫其他人脱光让他们搜查，认定他们身上一定藏有金银珠宝。最初幸存者因为疲惫且害怕，乖乖地让他们搜身，只有一些人不出声反抗。民兵还没搜到多少东西，幸存者就集合起来，朝内陆走去。

民兵担心未控制住这群人会受罚，开始朝他们丢石头、用长矛戳，让他们知道该待在岸上。但那群为数两百多的外国人继续前进，于是中国火绳枪兵开火，有一人中枪，是个日本人，但火药威力太弱，弹丸只是打进那人衣服里，而未伤到皮肉。民兵的刀则较管用。一名叫弗朗西斯科的葡萄牙水手挨了一刀，然后被砍头。他是那批幸存者之中第一个被俘虏他们的人杀死的人。然后一名叫米格尔·苏亚雷斯（Miguel Xuarez）的澳门土生葡人遭长矛刺中。一名神父扶住苏亚雷斯，但还是被民兵拖走并砍头。

终于有位军官带着小队侍从，骑马抵达。"吉亚"号船长贝尼托·巴尔博萨（Benito Barbosa）赶紧上前，请求放过他的乘客和船员，但那军官挥刀威吓，命令侍从割下巴尔博萨一只耳朵，表明他是犯人，没有商量余地，只有投降。

然后，他们大举展开彻底的搜查。民兵搜起身来肆无忌惮，把船难幸存者身上所能找到的东西全都据为己有。有些幸存者还是带了些许财物上岸，其中大部分人在受盘问时，把财物乖乖交出，但并非每个人如此。来自果阿的印度穆斯林商人伊斯梅尔（Ismaël）早已把外套脱下，塞进包里。那包引来一个民兵起疑，伊斯梅尔不肯交出，两人一番拉扯，包从他手中滑落，掉出六七枚银比索[1]。伊斯梅尔抗拒不从，使得那民兵怒不可遏，于是砍下伊斯梅尔的头，结束了这场争执。另一名来自果阿的印度商人布多（Budo）也和民

---

[1] 编注：西班牙及其前殖民地使用的货币。

兵起了类似的争执。一名民兵怀疑布多嘴里藏了东西，他们是正确的。几名民兵想掰开布多嘴巴时，布多从嘴里吐出两枚戒指，踢进沙里，藏了起来。失望的民兵一脸不在乎的模样，但是十分钟后，民兵从后面欺身而上，砍下布多的头，当作战利品高高地举起。

其他人丧命，则不是因为拒不交出财物。一名叫苏康萨巴（Suconsaba）的男子和一名在果阿附近出生的方济各会平信徒[1]，在船搁浅时受了伤，上岸时已奄奄一息。那位西班牙耶稣会士阿德里亚诺·德·拉斯·科特斯，事后写了回忆录记述"吉亚"号船难事件，根据他的记述，"我们有几个人怀疑，那两人遭中国人砍头时还没死"。有个叫马斯马穆特·甘普提（Masmamut Ganpti）的男子，可能是船主龚萨拉·费雷拉（Gonçal Ferreira）的奴隶。他安全上岸，但是为了保护主人不让民兵抢走他的衣服而和民兵发生冲突。中国人愤而抓住甘普提，砍断他双手双脚，以示惩罚，然后砍掉他的头。拉斯·科特斯称甘普提是"摩尔水手""英勇的黑人"，"没给中国人一点动手的借口，就莫名其妙地"丧命。费雷拉的另一名仆人也遭到同样的下场，但不是因为抗拒民兵，而是因为后来中国人押着幸存者走向内陆时，身子太弱赶不上队伍。

那天早上遭溺死、杀死的人，包括摩尔人[2]、黑人、果阿人、南亚穆斯林、土生葡人、葡萄牙人、西班牙人、奴隶、他加禄人、日

---

[1] 译注：未受神职的一般信徒。

[2] "摩尔人"是欧洲人所取的名字，原用来指称来自伯罗奔尼撒半岛沿岸摩里亚（Morea）一地的穆斯林商人，后来一度泛指地中海周边地区的所有穆斯林，乃至世界各地的穆斯林。马斯马穆特一名很可能是穆罕默德的另一种说法。"摩尔人"也曾被用来指称非洲黑人。

本人。这份罹难名单详细说明了"吉亚"号上乘客的种族、民族出身的多元。船上葡萄牙人有九十一人，其中有些人生在澳门或在澳门居住、工作，其他人则来自散布全球各地——从加纳利群岛（Canary Islands）到果阿、澳门——的葡萄牙殖民地。船上其他的欧洲人就只是六名西班牙人。西、葡两国的联合协议，禁止各自的船只搭载对方的国民，但碰上有此需要时，特别是涉及神父或从事传教的天主教平信徒时，这项协议就给搁到一旁。那六名西班牙人就是因这一身份而上了葡萄牙的"吉亚"号，其中有一人远从墨西哥而来。

乘客名单中，欧洲人只占将近一半。船上的第二大族群是六十九名日本人。澳门的葡萄牙人雇用了许多日本人，通过他们处理与中国人的生意往来。他们会写汉字，因而谈起生意协议的细节时，比葡萄牙人更能和中国人沟通。他们的肤色、五官，也使他们比欧洲人更便于在中国人之间走动，甚至有时溜进内陆而不会被发现，而这是葡萄牙人绝不可能办到的。拉斯·科特斯认识其中一名日本人，是个天主教神父，名叫米格尔·松田（Miguel Matsuda）。他就是那个挨了火绳枪一弹，结果弹丸卡在衣服上，奇迹似的毫发无伤的男子。松田因皈依基督教而在1614年遭日本政府驱逐到菲律宾，在马尼拉跟着耶稣会传教士学习，最终成为神父。他打算到澳门，搭葡萄牙船返回长崎，偷偷溜回国传布基督教福音。那是一趟危险的任务，到了日本，松田难逃被捕、处决的下场。

欧洲人、日本人之后的第三大族群，则是伊斯梅尔、布多所属的那个族群：来自印度果阿这个葡萄牙殖民地的三十四名穆斯林商人，其中两人有妻子同行。最后，拉斯·科特斯提到"来自马尼拉附近的印度人（他加禄人）"、摩尔人、黑人、犹太人，但只是一笔带过，并未交代这些族群的人数。

"吉亚"号乘客的多元民族组成，说明了当时有哪些人通过葡萄牙船运事业所维持的贸易网在迁移。若非拉斯·科特斯费心写下船难报告，若非他的手稿在大英图书馆保存下来，我们不会知道"吉亚"号竟搭载了如此形形色色的种族。该船的船主和船长是葡萄牙人，但乘客却是来自许多国家，最东远自墨西哥，最西远自加纳利群岛。因此，通过拉斯·科特斯的回忆录，我们知道我们所认定为"葡萄牙船"的船只，船上的人不尽然全是葡萄牙人，而是简直来自全球各地的人。"吉亚"号并非特例，因为其他文献也指出同样的事实。最后一艘顺利抵达日本的葡萄牙商船（1638 年），船上有九十名葡萄牙人和一百五十名"欧亚混血儿、黑人、有色人种"（引自另一份文献）。欧洲船或许主宰了 17 世纪的海上航路，但船上的欧洲人还没有占到一半。

看到来自全球各地的各色人种泅水上岸，岸上村民大为惊异。从村民的反应，拉斯·科特斯推断，他们"从没看过外国人或来自其他国家的人"。他猜"他们之中没有人去过其他国家，大部分人从未离开家乡"。那天早上在岸上相遇的两个世界，分处于 17 世纪全球化体验光谱的两个极端：一端的人，一生只活在自己的文化藩篱内；另一端的人，则每日跨越文化藩篱，不断和不同出身、肤色、语言、习惯的人打交道。

那些村民看到欧洲人时作何反应，无文献可以说明，因而，只能以来自其他情境的描述填补这一空白。有个中国学者如此描述来到澳门的西班牙商人："其人长身高鼻，猫睛鹰嘴，拳发赤须。好经商……衣服华洁……市易但伸指示数，虽累千金不立约契。有事指天为誓，不相负。"[1] 然后，这位作者竭尽所能将那些欧洲人纳进他所熟悉的历史。那些人来自中国人所谓的"大西（欧洲）"，而"大西"在比"小西（印度）"更远的地方，因此他们必定和印度有所关联。这位作家或许听过某些基督教教义，因为他接着表示，西班牙人想必原是佛教徒，但后来失去佛教徒身份，这时，在宗教上，只能接触到邪恶的教义。

　　如果白人叫他们好奇，黑人则让他们震惊。"我们的黑人特别吸引他们注意，"拉斯·科特斯写道，"他们看到黑人洗过身子后，没有变得比较白，每次看，每次都惊讶。"（拉斯·科特斯旅行时带着一名黑仆，这会不会也显露了他自己的偏见呢？）当时的中国人以几种名称称呼黑人。中国人有时把外国人称作"鬼"，因此黑人就被直接称作"黑鬼"。中国人也用一千年前指称黑皮肤印度人的字眼，称他们为"昆仑奴"。印度位于中国昆仑山脉的另一头，因此得名。那位碰上古玩商拿着所谓的中国古瓷上门，却识破那不是中国之物的嘉兴收藏家李日华从没见过黑人，但在他的日记里，他说人称他们是"卢亭"（该词的源头已不可考），甚通水性，因而渔民用他们来把鱼引入渔网。有人告诉李日华，在华南，每户渔家都有一名黑人。

　　中国地理学家王士性的描述则比较可靠些。他形容澳门的黑人

---

[1]　编注：此段文字出自《明史·佛朗机传》。

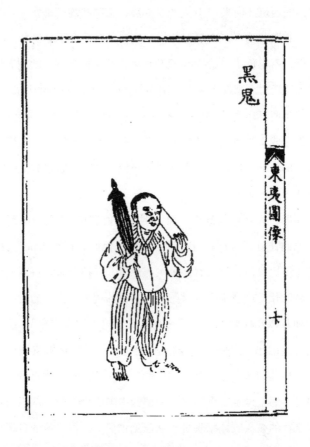

"黑鬼"凹雕版画，作澳门葡萄牙人奴仆打扮，出自1586年蔡汝贤所著《东夷图说》。黑鬼是当时中国人对黑人的称呼。蔡汝贤曾任广东布政司。这可能是中国人最早绘制的非洲人画像。

"满身如漆，止余二眼白耳"。他说他们行径可怕："其生死惟主人所命，主人或令自刿其首，彼即刿，不思当刿与不当刿也。其性带刀好杀，主人出，令其守门，即水火至死不去，他人稍动其扃钥则杀之，毋论盗也。"有人轻推门，不管是否有行窃之意，黑人都会将其杀害。王士性还提到他们的水下功夫了得，与李日华的说法正相呼应。"又能善没，以绳系腰入水取物。"他关于他们的最后一项记载，乃是他们奇货可居。"买之一头值五六十金"。这价码很可能让他的读者咋舌，因为那笔钱可买十五头牛。

王士性周游中国大地，考察包括澳门在内中国好几个地方的地理环境和人文特色，予以翔实记录，因此有了上述有关黑人的记述。李日华记下黑人之事，则出于别的目的——为了阐明他以下的信念："天地间奇事皆随时幻出，原无定数可以验矣。"李日华认识到在自己所处的时代，传统的知识范畴已无法尽诠世上的所有事物，为了理解 17 世纪进入中国人世界的新奇事物，可能需要新的范畴。让人感到遗憾甚至可笑的是，这个知识有很大部分来自道听途说。李日华笔下的荷兰人——"其人红发黑脸，脚板长二尺余"——描述的是对外国人普遍的刻板印象，而非可称作有用知识的信息。

遭俘的头几日，苦不堪言。那位军官无意宽大，只希望基于职务羁押他们的期限一到，就把他们送走，以免夜长梦多，引来上司找碴儿。于是期限一到，就把他们押送到唤作靖海所的要塞——那段海岸线上诸多有城墙围护的海防哨站之一。要塞指挥官审问了他们，但因为没有翻译，问不出什么东西。他也认为，与其一时仁慈，后来出纰漏，要自己担责任，还不如往最坏打算更加保险，因此对于他们自称正派商人，他置若罔闻，反倒认定他们是海盗，把他们当海盗看待。他把这些人再往上送给潮州府处理，潮州府官员仔细盘问了他们和那位靖海指挥官几天。府里同样没有翻译，但几天后，潮州官员找到一名曾在澳门工作过的中国人，那人懂一些葡萄牙语，基本翻译还应付得来。叫众人意外的是，那个人认出其中一名澳门商人——在葡萄牙出生的安东尼奥·维埃加斯（António Viegas）。几年前那个商人曾卖丁香给他。然后，有一名军官主动站出来，他曾在马尼拉做过补鞋匠，懂一些西班牙语，可以替那些西班牙人翻译（他颇为坦然地承认自己的职业，让拉斯·科特斯感到吃惊。因为西班牙人认为补鞋是低下的工作，非有必要，不会承认自己有这么一段不光彩的过去）。补鞋匠改行的那位军官很有恻隐之心，低调地为那些外国人斡旋，改善他们的处境。潮州府官员还找到一名曾在长崎的中国商人圈里做过事，而且娶了日本女子的男子，替"吉亚"号上的日本乘客翻译。

靖海要塞指挥官在潮州府上司面前，陈述了他认为他们是海盗的理由。他说那些外国人先动手，像海盗一般攻击民兵并拒捕，过了一整天才束手就擒。他们还带了银子上岸，埋藏起来以备日后使用。这么多国籍的人凑在一块，绝不可能干好事，绝对是结伙打劫的一群亡命之徒。他们之中有两三人是金发白肤，清楚表明他们之中有红毛。最后，毋庸置疑的是，那群人里有许多日本人，而日本人是绝对不准上岸的。间接证据表明，那些人是海盗，要塞指挥官制敌机先，在他们还未造成危害前就先逮捕了他们。

　　然后，潮州府官员想听听那些幸存者怎么说，特别是在隐藏银子这件事上。官员问名叫刘易斯·德·安古洛（Luis de Ángulo）的葡萄牙神父，是否有中国人抢走他的银子。神父表示，抓住他的那名民兵抢走他放在衣服里的五十比索。这话一出且翻成中文，在场的靖海士兵立即全部跪下，激动地辩解他们没人干过那种事，因为在执勤时窃取俘虏财物属于重罪。这时，所有翻译请求退下。他们知道，再说出真相的话，靖海士兵会怎么对付他们。让官府怀疑要塞司令的说辞就已足够，而随着接下来的讯问又道出其他的盗窃罪行，官员更为存疑。侦查方向跟着转向，换成靖海指挥官接受盘问。

　　凡是涉及外国人的事务，府级官员都无法做出最后裁夺，而必须转呈广东省府，由省府裁定是否释放拉斯·科特斯等人到澳门。整件事拖了一年才落幕。

　　因为外国人出现于沿海而忧虑不安的，不只有渔民或负责保护海岸防杜走私、海盗侵扰的官员而已。卢兆龙是读过许多书的广东上层人士，在官僚体系里层层升迁，17世纪20年代当上中央政府的礼科给事中一职。他是香山县人，而澳门就位于该县境内。没有理由认定他知道"吉亚"号搁浅事件，但那是桩涉外事故，应该会有报告送到朝廷。不管怎样，卢兆龙时时关注家乡香山县的动态，即使那只是基于维护自己家人和朋友的利益。

　　沿海地区出现这么多外国人，让卢兆龙大为不安。还有更多的中国人非常乐于和那些海盗——特别是和红毛——从事以物易物的交易，也让他不安。事实上，中国人对那些人所知甚少。逐日记载的官修史料《明实录》对"和兰（荷兰）"这个国家最早的记述，出现在 1623 年夏天的一条记载，说"又其志不过贪汉财务耳"，但朝廷官员认为红毛是盘踞沿海的另一股无法控制的势力而为此忧心忡忡。有些官员（例如卢兆龙）希望所有外国人——不只红毛——全消失于中国沿海。

卢兆龙就外国人之事四度上疏崇祯皇帝，第一次上疏是在 1630 年 6 月，也就是"吉亚"号船难的五年之后。当时，为了国家真正大患究竟在南疆还是北疆的外交政策问题，朝廷官员争辩不休。谁对明朝威胁更大：是华南沿海的欧洲商人和日本商人？还是北部边界上的蒙古、女真战士？这是朝廷屡屡碰到的难题，而其答案决定了兵力将部署于哪一方。晚近，南北疆的情势发展使这个问题的回答更为迫切。北方的民族——不久后将取名满洲——已拿下长城外的大部分地区，这时更是恣意越过长城，入关劫掠。东南沿海则正遭红毛、澳夷、倭寇的骚扰。中国沿海没有长城可供明军倚为屏障，只有无险可守的开阔海岸。沿海许多地区不利大船靠岸，但有足够多的岛岸泊地，供来自大西洋的船只前来和中国商人通商，把中国的对外通商规定踩在脚下。

卢兆龙认定，中国的大患在南疆而非北疆。礼科给事中的职责在于监督礼部，而礼部是明廷负责处理对外关系的部门。基于职务关系，他知道南疆的情势。17 世纪 20 年代期间，礼部看待澳门葡萄牙人及其耶稣会传教士的态度常倾向于包容，对此卢兆龙感到不安。在上给崇祯皇帝那四疏的第一疏中，卢兆龙劝谏皇帝勿与澳门的外国人有瓜葛。

"臣生长香山，知澳夷最悉，"卢兆龙告诉皇帝，"其性悍鸷，其心叵测。"他回忆道中国人与他们的接触最初只限于在离岛背风处做买卖，然后指出，葡萄牙人最终在澳门落脚。"初犹搭篷厂栖止耳，渐而造房屋，渐而筑青洲山，又渐而造铳台，造坚城，为内拒之计。"各色外国人跟着他们进来。就卢兆龙来说，这恰恰证明了葡萄牙人根本不把官府对于何人在何种条件下可进入中国、进入中国后应遵守何种行为规范的严格规定放在眼里。尤其不能容的是，葡萄牙人未先征求中国同意就让日本人踏上中国土地，说明了他们全然不顾中国律法。

"时驾番舶擅入内地，"卢氏在奏折中提醒道，"拒杀我官兵，掠我人民，掳我子女，广收硝黄铅铁，以怀不轨。""硝黄铅铁"全是禁止出口的军事物资。更糟糕的是，这在中国百姓里造成了不好的影响。"闽之奸徒，聚食于澳，教诱生事者不下二三万人。粤之盗贼亡命投倚为患者，不可数计。"症结不在文化，而在于作奸犯科造成的危害，特别是中国这一边的作奸犯科。

卢兆龙就此事上疏皇帝的两年前，朝中针对满人与欧洲人何者威胁更大分成两派，当时刚登基的崇祯帝认同满人比欧洲人更可畏，于是同意召请葡萄牙炮手从澳门来京，协防北疆。但另一派的势力也不小，在南京把那支代表团挡下。他们主张，即使北敌入侵迫在眉睫，欲增强防御薄弱的边界，难道就只能雇请外国佣兵？火炮不是中国所创先发明的吗？中国的军火为何不足以担此重任？（拉斯·科特斯在回忆录中痛斥中国火器质量低劣。）卢兆龙在此后反问道："何必外夷教演，然后能扬威武哉？"更切中利害的是，他指出为了某一边界上的危险，就该让中国另一边界陷入危险吗？

　　许多朝中官员支持借助欧洲火炮协防明朝边疆。1622年在澳门，欧洲火炮的优越性有了最叫人叹为观止的展现。那年6月，一队荷兰东印度公司的船只登陆澳门，企图从葡萄牙人手中夺下这个有利可图的贸易据点，接管对中国的贸易。若非耶稣会数学家罗雅谷（Giacomo Rho）为澳门守军的某个炮手计算了弹道几何，荷兰人很可能就此得手。受到罗雅谷之助的炮手直接命中来犯荷兰人所带上岸的火药桶。罗雅谷那一击中的，或许半靠瞄准半凭运气，但那不重要。事后，罗雅谷因他的数学本事让葡萄牙人保住澳门，不致落入荷兰人之手，而获得荣誉。

　　有些得意扬扬的中国官员从对葡萄牙人的这场胜仗中认识到，外国人相争，中国人只需操纵他们反目就能得利，就眼前状况来说，其做法就是同意同葡萄牙人贸易，但不准与荷兰人贸易。两广总督戴燿说道："是以夷攻夷也，我无一镞之费，而威已行于海外矣。"

　　卢兆龙不赞同为了解决中国难题而求助于外国人。雇用葡萄牙炮手正是自曝己短，而非己长。朝中其他人的观点则较为积极进取。他们认为，罗雅谷的胜利正表明中国必须取得更先进的技术以求自保。崇祯皇帝也做如是想，于是在卢兆龙第一次上疏之前，就已下令同意葡萄牙火炮队来京[1]。

―――――――――

[1] 这并非第一次明朝官府招募澳门葡萄牙人为其打仗。天启皇帝登基后，就曾发出同样的召请。七名葡萄牙炮手于1622年带着一名翻译和十六名随员北上。后来朝中反对招募澳夷的一派占上风，1623年操演火炮时更发生火炮爆炸，炸死一名葡萄牙炮手，炸伤三名中国人，他们随之遭到遣返。

　　这支代表团包括四名炮手、两名翻译，加上二十四名印度、非洲的奴仆，由公沙·的西劳（Gonçalo Teixeira Correa）带队。其中一名翻译是中国人，另一名是已担任赴日传教团团长数年的耶稣会高级教士陆若汉（João Rodrigues）。华南的官员早就认识陆若汉，但是不信任他。与卢兆龙交好的广州府推官颜俊彦认为陆若汉干预中国内政。他怀疑这位耶稣会高级教士不只是翻译，但君命不可违，只好让他从广东通过。

　　皇帝虽然已经召代表团来京，但与卢兆龙持同样立场的官员却是处处阻挠。这支代表团一如前述，在南京被拦下。除非他们证实皇帝的确召请他们进京，否则便不准他们再往前。陆若汉在送回国的报告中表示，他们在等风向转为有利，再沿大运河乘船北上，但那只是顾全面子之词。最后，1630 年 2 月 14 日，皇帝敕令终于送达：火速进京。那时，京城附近已有满人出没骚扰，亟须外国人相助。

　　在京城南方六十五公里处，一支满族突击队和正欲进京的葡萄牙炮手相遇。这是不期而遇，但对于主张利用欧洲科技那一派，却是不可置信的一桩好事。那些炮手退到附近的涿州城，在城墙上架起八门炮。炮火未杀伤满人，但炮火的威力将满人吓跑。接下来未有实际交锋，葡萄牙人未赢得真正胜利。但对于朝廷内所有支持他们来京的人来说，这正好可以震慑住卢兆龙之类的反对派人士。

　　公沙、陆若汉一来京，马上就知道自己人数太少，对于抵抗满人的整个大局起不了什么作用。满人将领善于用兵，部队调度机动神速，更别提还有能干的汉人炮手投入他们的阵营。整个战局偏向满人一方，光靠四个葡萄牙炮手，几无可能扭转。葡萄牙人决定趁此机会扬名立万，于是建议从澳门再调来三百名骑兵。这很可能是负责练兵的詹事府詹事徐光启的主意，他也是在 1620 年时首次倡议借助西人火炮御敌的官员。他在 1630 年 3 月 2 日上疏，说明欧洲人的火炮比中国火炮铸造更精巧，而且金属材质较佳。欧洲火炮使用较易引爆的火药，而且因为瞄准具较佳，命中率更高。经过多番审议，崇祯皇帝要求礼部提出关于此事的具体建议。同年 4 月，徐光启升任礼部左侍郎。6 月 5 日，已任礼部侍郎的徐光启正式建议皇上派陆若汉返回澳门订购更多火炮，招募更多炮手，并带回北京，强化明朝边防。同月，替葡萄牙保住澳门的耶稣会数学家罗雅谷应徐光启之邀来到北京。

徐光启——以受洗名徐保禄（Paolo）而为耶稣会士所知——是朝廷里皈依基督教的最高阶的官员，他和卢兆龙一样出身沿海人家，但是是在更北边的上海。而在上海，海上的威胁主要是日本，而非欧洲。那时，上海从未受到澳夷或红毛的侵扰，澳夷、红毛从事贸易的沿海地带在南方，距上海甚远。但经由一连串偶然的机遇——徐氏本人浓烈的好奇心也是一大因素——这位上海子弟认识了许多欧洲人。不过，他所认识的欧洲人既非澳门商人，也非荷兰海盗，而是来自欧洲各地的耶稣会传教士。这些传教士带来新知，而徐光启认为那些新知对于中国的振衰大有助益。

彩图 1　约翰内斯·维米尔，《代尔夫特一景》（海牙，莫瑞泰斯皇家美术馆）。维米尔的两幅户外景观画之一，描绘从代尔夫特河港科尔克对面的该城东南角所见到的代尔夫特天际线。绘于 1660 年 5 月之前。

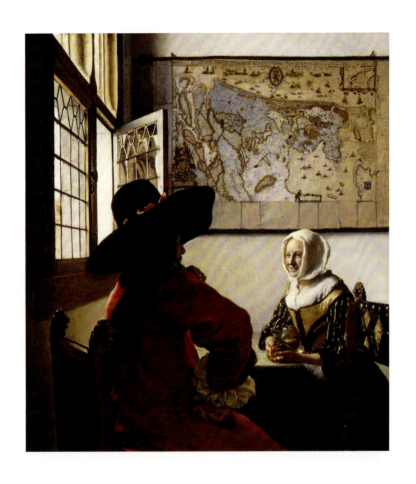

彩图 2　约翰内斯·维米尔，《军官与面带笑容的女子》（纽约，佛利克收藏馆）。
轻度的透视扭曲，使这幅原本是静态交谈的场景透出动感。墙上的荷兰—西弗
里斯兰地图，是代尔夫特地图制造商巴尔塔萨尔·范·伯肯罗德所印制，绘图
者是威廉·布劳。据推断，此画绘于 1658 年左右。

彩图 3　约翰内斯·维米尔,《在敞开的窗边读信的年轻女子》(德累斯顿,古代大师画廊)。维米尔在楼上画室的窗边画了多幅作品,这可能是其中最早的一幅。前景处的地毯和水果,显示他首次运用点描画法。约绘于 1657 年。

彩图 4　约翰内斯·维米尔,《地理学家》(法兰克福,施塔德尔美术馆)。《天文学家》的姊妹作,很可能是受托绘制,描绘一名有学问之人,而那人可能是安东尼·范·列文虎克。墙上维米尔签名底下,注明 1669 年,这虽是后来加上的,却有可能就是此画的绘制年代。

彩图 5　代尔夫特兰贝特·范·梅尔滕博物馆收藏的盘子（代尔夫特市立博物馆）。大概于 17 世纪结束前后制作于代尔夫特。仿中国式的装饰里，前景处呈现五名位于云中的神仙，后面的中式庭园里则有姿态各异的男女人物。

彩图 6　约翰内斯·维米尔,《持秤的女人》(华盛顿特区国家艺廊怀德纳收藏馆)。维米尔约于 1664 年绘成此画。画中人大概是以他妻子卡塔莉娜·博尔涅斯为模特绘成。这是维米尔创造力的巅峰之作。

彩图 7 亨德里克·范·德·布赫，《玩牌人》（底特律艺术馆，约翰·纽贝里夫妇所赠）。同样是军官与年轻女子对坐交谈的场景，范·德·布赫的处理手法和维米尔的《军官与面带笑容的女子》不同。此画据推断绘于 1660 年左右，当时范·德·布赫若不在莱顿，就在阿姆斯特丹，因为他在 1655 年离开代尔夫特。

彩图 8　莱昂纳特·布拉默,《东方三博士来伯利恒之旅》(纽约历史学会博物馆)。
画面中东方三博士在天使的引导下朝伯利恒走去。加斯帕、梅尔基奥尔徒步,
位于明亮处;巴尔撒泽骑在骆驼上,位于阴影处。此画绘于 1638—1640 年之间。

1595 年，徐光启正为科举功名而奋斗时 [1]，在南方遇见一名耶稣会士郭居静（Lazzaro Cattaneo）。当时耶稣会士从澳门进入中国还不到十年。五年后，他遇见另一位耶稣会士，即聪敏过人的利玛窦（Matteo Ricci）。利玛窦率领耶稣会传教团在中国传教，直到1610 年去世。徐光启在 1603 年与第三位传教士首次碰面后，加入天主教，获教名"保禄"。徐光启与耶稣会士——特别是学问渊博的利玛窦——过从甚密。他与利玛窦合力进行多项宗教性与学术性的计划，好让中国人了解传教士从欧洲带来的新知很有用。当时只有极少数中国人信仰基督教。信仰基督教必须放弃传统的礼仪、信仰，中国人囿于传统，对此事心存疑虑。对于这一新宗教知识要求的承诺，徐光启不觉得有何不妥。他认为基督教和冶金学、弹道学、水力学、几何学一样，都只是欧洲知识体系的一环，而那些学问是他所热切学习、转化，使之可以为中国所用的知识。他没有理由接受西学的某些分支，而拒斥其他分支。

在中国是否应该利用欧洲科技的争辩上，卢兆龙视徐光启为头号大敌，而在这点上，他倒是见识颇明。欲让皇帝转而相信他的观点，唯一办法就是让徐光启在皇上面前失宠。葡萄牙人在涿州那场小胜，使他这一计谋更难得逞。他必须小心行事。卢兆龙的主要论点在国家安全。"何事外招远夷，贻忧内地，使之窥我虚实，熟我情形，更笑我天朝之无人也。"让外国人对中国敬畏的唯一办法，乃是与之保持距离。若让"此异类"三百人，"跃马持刀，弯弓挟矢于帝

---

[1] 译注：徐二十岁中秀才，四十三岁才中进士。

都之内"，那景象思之就令人不安，允实不宜。将国之安危交在他们手中，实是离谱的赌注。此外，将这么一群人远道招来，供其饭食，所费不赀。用同样的花费，朝廷可铸造数百门火炮。

最后，卢兆龙将其矛头指向徐光启的命门——信仰基督教——以对徐光启做人身攻击，强化自己要求的正当性。"澳夷专习天主教"，他在就此事第一次上奏时如此批评。"其说幽渺，最易惑世诬民。"此外，他提及基督"邪教"已在中国几个地方出现的例子。这项指控的用意不只在忧心三百名葡兵会有何等不当的行为，还在对于外国人会如何腐化中国文化的核心信念，表达了更深层的焦虑。卢兆龙甚至暗指，外国宗教可能使中国人不再相信皇朝权威。近年来京畿地区已有白莲教活跃，该教派更会一度在北京城内煽起暴动。难道神秘的基督教信众就不会闹出同样的乱子？更有甚者，中国基督教徒秘密勾结外国人，也就是与澳门有联系，谁晓得那些联系会招来什么后果？"（臣）不识世间有天主一教"，卢兆龙坚定地表示，想知道皇上为何会听像徐光启这样爱天主教义更甚于儒家学说之人的话。"又（徐光启）鳃鳃然为澳夷计保全，谋久远，何其深且切乎？"

徐光启的弱点还不只皈依基督教一事，他与澳门的关系也是一个。中国人觉得外国人盘踞澳门，居心叵测，这份不安乃是当时中国人对欧洲人所有不满的主轴。1616年南京教案，礼部侍郎沈榷将高一志（Alfonso Vagnoni）、曾德昭（Alvaro Semedo）两位传教士驱逐出境，就是那份不安作祟使然。他们两人被遣送回澳门，据曾德昭日后记述此事的英文译本所载，他们"被关在非常窄小的木笼

（就是中国用来移送死刑犯所用的笼子）中押送，颈绕铁链，双手上铐，头发长长垂下，一身古怪打扮，用以表示他们是化外的蛮夷之人"。曾德昭以第三人称描写他自己和高一志，称"两位神父被以如此方式押送，发出无法形容的声响，那是神父用他们的脚镣手铐发出的声响。在他们前面，有人捧着三块牌子，上面以斗大的字写着皇帝的口谕，禁止一切人等与他们通商或交谈。他们就是这样离开南京"。他们关在木笼里，三十天后押送到南方的广东，再遣送澳门。押送者严厉警告，要他们回欧洲去，绝不要再来。

徐光启是 1616 年唯一为这两位耶稣会士仗义直书的人，但那时他也劝诫另一位传教士，提醒他耶稣会士应注意不要让自己与澳门的往来关系曝光。他强调全中国的人都怕葡萄牙人，而澳门是叫中国人不安的地方。心怀敌意的官员认为，澳门不是正正当当的贸易站，而是葡萄牙人刺探天朝的基地，葡萄牙细作从澳门渗入中国，煽动内部宗教动乱，诱使百姓走私、叛国。传教士被视为该组织的奸细。因此，沈榷才会指控曾德昭、高一志是"佛郎机之爪牙"。南京礼部所发出的报告正呼应这一说法。澳门是耶稣会士往返外地的根据地，是让他们得以通行世界各地的港口，是礼部所认定高一志每年收到六百两白银，供应中国境内传教开销的渠道（礼部后来将金额向下修改为一百二十两）。南京监察御史在三个月后发出的报告指称，澳门不只是外国人贸易的基地，也是葡萄牙人侵犯中国主权的基地。耶稣会士最终理解到自己与澳门的关系不利于他们在中国活动，但他们不能和那个殖民地一刀两断。他们在中国的传教活动不能没有澳门支持。和澳门切断关系，就等于是切掉让传教活动得以维持的组织支持和资金后盾。

徐光启坚持红毛和澳夷是两回事，他的耶稣会友人大概也会要他这么说。澳夷支持他们传教，提供据以派传教士进入中国的基地。如果荷兰人从葡萄牙人手中拿下澳门，耶稣会在中国的传教事业就要画下句号。与耶稣会为友、为敌者，必然也与徐光启为友、为敌。卢兆龙始终坚信外国人不可靠，不管是葡萄牙人还是荷兰人都一样。"礼臣徐光启随具闻言内省一疏，娓娓数百言，"卢兆龙指责，"其大旨若为红夷澳夷分顺逆。"徐光启必须作此区分，反击葡萄牙神父和荷兰海盗为一丘之貉的指控，以保护自己与耶稣会士的往来关系。

耶稣会士深切了解自己与澳门的关系乃是他们传教成败的关键。1632 年，陆若汉结束率炮手进京的任务，回到澳门 [1]。次年，他发了封信回欧洲，给耶稣会会长。信中他力陈务必保护该殖民地和其名声，"因为攸关大人所辖两个印度（东印度和西印度，西印度指的是葡萄牙在南美洲，即今天巴西境内所拥有的殖民地）之存亡的贸易活动，还有将中国、日本、交趾支那 [2]、东京 [3] 和其他国家纳入我们圣教旗下的传教事业，都有赖于澳门一地"。澳门是耶稣会在东方传教事业的财务中心和战略中枢。陆若汉的陈述与南京礼部的声明居然极其相似。"澳门城是子民和做弥撒、世俗供养所需的所有物资进入这些国家的狭窄入口。"陆若汉的信要是落入卢兆

---

[1] 陆若汉命大，得以返回澳门。前一个冬天，官军因拖欠军饷而哗变时，十二名葡萄牙炮手死在山东。哗变士兵冲进那些葡萄牙人所守卫的城市，陆若汉从城墙上跳下，落入雪堆，得以逃过一劫。拜全球降温之赐，他落地时只断了一条胳膊。

[2] 译注：越南南部一地区的旧称。

[3] 译注：越南北部一地区的旧称。

龙之手，大概会使他更合理地怀疑澳门是外国势力渗透中国的滩头堡。他若是得知 1617 年被关在木笼里押送出境的两名神父无视中国法令，在 17 世纪 30 年代又进入中国内地，把他们可疑的教义灌输给中国百姓，那么他大概会就此坚信，澳门可能危害王朝威权的忧虑诚属不假。

澳门是耶稣会在华传教事业的资金收集调度中心，因此写下"吉亚"号船难事件始末的耶稣会士拉斯·科特斯会从马尼拉前往澳门，而在途中遇上那次船难。拉斯·科特斯在回忆录中只提及他在澳门有买卖要做，并未进一步交代细节。他终于抵达澳门时，与他做买卖的人不是别人，正是陆若汉。他们做的是什么买卖呢？拉斯·科特斯没说，但是两个月不到，他又搭上另一艘船回马尼拉。

返航时，拉斯·科特斯又运气不佳，遇上暴风雨。结队穿越南海的五艘船，有一艘没抵达马尼拉。在回忆录中，拉斯·科特斯为失去那艘船的船货而极为忧心，他指出那批船货里包括在澳门用三十万比索买进的中国丝织品。那些是华丽的锦缎和轻如羽毛的薄纱，有着让人目眩神移的多样色彩，是欧洲人织不出或在其他地方都买不到的织物，但拉斯·科特斯在意的，不是那些丝织品的美，而是其价格。"如果考虑到它在马尼拉所能卖得的价钱，"他如此写到那批失去的船货，"那么，无疑得再加上二十万比索，也就是说损失高达五十万比索。"他将在中国长达一年的冒险事迹写成回忆录，然后在书中郑重估算那批船货的损失，因而，那估算得失的行为所传达的意义，颇值得我们推敲。那批失去的船货或许正显露拉斯·科特斯自己前往澳门的目的：买进中国丝织品，供耶稣会运到马尼拉转卖牟利，然后以所得供应他们在马尼拉传教的开销。或许那也告诉我们，他乘"吉亚"号到澳门时，带了一批白银前去购买丝织品。如果那批遗失的丝织品是耶稣会的资产，拉斯·科特斯前赴澳门的这趟任务，不管去或回都蒙受了重大损失。

"吉亚"号偏离航道，在中国沿岸搁浅，使船货货主蒙受重大损失，但船上的人所吃的苦头，也不遑多让。乘客和船员在广东待了一年，整件事才裁夺定案。审议工作由广东按察使主持，按察使一职包含该省检察总长和省长的职责。拉斯·科特斯未写下该按察使的名字，但很可能是潘润民。

1625 年，潘润民刚接广东按察使一职，再过几个月，就会调升他处，但"吉亚"号船难事件发生时，他很可能仍在广东。今人对潘润民所知甚少，只知他来自西南内陆的贵州。贵州是少数民族地区，只有少数人能受到当官所需的教育，那里的"外人"就只有生活在山区的少数民族。拉斯·科特斯可能是潘氏第一个打交道的欧洲人。这位耶稣会士察觉到，潘润民对外国人好奇，很留心注意小地方。事实上，比起调查这个案子，他似乎更感兴趣于了解外国人。

潘润民的调查行动，从仔细检查船难生还者开始，检查之仔细，甚至到了为查明他们是否会遭强逼赶路而检视赤脚者脚底的地步。不久，他就掌握充分证据，确认这些外国人曾遭他辖下军官虐待。他传唤靖海要塞指挥官前来讯问。要塞指挥官坚持他在潮州的说法：这些人是红毛和倭寇，而非他们所说来自马尼拉、澳门的正当生意人，他的手下因此将之逮捕。有些人或许受了伤，但那些是船难发生那天，还未被他拘捕之前就受的伤，而不是他造成的。要塞指挥官促请按察使把重点放在主要问题上，也就是船难幸存者乃是非法入境的外国人，其中包括日本人。

据拉斯·科特斯对他们受审情形的描述，潘润民想知道是否有船货跟着外国人一起上岸。如果有，那批货将被视为违禁品，而凡是经手那些东西的中国人，都将犯走私罪。（诚如卢兆龙友人广东府推官颜俊彦记载某个涉及广东士兵与荷兰商人非法贸易的案子时指出，外国船上的人不得将货物带上岸，岸上的人不得上船收取货物。）靖海要塞指挥官坚称，船难幸存者除了身上穿戴的，没带任何东西上岸。他坚称"吉亚"号未载有白银，坚称他手下的人没有抢那些外国人的财物。潘润民审判经验老到，知道那很可能是胡诌，但他没有证据反驳，不得不放弃从他手下问出真相的念头。

潘润民转而找上拉斯·科特斯，事先想好一串有助于厘清真相的问题并讯问他。不久潘润民就断定拉斯·科特斯比他自己辖下军官更为可信，认定那些外国人的确曾遭不当对待，那艘船的确载有白银，并且曾有人阻止白银主人找回那些白银，其中有些白银后来也被打捞上岸。潘润民很想替那些外国人讨回公道，但心知要塞指挥官不会提出有关白银已被抢走的证据，他束手无策。然后他转而问起斩首之事，证物——甘普提等人的人头——就放在衙门的一排篓子里。

"案头摆了一些人头，你可有看到靖海的哪个人，杀死这些人？"

"老实说，"拉斯·科特斯以坚定口吻说，"我们看到他们砍了我们之中七个人的头，但我无法断定他们是在这七个人还活着时还是死了之后砍下他们的头，无法断定他们死于溺水，死于冻馁，还是死于船难时所受的伤。"

潘润民想查明是否有外国人死于中国人之手，但拉斯·科特斯选择含糊以对。他推测若指控靖海官兵杀人，除了让自己更晚才能脱身以外，毫无益处。潘润民似乎也理解拉斯·科特斯作此证词的用意：同意认赔了事，了结此案，让每个人尽早回家。只有那些已无法开口作证的人头，他不得不以"死者不能复生"的老词，驳回杀人指控。

白银失踪的问题，也必须以同样方式模糊处理。诚如颜俊彦在另一案所提及，外国船所带的白银可多达万两，但在此案中，未有哪一方宣告遗失或取得任何白银。潘润民不得不将此事草草处理，在裁决时宣布，因无法断定白银是否有找回，该船所载白银视同遗失海中。潘润民也不愿谕令靖海官兵赔偿船难者的损失，并且表示就这么几个欧洲人，似乎不可能拥有大量白银。这项说法认定，用于贸易的白银属个人所有，而非公司所有。这若不是牵强的搪塞之词，替自己无所作为找的借口，那就说明了潘润民对于对外通商的认识贫乏。

潘润民受了骗？我想不是。根据拉斯·科特斯的记述，他似乎清楚知道整件事的是非曲直，甚至更清楚知道，因为没有证据来自三百五十公里外的犯案现场，他无权起诉。他只得裁定，船难生还者来到中国纯因意外，而非蓄意，他们不是海盗，应准予他们返回澳门，就此结案。所有指控遭驳回。

维米尔笔下那位冷静的地理学家，人在万里之外，不可能亲耳听到潘润民审案时庭上的那些论点，就算是听到，也不可能认同那些论点。他不是饱受海盗威胁的沿海村民；他不需要害怕海洋，因为他的同胞掌控了海洋；他对荷兰东印度公司商人航行海外所赚得的利润不感兴趣。他感兴趣的乃是那些商人所带回的信息：他将那些信息收集、分析、综合成一张张海图、地图，商人则拿那些海图、地图用在当时已更为人了解的更广大的世界上。那新取得的地理知识如果不管用，则再收集更新的知识，纳入地图之中。17 世纪地理学家的职责，就是积极投入这不断循环往复的反馈、修正过程。在那地理学家上方，那颗地球仪球面上的涡卷图案里，洪迪乌斯要求的正是这个。那些从事"频繁考察活动，每天（前往）世界各地"的人，是否愿意将那些地方的所在位置回馈给他，好让他制出比他们面前那颗地球仪更准确的新版地球仪？

通过这种反馈机制（这涉及颇为大量的借用甚至直接盗用他人的成果），欧洲的地图绘制员在 17 世纪不断修正自己的地图。新知识取代旧知识，再被更新的、更让人觉得准确的知识取代。这个过程未必不出差错：许多北美地图，在明知不可能找到横贯大陆的东西向水路之后，仍久久未拿掉那条横跨大陆的水道。但在这过程中，地图不断修正，日趋精细，渐渐填补世界地图的空白。

但有些空白——非洲内陆、中太平洋、北美洲最北端、南北两极不肯屈服于这个知识搜集过程。于是以填补这些空白为志向的探险家应运而生。而他们这么做，往往就只是为了探明那些不为人知的地方，而非因为有人需要那知识。商人所需要的乃是海上航行路线的精确信息，以降低船难风险，让船只能更快往返，进而提升资金周转率。但这不是维米尔的《地理学家》所表达的。列文虎克是以科学家，而非生意人的身份入画。但没有像他那种将一生精力用于积累有用知识的学者，商人不会有地图可用。知识与取得货物这两股动力携手合作。

中国的地理学家，处境则不同。中国没有回馈机制，而且几无改变现状的动力。即使真能从沿海水手那里获得海外地理的知识，中国学者也往往对那些知识兴趣不大。地理学家张燮是个异数，他编纂《东西洋考》时，特地请教去过东南亚海域的水手。一如他在该书凡例里所述，"集中所载，皆贾舶所之"。张燮痛恶那些写历史时只知重复老掉牙的数据，而忽略晚近演变的学者。这种人使无知继续存于世界，未能开启新知。他的目标则是记录晚近的情势，包括红毛夷的情势，因为那些情势眼下正影响海上贸易。

这部著作未对那些实际四处旅行的人带来多大的影响，但持平来说，读者也不会认为这部著作该有重大影响。据另一位作序者所述，书中的资料乃是"续埤史之丛"，而非供张燮当时的水手、商人所用。他不是为了那些人写此书，而是为了其他像他那样的学者——认定这辈子不会出海外，只想更了解海外世界的学者。张燮知道，这时候的中国人对于"吉亚"号之类的船只出现在中国沿海，应该不觉意外，但若是思想较守旧的读者，大概会觉得那想法太过惊世骇俗。

耶稣会士利玛窦在中国主持传教工作直到1610年去世。他热心引介欧洲人对自然世界的知识，因为他认定这会令中国人心生佩服，从而有助于让中国人相信基督教义。除了通过地图之外，他还能以哪种方式更清楚地呈现新地理知识呢？那时欧洲人所绘的世界地图以好几种形式呈现，利玛窦复制了那几种地图，并予以修订，加上中文地名和解说，冀望这能让他遇见的学者眼睛为之一亮，从而生起探究之意。晚明的中国人喜欢地图。商用壁挂图在中国没有像在荷兰那么受欢迎，但也有存在，并且也会被悬挂出来。中国人看着欧洲人所绘地图时，不清楚该如何应对地图所提供的信息，因为大部分人欠缺可据以和利玛窦的地图互动的那种经历。

徐光启喜欢利玛窦的地图，因为他相信欧洲人的地圆说，深信地图比文字解释能更有力地传达那一观念。利玛窦所带来的欧洲世界地图，也为其他学者所采用，因为当时的两部大型百科全书，章潢所编的《图书编》和王圻所编的《三才图会》都收录了它们。章潢欣然指出，"亦可以不出户庭，而周知天下也"。这些地图通过通俗百科全书而问世，本有可能引发反馈循环效应，促使中国读者拿着地图走出去，验证所得的知识。但这并没有发生。这些地图没像在欧洲那样，得到进一步的修正、扩展，新版地图问世，也未能动摇传统的宇宙观。问题纯粹在于几乎没有中国水手有机会去验证、发展这一知识。没有中国商人环航地球，发现地球是圆的。将这个来自更广大世界的知识引进中国的全是外国人，而他们未必受到信任。因此，没有人像维米尔笔下的地理学家那样，希望或能够将源源不绝的来自外面世界的数据纳为己用，不断修正有人用得着的整套有用知识。

在欧洲人眼中，外在世界正以观念和器物的形式进入他们的生活，其中有些观念和器物可见于维米尔所绘的那间房间里。对大部分中国人而言，外在世界仍在外面。外在世界或许进了徐光启的脑子；甚至潘润民也都意识到，从那些被外在世界丢进他牢里的人身上可学到东西。但只要靖海要塞指挥官和卢兆龙有发言权，而且的确发了言，外在世界就别想进来。

第五章 抽烟学校

在 19 世纪的代尔夫特，以兰贝特·范·梅尔滕（Lambert van Meerten）最为热衷于收藏本地的珍奇文物。他出生在以烈酒买卖致富的家庭，继承家产之后，穷尽一生精力和财产，搜集了大量艺术品、雕像、瓷器、古玩以及他能从翻新的建筑捡回的任何建筑碎屑。他搜集的东西多到无处可摆放，幸好他有个更有钱、更有见识的朋友——扬·斯考滕（Jan Schouten）。斯考滕伸出援手，同意出钱买下一栋三层楼的大房子，供范·梅尔滕存放他所有的宝物。房子位于荷兰东印度公司代尔夫特事务所大楼所在的奥德代尔夫特运河边更上游处。范·梅尔滕死后，斯考滕将那幢房子改为博物馆，至今仍在。

我参观那座博物馆的时候，在楼上一间里屋的陈列柜里，无意间看见一只青花大瓷盘。瓷盘直径 43 厘米，绘有中国庭园景致，庭园里有神仙、学者、仆人、神话中的动物（彩图 5），叫人目不暇接。葡萄牙人是最早尝试制作中国式碟盘的欧洲人，但最早能仿制到相当类似程度的欧洲人，乃是代尔夫特的陶工。在这只盘子上，陶工以高超的手法，仿造出中国的绘饰风格，但还不到以假乱真的地步。许多小地方透漏出这是由荷兰人所制。从盘缘的缺口可看出这用的是欧洲黏土，釉色也没有景德瓷那种坚硬和均匀。最让人一眼就识破的地方，乃是所绘朝廷命官手持的牌子上写了三个汉字。陶工大胆地尝试以汉字装饰，但那些字本身毫无意义。因此，那只盘子是个赝品。不过只是衡诸当时的情形，这样的论定失之严苛。陶工绘上如此装饰，并无意冒充中国真品。盘子所流露的中国风格纯粹是为了赏心悦目。这是一件博君一笑、无伤大雅的赝品。

那件盘子上的人物姿态各异，各有所忙，比如有人漂浮在云中、有人过桥、有人抓鹤，而在欧洲人的心目中，那些是中国人在图画里常出现的举动。盘上有几个古怪突兀之处，绝不会出现在"真的"瓷盘上，其中之一就是那个乘着神话中的貊，猛吸长杆烟管的秃头神仙。没有烟从神仙的嘴巴或烟管喷出，但是神仙腾云驾雾，就代表了烟。就我目前所见，在中国，没有哪个瓷器绘师会在盘子上画上抽烟之人。一直要到18世纪相当晚期，中国艺术家才愿意将抽烟的人入画，而且只见于素描或木版画中（本章后面会见到一件这样的早期作品）。新的习惯要花一段时间才能融入文化，在20世纪之前，抽烟融入文化的程度，还不到可以出现在美术领域的地步。中国画在这类文化事物上的态度偏向保守。

描绘抽烟者的荷兰瓷器还不止这一件。那时，代尔夫特陶砖画师在陶砖上画上抽烟的人，已有数十年的历史。描绘抽烟的人的艺术家，也不只瓷器画师。那时候，代尔夫特的油画上有抽烟的人，用抽烟来象征交际、欢乐，也有同样长的历史。代尔夫特的荷兰小画派画家扬·斯丁（Jan Steen），喜欢在讽刺场景里画上各个年纪的人在抽烟。画风较矫揉造作的彼得·德·霍赫（Pieter de Hooch）和亨德里克·范·德·布赫则让正在聊天的男人手上拿着烟管，这样，他们的手才不至于闲着。维米尔从未画过抽烟的人，因此，我们从他的画上找不到可进入烟草扩散全球的方便之门。但是这只盘子——可能是欧洲艺术家最早描绘中国人抽烟的作品——却有这样的门。

那位画师从哪里得知中国人抽烟？他不是在模仿中国原件，因为那时不会有中国画家在瓷器上画抽烟的情景。如果那是他自己想出的画面，想必是因为他听过中国人抽烟的事。他对全球动态已略有所知。经过 16 世纪后半叶体会过吞云吐雾之乐后，那时候的欧洲人对抽烟已经司空见惯。中国人——或者说全亚洲人——在 17世纪也加入吞云吐雾的行列，而且没有商业界或文化界的上层人士在旁鼓吹——事实上，几乎是在没人注意到此事发生的情况下——自行加入。这个现象正是 17 世纪全球流动所造成的效应，而这个效应是没人预料得到的。抽烟习惯并不必然会走向全球，但事实是它的确走向了全球。那件代尔夫特瓷盘上的抽烟仙人，为我们开启了另一道门，穿过那道门，我们将会回到那个正在 17 世纪时生成的世界。

北京是中国所有受过教育的年轻男子求取功名利禄的憧憬之地。北京城冬天寒冷，春天有蒙古吹来的沙尘笼罩，夏天酷热，只有秋天舒适宜人，但这座城市却是皇宫和权力中枢所在。胸怀大志的读书人经过层层考试筛选，极少数的秀异之士汇集于北京的科场，冀望考上进士，入朝为官。跻身进士，长路漫漫。所有考生一律得从所属县城的考试开始考起。能够考上进士的人少之又少，而考上进士之后能够在朝廷为官的则更少。进士家庭出身的考生，准备这一连串的艰苦考试占了些优势，但一旦进入考棚，在里面待上三天写试卷，什么出身都不重要。当然，若是考生家人认识考官，予以贿赂，那又另当别论。不过贿赂不易成功，一旦被查出，则是杀头之罪。如果考上进士，进士家世背景就大为有利，因为那意味着拥有良好的社交手腕和官场关系，可以在京城里觅得体面的职位，不必先外派到各省当县官，再一步步努力爬回中央。循着科举考试爬上北京，非常艰苦。从地方县官再往上爬到京城任职，也差不多同样艰苦，大部分的县官都未能如愿。

杨士聪出身良好，在1631年进士及第时已经三十多岁了。良好家世和官场人脉，弥补了他耗费在寒窗苦读上的岁月。杨士聪被直接安排进翰林院，之后升任礼部侍郎。1637年，太子八岁，杨士聪被任命为校书，教太子读书，为众人称羡，17世纪40年代再当上太子顾问一职。1644年3月，李自成攻陷北京，崇祯皇帝自缢，几个礼拜之后，清军入侵，王朝易帜。太子受耶稣会士影响[1]，急急致函教皇，请其派兵前来将满人赶出中国，但是相隔万里，就算教皇欲伸援手，也是缓不济急。

在明朝历史上，杨士聪并非特别耀眼之人。像他那样官场生涯

---

[1] 编注：疑有误。据有关史料，实际上是南明朝廷曾向罗马教廷遣使致信。

止于侍郎层级的干练官员不在少数，因此在明朝正史里未有一席之地。但由于他写了一部笔记小说，描写明朝最后十年的京城生活，因而得到后世某些史家的注意。杨士聪于 1643 年写成《玉堂荟记》，但若论付梓，那一年不是好时机。前一年大瘟疫肆虐华北，再过一年，李自成的大顺军将攻陷北京，推翻明朝。因此这本书存世极少。杨士聪当时还不知明朝会亡，但已深感国家多难。他在《玉堂荟记》自序里写到，写这本书意在提醒世人，天下承平之时，京城生活是何面貌。

杨士聪在《玉堂荟记》第一卷里写到，北京城民在过去十年经历了两个小改变。如他所说，那些现象"盈衢"，显示世道已不如从前。第一个改变是小贩卖起了沙鸡。这种鸟不产于北京一带，其天然栖息地在更北边的戈壁南缘。据当地传说，沙鸡只在北方边界有部队调动，栖息地受到惊扰时，才会飞到这么南边。有人告诉杨士聪，沙鸡在 1632 年就已出现于北京。捕鸟人看准有利可图，已开始抓它们来贩卖，让人吃下肚去祭五脏庙。沙鸡飞到北京，可能是气候变迁的迹象，因为 1632 年那年多雨，而降雨可能是迫使沙鸡南飞的因素。但当地人认为沙鸡之所以出现，乃是表示北方边境有事，而当时满人正陈重兵于北界，准备入侵。沙鸡的角色就跟煤矿坑里示警的金丝雀一样。但这种事没人敢说出口，因为即使只是提及满人可能入侵，都会被当成内奸，扣上叛国的罪名。但人人都相信，沙鸡出现于市面，就代表敌人要入侵。

第二个改变出现于市井，开始出现有人抽烟，这暗示了天下即将大乱。1597 年，杨士聪在山东出生，当时山东没人抽过烟。放眼中国全境，也只有极少数人抽过。在东南沿海有人抽烟，北京则已有烟叶流入，因为1596年后的县府采购列表记载有烟叶这一项（价钱是北京市场上肉桂或硫黄价钱的两倍，茉莉香片的七倍）。1631年，杨士聪到北京参加科考时，抽食"烟酒"（当时有人这么称呼烟）在京城已颇为普遍。据杨士聪的记载，烟草出现于北京，始于天启年间，而天启皇帝是在1621年登基，六年后驾崩。杨士聪说："二十年来，北土亦多种之。"

杨士聪觉得这奇怪的植物在北京出现，很值得探究。他先指出，抽烟不见于古代中国，因为古籍里未曾提及，因而想必是来自海外。京畿地区抽烟的人主要是从南方调来北边防御满人的士兵，因此杨士聪推测这习惯来自南方。士兵对烟草的需求促使北京农民改种烟草，结果烟草收入是种植谷物的十倍之多。随着烟草出现于市面，北京居民也染上抽烟的习惯。这个转变终于引起崇祯皇帝的注意。他不满农民弃谷物改种烟草，深恐这会危及京畿的粮食供应，于是在1639年下旨，京城不准贩卖烟草，违者处死。官方的说法是抽烟浪费时间、金钱，有害健康，但本地人认为这项禁令乃是对双关语的过度反应。杨士聪记载了一则正史所没有记载的故事。

当时的人把抽烟说成吃烟，而北京古称"燕"，与烟同音，于是吃烟就给人"拿下北京"的联想，而拿下北京正是那时满人和大顺军扬言要做的事。于是，光是提到"烟"这个字，就会被视为内奸在造谣生事，欲摧毁明朝。杨士聪若是知道，抽烟的风气在华北流行之前，满人就很喜欢抽烟，绝对会更振振有词地反对抽烟。

今天所知第一个违反这项新禁令而被送上北京衙门的案例发生

在 1640 年，也就是禁令颁布的次年。有个举人带了一名仆人，前来北京参加会试。那仆人大概是想替主人出门在外时赚点外快，补贴开销，于是把带来的烟草拿了一部分到街上卖，不久就被捕。按规定，犯此禁令者一律砍头。死刑判决呈送崇祯皇帝审批获准，这个倒霉鬼就成为这个严苛新法之下的第一个亡魂。这项规定很不得北京民心，后来几经蓟辽总督洪承畴请求，才在 1642 年年初被废除。杨士聪在那一年短暂离京，再回到京城的时候，烟草销售量大逾以往，原来被视为奇风异俗的抽烟，这时已是见怪不怪。

洪承畴只考虑到实际的利害。他并不关心那个福建仆人的死活，但他关心军队的士气，而士兵喜欢抽烟。士兵相信抽烟可驱寒祛湿气。既然如此，何苦剥夺这驱寒祛湿之物而伤害士气呢？朝廷禁烟乃是因为担心煽动叛逆的谣传仍甚嚣尘上，但那是因为京城居民有理由觉得有叛乱、入侵、瘟疫的力量在威胁着他们。社会中的大部分人觉得出现了无法应对的变动时，像烟草这样新出现的东西，在不知不觉之间就和那些改变扯上了关系。烟草的确可以扯上关系，但其间的曲折迂回远非北京居民所想的那样。要想从更宏观的角度来观察，我们就得扩大视野，涵盖到整个世界。

我们不妨再把 17 世纪的世界当作一面因陀罗网，犹如蜘蛛网一般。这面网时时刻刻在变大。网上每个结都吐出新线，触及新的点时线就附着在点上，这些线也往左右横向连接，每条新出的线都不断重复这个过程。随着线的分布愈来愈稠密，网愈来愈往外延伸，愈来愈纠结复杂，也愈来愈紧密相连。网上有许多结网的人，也有许多中心，所结的网往各处延伸的时候并不是整齐对称。有些地方因为其制造的东西或被带到该地的东西而较受青睐。其他地方则是深沟壁垒，订下法令自我孤立，借此不让那张网近身。但只要有人员移动、征服或贸易的地方，那张网就会变大，往外分枝，而在17世纪初的人就在做这样的事，其速度之快、次数之频前所未见。

沿着那些线有各式各样的人与货、船与畜力车、战士与武器在快速移动，动物与植物、病原体与种子、语言与观念也在快速移动。那场网上的对象并非依哪个人的要求而移动，但也绝非随机地移动，因为植物或观念之类的事物要想移动，只有依附于移动的人，而移动的人之所以这么做，则与移动时惯有的需求、恐惧有关——即使他们最后到的不是他们想到的地方。许多事物跟着足迹遍及全球的人传播到其他地方，从而以无人能料想到的方式改造世界，但那些人移动时，并没有传播那些事物的意图。美洲的茄属植物——西红柿、马铃薯、辣椒、烟草——就将以这种方式传播到全球各地。

1492年，哥伦布及其船员抵达美洲，成为最早见到美洲土著人抽烟的非美洲人，但第一个在出版物中提及烟草的人，则是亚美利哥·韦斯普奇（Amerigo Vespucci），时间为1505年。1535年，雅克·卡蒂埃在第二次航往新世界时，尝到烟草的滋味。烟在嘴里口感辛辣，由于读者不知那种感觉，卡蒂埃在书中只能拿胡椒来比拟。胡椒和烟草都是茄属植物。尚普兰于1599年首次远航到美洲时注意到烟草，形容它是"某种草本植物，他们抽吸其烟"。1603年，蒙塔涅族酋长阿纳达毕朱在塔杜萨克款待法国人的时候，表现了土著人应有的待客之道——递上烟。尚普兰称那场欢宴为tabagie——

在今日的魁北克，这个词意为"香烟店"。

美洲土著人借烟草之助，移动于自然世界与超自然世界之间，和幽灵交谈。抽烟有助于引来幽灵的注意，因为幽灵喜欢烟草燃烧的气味，此外，烟草有助于让通灵者进入正确的精神状态。萨满巫师利用烟草来帮助自己进入迷幻的状态，以脱离自然世界，看幽灵在做些什么，借此窥知未来。今天的香烟，致幻作用不强，但当时土著人烟草的尼古丁含量，高于今日香烟许多倍，致幻效果也强许多。1609 年跟着尚普兰的作战队伍来到尚普兰湖的那位"巫师"，是否借抽烟让自己陷入迷幻状态，以预测袭击行动的吉凶，尚普兰并未交代，但很可能就是。

北美土著人认为烟草具有止痛效果，使烟草除了具有宗教功能之外，还有医疗功能，而在 17 世纪的药理学里，医疗和宗教乃是彼此重叠。近代之前的大部分文化认为，生病表示身体与灵魂的正当关系有所割裂，不管那种割裂是因为幽灵入侵身体，还是因为病人的灵魂已迷失于灵界。他们认为烟草能减缓从牙痛、蛇咬到抽搐、饥饿乃至气喘的各种不适，因此也能纾解出现于自然界与超自然界之间导致疾病的种种问题。烟草的治疗功效，乃是其精神能力的直接应用。

在土著人的日常生活中，烟草是打好人际关系的重要媒介。良好的人际关系就如治愈疾病，要有幽灵的好心支持才能获得。欲在个人层面或公众层面获得良好人际关系，在自己用心、细心且得到幽灵的支持下，才最可能顺利达成。烧烟草或抽烟草，是在幽灵心情不好的时候（幽灵大多时候心情不好）予以安抚，寻求庇佑。在

tabagie 盛宴时一起抽烟，是在幽灵在场之下进行，这有助于让抽烟的人彼此发生争执时化解歧见。有助于促进人际关系的烟草，其用途很快就从这些正式场合扩及土著人社交生活的各个层面。他们请朋友抽烟，请邻居抽烟，把烟当礼物赠人以求助或答谢。今天的北美土著人仍然很善于社交，许多土著人也仍是大烟枪。

欧洲人对中国商品的需求，创造出连接美洲与其他地方的贸易网，烟草就循着这贸易网移动，迁徙到新地方，进入从不知抽烟为何物的社会，而欧洲就是烟草外移时第一个落脚的社会。伴随抽烟而生的宗教性、医疗性、社会性、经济性习惯行为，在进入新文化后，必须找到同样的安身之地。如第一章所述，这个过程被称作"文化互化"：在这个过程中，习惯与事物从某个文化彻底转移到另一个文化，使之成为这个文化的一部分，进而改变这个文化。奥尔蒂斯知道，"密集、复杂、持续"的文化互化，可能会剧烈地摧毁某个文化既有的习惯与事物，但这些全球化过程的结果并非人力所能控制。文化可能在转眼之间改头换面，因而，在转换前一刻的文化面貌，很容易就被人所遗忘。

烟草的影响就是如此。烟草所到之处，不抽烟的文化变成抽烟的文化。文化互化几乎是发生在一夕之间，而且通常在上层人士注意到人人都在抽烟，开始思考抽烟为何不好之前，就已经如火如荼地进行了好一段时间。当然，北美土著人抽烟习惯的原始意义并没完全转移到其他文化。但有许多意义的确转移过去，包括烟草开启了通往精神世界大门这个意义。抽烟的宗教意义，的确必须根据它所进入的每个新环境，而有不同的改变。在中国西藏，烟草是由凶猛保护神所吸食，他吸了之后会变得更威猛。例如雅砻河谷昌珠寺的护法神雕像，手挥一根改成烟管状的人类股骨，以表明他对付叛徒的时候会多么无情。

　　在欧洲也是如此，抽烟在不知不觉中进入了巫术世界。烟草被当成与恶魔联系的媒介。1609 年，尚普兰与北美土著人交战那一年，法国国王亨利四世指派一名调查官肃清乡间的巫术文化。该调查官发现女巫有多项习性，其中之一就是使用烟草。经过调查，该调查官认定，"她们的园子，不管多小，都会种上一株可借由抽吸其燃烧的烟来扫除烦恼、止住饥饿的植物"。穷女人种植烟草，以便在饥饿、不幸时止饥、得到慰藉，如此解释不是更简单？但调查官要找的是巫术，而不是贫穷。他不是很确定抽烟和女巫遭指控的那些可怕行径有何关联，但是他自认为"相当了解且确定，抽烟使她们的嘴巴、身体散发恶臭，是让不习惯那味道的人无法忍受的恶臭，而且她们一天抽上三四次"。

　　欧洲人对女巫的恐慌在 17 世纪渐趋沉寂，认为抽烟可打开与恶魔交谈之门的想法也跟着式微。后来，如果有行巫嫌疑的女子抽烟，大家认为她们之所以这么做，纯粹是因为喜欢抽烟，而不是为了进行巫术。抽烟一旦洗脱了行巫术的污名，就连神职人员也可以抽烟了，而的确有神职人员开始这么做。这时，耶稣会士仍不接受这习惯，耶稣会禁止会士抽烟，但是他们只占了神职人员的少数。其他的基督教神职人员开始大抽特抽，甚至还因为抽得太凶，不管在教堂里外都抽，迫使梵蒂冈出面干预。1643 年，罗马教皇指出，"正派人士"觉得烟味叫人很不舒服，不喜欢进教堂时要踩过往往在教堂门口积了一堆的烟灰。为了避免神父的恶习使得已在恶化的神职人员公众形象更为不堪，梵蒂冈谕令神职人员，不准在教堂内抽烟，甚至在教堂门口的门廊处都不行。想抽烟的话，就得离教堂门口远远的。

第一次看到别人吞云吐雾的人，心中既好奇又猜疑，觉得那行为既古怪又危险。穷人是不得已才会在冒着烟的简陋小屋里，吸着有毒的炊烟，借此度过寒冬。怎么还有人明明不必吸烟，还特意把烟吸进去呢？欧洲人认为进教堂时吸进焚香的烟无妨，但只有置身烟气中不自觉吸进去才没关系，而不能把一整股烟直直吸进肺里。抽烟并不是人生来就会的事情，必须学习。重现那段学习过程，可看出抽烟的初期历史为何如此引人入胜。

每个文化开始抽烟的方式稍有不同。抽烟的方式的确定，要根据抽烟的习惯来自何处、由谁引入、本地有什么习惯或观念可资转化以使古怪的新习惯合理化。对欧洲上层人士而言，要他们接纳烟草，需要克服的一大障碍，就是烟草与抽烟的人——例如北美土著人——之间的形象关联。欧洲早期对抽烟这"野蛮恶习"最著名的抨击，出自英王詹姆斯一世之口，而他的抨击最能点出当时欧洲上层社会对抽烟的态度。詹姆斯一世指出，抽烟是"贫穷不文的野蛮男子"做的事。那是"粗野、不信神、带奴性的印第安人"才会有的"野蛮的禽兽行径"，不是英格兰人该仿效的。印第安人是"西班牙人的奴隶、世间的人渣、目前为止还是不识上帝与人所立之约的化外之民"。根据这三点，人根本不该抽烟，至少在这位国王眼中是如此。但他的这番批评却激不起同代的人什么共鸣。伊丽莎白女王一世时代（1558—1603）的伟大史学家威廉·坎登（William Camden），可以痛快地批评英格兰人已经"堕落到野蛮人一般，因为他们喜欢野蛮人所用的东西，且认为那些东西可以治病"。但1615年时，他不得不坦承，"短短时间内，到处都出现了许多用土管吸那臭烟，而且一副怎么吸都永远不满足的人，其中有些人是为了享乐，有些人为了健康"。一般人不同于坎登与国王，他们不在乎谁先开始抽烟的。

烟草抵达欧洲的历史多半来自上层社会的说法，通常要从医生伦伯特·多东斯（Rembert Dodoens）开始讲起。1553年，多东斯在安特卫普出版了一部通俗拉丁文药草志（荷兰文版于次年出版，又隔了一年，德文版问世）。多东斯的药草志首度将烟草以植物学条目出现在医学典籍上。那是第一个见诸文字的证据，证明烟草知识甚至烟草本身在当时已传到低地国。多东斯不知道如何称呼那植物，于是借用他所熟悉的且具有麻醉效用的植物之名——与烟草所开的花类似，开带紫色条纹的黄花的莨菪——来称呼它，因此，以这名称指代，倒也不失权宜之计。接着，故事移到三年后的葡萄牙，达米昂·德·戈伊斯（Damião de Goes）说他的亲戚刘易斯是第一个将烟草从巴西带到欧洲之人。德·戈伊斯并未具体指出这一划时代举动发生于何时，但刘易斯加入耶稣会，在1553年多东斯出版其药草志那一年前去印度，因此他想必在那之前就已将烟草从大西洋彼岸带到欧洲。于是，知道这植物和亲身体验这植物的滋味，在时间上就没有间隔。德·戈伊斯说他在里斯本的自家园子里种了烟草，如果他有种的话，那么他很可能也有抽。

拜同一个人之赐，烟草从葡萄牙传到法国。德·戈伊斯把自种烟草的种子送给让·尼科（Jean Nicot），尼科将种子带回法国，种在自家园子里。这大概是 1559 年尼科出任法国驻葡萄牙大使之前的事。后来尼科夸称自己是将烟草引进法国的第一人，但另一名法国人，安德烈·泰维（André Thevet）却是将巴西烟草献给法国王后凯瑟琳·德·美第奇（Catherine de Medici）的第一人（1556年）。泰维称它为"王后草"（herbe de la royne），以向王后致意，后来这名称流入英语，沿用了一段时日，但不久就为其他名称所取代。从某个角度来看，尼科的确让自己名垂于抽烟史，因为林奈分类系统以 Nicotiane[1] 一词称呼烟草（今人用 nicotine 一词指称烟草里的致瘾化合物，中文译为"尼古丁"，而这一词汇就源自 Nicotiane）。

从市井小民的说法来看，烟草进入欧洲的文化互化史则稍有不同。多东斯之所以能将烟草纳入他的药草志，一定是因为有人拿那植物给他看过，而那个人若不是亲自从美洲带来烟草，就是从去过美洲的人那里弄到烟草。16 世纪 50 年代的安特卫普是欧洲北部最繁忙的港口（阿姆斯特丹要在下个世纪才将它挤下宝座），一天进港的船只多达五百艘，多半有人带烟草登上安特卫普码头。这条知识链止于多东斯的药草志，但其源头想必在那些真正抽过烟的人——水手。水手不会叫它"王后草"或"莨菪"，而大概会以美洲土著人的通用称呼"petum"叫它（如今，petum 一词，仍通过烟草的近

---

[1] 译注：意为"尼科的植物"。

亲植物矮牵牛的名字 petunla 而流传于世)[1]。但最早横越大西洋的欧洲船只回航时是回葡萄牙、西班牙的港口，既然如此，烟草最早登岸的港口，为何一定得是安特卫普？一项史料显示，烟草早在 1548年，也就是达米昂·德·戈伊斯写到烟草的二十年前，就已经循这个方式来到葡萄牙，而且很可能就是放在水手口袋里带进来的。因此，水手、军人、神父是最早抽烟的欧洲人。要到后来，贵族和其他上层人士才接受这味道而抽起烟来。

西班牙药草学家胡安·德·卡德纳斯（Juan de Cardenas）对烟草药性感兴趣，并将烟草纳入其研究印第安人医术的著作中。1591年，这本书于墨西哥出版。卡德纳斯坦承，他是根据墨西哥的西班牙军人使用烟草的目的——驱寒、止饿、止渴——将它在药理上予以归类，而那正和 1642 年明朝洪承畴麾下的官兵使用烟草的目的一模一样。在美洲的欧洲人从当地土著人那里知道烟草这种功效，土著人告诉他们，抽烟可以"保健、保暖"，一如 16 世纪 30 年代时如此告知雅克·卡蒂埃。因此，抽烟不只是野蛮人的习惯，抽烟对人有益。1593 年，有个英格兰人评论说，烟草之所以如此受欢迎，特别是受生活在湿气重而易得风湿的英格兰人所欢迎，关键在于烟草的药性，"在英格兰广受接纳和使用，用以治疗感冒和其他某些发于肺脏和体内的疾病，并非没有疗效"。烟草不只拿来抽，还可制成软膏，抹在皮肤上。英格兰药草学家约翰·杰拉德（John

---

[1] 抛弃美洲而抵达法国之后，petum 这个词就跟着法国人重返人间。休伦联盟是美洲最主要的烟草商，但有个不属于该联盟的土著人部族，也种植烟草（petum）。法国人苦于不知如何称呼他们，于是叫他们 petum。

Gerard）对烟草药性的解释更为精确。他在 1597 年出版的药草志中指出，这药草"制成药膏或油膏使用，可治各种脓肿、肿瘤、顽强溃疡、疖和诸如此类的疾病"。1597 年时，英格兰每家药房都卖这项药品。

结果，烟草药膏让药房大发利市。诚如约翰·杰拉德所欣然承认，他用烟草治"头部各种割伤和疼痛，让我名利双收"。在其他地方，烟草买卖的获利更大。16、17 世纪之交，弗吉尼亚烟草在英格兰仍是新奇商品时，据说要以等重的白银来购买烟草。抽烟的人要花大钱买烟草，官方就想到课征巨额的烟草入境税。英王詹姆斯一世或许痛斥抽烟是野蛮人的习俗，但当弗吉尼亚公司——从英格兰的弗吉尼亚殖民地输入烟草的公司——奏请国王提高烟草进口税时，国王也欣然同意。詹姆斯一世反对烟草，似乎不只因为烟草毒害人民，也是因为国库收入有一部分给走私者吃掉。

高价格、高关税当然鼓励走私者和农民都投入这行业，一如北京所出现的现象。荷兰农民约于 1610 年时开始种植烟草，以取代进口烟草，尼德兰很快就成为欧洲最大的烟草生产国。英格兰的农民也是如此，但两地所生产的烟草质量都比不上弗吉尼亚烟草。本土烟草较进口烟草便宜得多，而且免税，掺假图利应运而生：将本土和进口烟草掺混，作为纯进口货骗顾客。荷兰商人于 17 世纪 30 年代用这个办法，削弱了英格兰人在波罗的海的烟草贸易。另一个办法则是熬煮进口的弗吉尼亚烟草，然后将本土烟草浸入浓汁中，改善质量，但收效不大。不过，在烟瘾和牟利的驱动下商人使出浑身解数——从走私到不实广告——推广抽烟，使欧洲人在烟草传入初期嗜烟的热情不退。

　　长远来看，稳妥的获利之道是从源头控制供应量和质量。为此，欧洲人甩开美洲的土著人生产者，自行开辟大型烟草田。从此之后，烟草的生产商换成来自英格兰的种植园主，烟草贸易的利润落入英格兰人手里。由于烟草需求增加，在17世纪第二个十年开辟殖民地已不再只是投机风险事业。海狸毛皮资助了法国人在美洲北边的探险活动，烟草则为英格兰人移民弗吉尼亚，侵占当地土著人土地提供了资金。

　　但是，烟草要成为商品作物，还得有其他因素来加持。烟农发现光靠自家人丁，还不足以应付烟田所需的农活。耶稣会士虽然已经在南美洲说服印第安人在烟田工作，但大部分印第安人不愿干这个活。就算是强逼，他们也会在晚上溜走。解决之道乃是找到无法反抗，只能乖乖干活的人力，也就是奴隶。向来善于看出哪种风险事业有利可图的荷兰人，抢先投入这一行。由荷兰政府授权成立的另一家公司，西印度公司（Westindische Compagnie，简称WIC），从17世纪30年代起，在南大西洋的两岸都打下坚固据点，并利用这项地利，在非洲买奴隶，卖给加勒比海、巴西的烟田主人。随着其他商人投入贩奴生意，荷兰西印度公司在大西洋两岸的殖民地于17世纪40年代失守大半，但在17世纪最后的二十五年之内，撇开驶往南美洲的奴隶船不算，西印度公司驶往加勒比海的奴隶船，一年就有三到四艘。

　　随着这种新的劳动力安排问世，新的贸易体系跟着诞生。烟草（还有糖）这一作物给美洲殖民者带来利润；非洲的奴隶提供人力，使殖民者得以借助种植园生产作物；南美的白银被拿来购买商品，由欧洲和美洲流向亚洲。当时的三大商品——白银、烟草、用来开采银矿和采收烟叶的奴隶——共同为美洲的长期殖民化奠下基础。其他商品也渐渐纳入这种跨国安排，从而使欧洲得以在接下来三个世纪主宰大半个世界。

烟草传布全球一事，当时已经有人注意到。英格兰剧作家托马斯·德克（Thomas Dekker）写了讽刺时髦年轻男子浮夸作风的剧作，于 1609 年出版。德克在剧作中如此请求烟草："指定我为你的继承人，以便我继承你吞云吐雾的美事，进而把那美事传播到世界各国。"只要烟草同意"让（比其他民族还高明的）高明英格兰人，比全亚洲那些牙齿最白的黑人，更精于区别你的特立尼达烟卷、烟草叶和管烟 [1]"，喜爱抽烟的英格兰人很乐于看到每个人抽烟。让全世界的人都成为抽烟一族并无妨，但是请让英格兰人成为烟草方面最高明的鉴赏行家，成为烟草振奋人心之特质的唯一受益者。

德克推断烟草不久后就会传播到"世界各国"——特别是亚洲——确有先见之明。但他做此预言稍嫌太早，无法知道中国会成为最大的抽烟国，是继英国之后更具潜力的烟草市场。烟草传入中国之后，英格兰人眼中那个讲究节制的美事，很快就变成英格兰人眼中放纵无度的恶事。19 世纪有位走访中国的英格兰女士，理直气

---

[1] 德克在此描述某种雪茄：烟叶卷成扎实的管状，将其塞进壳子（pudding）里，然后抽其烟。抽烟这事，乃是德克幽默的一部分，在伊丽莎白女王一世时代，pudding 是阳具的俚称。Trinidad 则指称来自特立尼达的烟草。

壮地批评中国人的抽烟嗜好，说中国人"像土耳其人一样爱抽烟"。这不是恭维。她认为抽烟无妨，但不能像土耳其人或中国人那样没有节制。

烟草经由三条路线传入中国，分别是经葡萄牙人之手从巴西往东到澳门，经西班牙人之手从墨西哥往西到马尼拉，还有辗转经东亚数地进入北京。第一条、第二条路线约略同时出现，烟草汇集澳门、马尼拉这两个商港之后，转进中国境内：从澳门进入广东，从马尼拉则进入福建。17世纪初，抽烟习惯无疑已在中国牢牢扎根，因为撰文记述1625年"吉亚"号船难事件的阿德里亚诺·德·拉斯·科特斯登上闽粤两省交界处附近时，已发现中国人抽烟。拉斯·科特斯在被俘第一天结束时发现这事。当时他口干舌燥，比手势表示想喝水。看守人猜出他的意思，给了他一碗热水，中国人认为喝热水比喝冷水更有益身体。拉斯·科特斯不习惯喝热水，继续比手画脚要冷水。"他们以为我要别的东西，于是拿烟给我抽。"拉斯·科特斯要的是水，不是烟，而且身为耶稣会士是不准抽烟的。他继续比画，最后，中国人一阵哄堂大笑之后，终于了解他的意思。他们端来一杯水，不是冷水，也不是热水，而是他所描述"用名叫茶的草叶煮成的温水"。这是拉斯·科特斯第一次接触茶。茶当时还未成为欧洲社会文化的一部分，但1625年时，烟草已彻底融入中国沿海地区的生活。

福建博得中国烟草故乡之名。烟草由发自马尼拉的中国船运到几个港口，其中最重要的港口是闽南沿海漳州府的进出港——月港。方以智是17世纪的杰出学者，对外来知识深为着迷，他推断烟草

于 17 世纪第二个十年传入福建——约三十年后，他扮成药贩潜入
福建，以躲避 1645 年攻占华南的清兵。方以智认为漳州的马氏是
最大的烟草加工商。马氏的生意显然做得很成功，这种新产品如野
火燎原般普及开来。"渐传至九边，皆衔长管而火点吞吐之，有醉
仆者。"

方以智以淡肉果一词指称烟草，淡肉果是"植物淡巴菰的肉质
果实"。淡巴菰是菲律宾的华人替烟草取的名字。他们根据西班牙
语的 tabaco 一词粗略转译，而 tabaco 一词又是西班牙人从加勒比海
地区对中空芦苇秆的称呼转译过来，因为加勒比海土著人抽烟时，
是将丝状烟叶塞入芦苇秆中抽。淡巴菰一词外国味太重且别扭，于
是中国人从燃烧冒烟这角度，将它改名为烟，并使用"吃烟"一词。
有个中国人从 17 世纪末往前追溯，怀疑"烟"这个词是日本人所造。
这个说法不无道理，因为烟草传入中国的第三条路线会辗转经过日
本。但日语里的"烟"是借自汉字的外来语，因此要厘清"烟"这
个字到底是由中国传到日本，还是由日本传到中国，几乎已是不可
能的——目前中、日两地都还使用这译名[1]。

当时中国的读书人极力想弄清楚烟草的原产地。有人认为它原
产于菲律宾，因为烟草是从菲律宾传到福建的。有人怀疑菲律宾人
"其种得之大西洋"——中国人以大西洋泛称欧洲人所来的遥远地
区。有好几千福建人在马尼拉与西班牙人做买卖，知道西班牙人从

---

[1] 19 世纪时日本人弃烟管，改抽纸烟，随之不再用"烟"这个汉字指称烟草，但"烟"
这个字仍保留在日本汉字的禁烟标志上："禁煙"。

名为亚美利加（美洲）的地方横渡太平洋过来，因而有可能知道烟草种子来自该地。但这些人不是写日记或撰文发表的人。谈到对烟草的理解，在知识分子与平民百姓之间的认知落差方面，17 世纪的中国和 17 世纪的欧洲一样的大。

习惯从福建往内陆，并循着海岸往北传播。据 17 世纪末的叶梦珠在《阅世编》卷七所记，烟草在 17 世纪 30 年代传抵上海。叶氏劈头写道："烟草也，其初亦出闽中。"但他未费心去思索烟草又从何处传入福建。"予幼闻诸先大父云：福建有烟，吸之可以醉人，号曰'干酒'，然而此地绝无也。"他接着又说，"崇祯之季，邑城有彭姓者，不知其从何所得种，种之于本地。采其叶，阴干之，遂有工其事者，细切为丝，为远客贩去，土人犹未敢尝也。"1639 年北京明令禁种烟草，上海也贯彻此令。叶梦珠写道，这道禁令"谓流寇食之，用辟寒湿，民间不许种植，商贾不得贩卖。违者与通番等罪"。禁令在上海收到效果。彭氏成了第一个遭到告发的人，别人也就不敢种植烟草了，但为时不久。叶梦珠说不到数年，"军中莫不用烟，一时贩者辐辏，种者复广，获利亦倍"。种烟草可获利，但未能取代棉花成为上海的主要商品作物。"此地种者鲜矣。"叶梦珠在这段笔记最后如此写道。

烟草传入中国的路线，除了从澳门到广东、从马尼拉到福建这两条之外，还有一条。这条路线其实是第一条路线的延伸，但比第一、第二条都复杂，系以澳门为起点，沿途辗转经过四站。第一站是日本最南的港口长崎。从澳门来的葡萄牙商人带来烟草，在日本引起轰动。在长崎负责英格兰贸易站（但不久就被迫撤走）的理查德·科克斯（Richard Cocks），惊讶于烟草在当地风靡的情形。科克斯在日记里写道："看到那些日本人，男女小孩，那么着迷于喝那药草，真觉不可思议。从它初传入该地，还不到十年。"他在1615年8月7日那天的日记里记载，当地领主下令禁止抽烟，所有烟草株连根拔除，但徒劳无功。烟草已如水银泻地般传入日本文化，非官方禁令所能阻挡。

根据科克斯所记"从它初传入该地，还不到十年"，可以推断烟草约在1605年传到日本。传入日本后，很快又传到第二站——朝鲜。根据1653年在朝鲜发生船难的某个荷兰人的说法，这段转移毫无耽搁。他看到当地人抽烟，大为惊讶。接待他的朝鲜人告诉他，他们抽"南蛮草"（南蛮，意为南方蛮夷，为日本人对葡萄牙人的称呼）已有五十年。从朝鲜再传出去，就来到第三站——满洲。满人很快就染上烟瘾，烟瘾大到有个19世纪的法国传教士据此认为，抽烟是满人强加于汉人的"习惯"之一。皇太极对麾下部众抽烟抽得如此之凶，并不是很高兴。1635年，皇太极发现士兵为了买烟而卖掉武器之后，更下令禁烟。

放眼全世界，忧心抽烟危害经济的统治者也不只皇太极一人，而颁布禁令却徒劳无功者，也不只有他自己。在1633年，苏丹穆拉德四世下令奥斯曼帝国全境禁止生产、贩卖、消费烟草（还有咖啡），并加重刑罚，违者处斩，结果士兵照样抽烟。在这之前一年，丹麦国王克里斯蒂安四世下令禁止携带烟草进入挪威，因为深信那对他的子民有害。十一年后，克里斯蒂安四世以禁令无法施行而予以撤销。皇太极则比克里斯蒂安四世早了两年撤回禁烟令。穆拉德未撤回禁令，但随着他于 1640 年去世，禁令也自动失效，比欧洲挪威、中国满洲两地正式撤销禁令还早。

　　第三条路线的最后一站是华北，特别是北京。北方人称烟草为"南草"，但是因为烟草从东北传入关内，有些中国人因此认为烟草原产于朝鲜。1637 年时，在北京最贵的两种烟是福建烟和满洲烟。杨士聪就是在北京看到有人抽烟之后，怀疑抽烟习惯的出现和调派来京抵御满人的南方士兵有关——也是在北京看到野沙鸡时，联想到北方边境可能有事，满人就要入侵。因此第三条路线是一条环环相扣而绝无人预料的路线。它依靠葡萄牙人从巴西绵延到印度洋的果阿，再到日本的世界帝国；从日本进入朝鲜的地区性贸易网；朝鲜半岛境内货物流通远及中国满洲的贸易网；满洲与中原之间的跨边境贸易来达成目的。满人拿烟草与黄金、人参等商品和中原贸易，从中赚取丰厚利润，然后以这获利支持入主中原的大业，最后终于在 1644 年推翻明朝。

　　我们已经看到 16 世纪的欧洲人不得不提出几种说法来解释烟草这个东西的存在。在 17 世纪的中国，也有人致力于同样的问题：理解这个如此新奇又陌生的东西。

　　以姚旅来说，这位少有人知的作家写了一部如今存世极少的《露书》。他在《露书》的前半部略述他对古代典籍、文学的看法，在后半部则思索当代的事物，其中包括他对淡巴菰的看法。姚旅认定读者不知抽烟为何物，解释"以火烧（烟管）一头，以一头向口，烟气从管中入喉"。他以酒醉比拟吸入烟气的反应，形容其"能令人醉"，他还提及淡巴菰的另一个名字——"金丝醺"。姚旅说烟草原产于吕宋，从漳州的月港传入中土。他还指出漳州农民让烟草适应本地水土非常成功，以至于漳州烟草产量"今反多于吕宋，载入其国售之"。但讲究质量的人认为，本地烟草不如吕宋烟草，一如菲律宾人认为他们本地的烟草质量不如美洲烟草，也一如英格兰人认为国产的烟草不如弗吉尼亚烟草。在中国境内，福建烟草被视为上品。"自后吴、楚地土皆种之，"张介宾在《景岳全书》里写道，"总不若闽中者，色微黄，质细。"但即便是这两地的次等烟也都有销路。

对于如此美妙的东西竟是不折不扣的舶来物，有些中国读书人并不是很能接受。他们倾向认为烟草原产于中国，于是翻索古代文献穷碧落黄泉，希望能找到烟草是中国之物的铁证。例如诗人、画家吴伟业，对于"烟草自古未闻"这个普遍说法就无法释怀。最后他在《新唐书》里找到关于"圣火"的记载，据此证明中国人在 5 世纪就已在抽烟。[1] 所以 17 世纪开始抽烟，只是重拾古代习惯而已。这当然不是事实，但那是吴伟业面对烟草舶来出身的事实借以自我释怀的办法——实则欲借由相信抽烟习惯是不折不扣的中国之物，以否认文化互化的事实。

欲替烟草在中国文化里找个名正言顺的安身之地，更有效的办法乃是主张烟草在中药里可有一席之地，而在烟草传入中国之初，就有许多人那么主张。毕竟烟草能引起强烈的生理反应，那么何不将之纳入既有的药草体系呢？例如姚旅深信烟草"能辟瘴气"。他

---

[1] 译注：根据吴伟业《绥寇纪略》，圣火出于齐武帝永明十一年，即公元 493 年。

还说将烟叶捣成膏状，抹在头皮上可去头虱。方以智同意烟草具有药性，但担心其燥性太强，用之伤身。它"可祛湿发散，然久服则肺焦，诸药多不效，其症忽吐黄水而死"。

早期钻研烟草药性最深者，当属 17 世纪初的杭州名医张介宾。张氏不知该把烟草归在哪一类。最后他在药典里误将烟草与生长在沼泽环境的植物列为同类，但那是他晚期所增补的部分。张介宾在书中替所有的条目依序编号，在"七十七""七十八"这两个条目之间设一科目介绍烟草，我们可以将其看作"七十七 +"。张介宾先描述烟草的味道和特性，然后扼要地介绍烟草可治的病症，以及在哪种情况下忌用烟草。在槟榔果一条，张介宾提醒读者参照论烟草的部分，并指出这两种植物都会致瘾，致瘾现象特别见于南方人，但槟榔果性较温和，较宜用来治疗消化疾病。

张氏展现科学家的实验精神，试了抽烟的滋味，但未上瘾。他说烟草味苦，抽几口后的感觉并不舒服，犹如喝醉，而且要颇长一段时间才会消退。对于想消除抽烟的感觉，张介宾建议服冷水或白糖。这两者皆属性凉，能中和烟草近乎纯阳的特性。张介宾认为只要不吸食过量，烟草有助于祛痰、祛瘀、壮胃气、促进循环。但若服用过多，则弊大于利——就这点而言，烟草和其他药草并无二致。

烟草最终摆脱掉人们从药理学和植物学角度所加诸其身的虚幻解释，有关吸食过量会呕出淡黄汁液的不祥预言也只是无稽之谈。特别是在禁令形同具文之后，中国境内抽烟人数大增。17 世纪末的上海文人董含对这个现象感到好奇，他先指出在 17 世纪 40 年代之前，福建以外之地，抽烟的人百有一二。但是后来抽烟习惯扩及整个长江三角洲，先在城市生根，然后传入乡村，先流行于男性，然后女性也开始抽烟。董含在世的时候，递烟招待宾客已是基本礼仪。至于这为什么发生，他是否也抽烟，董含未有说明。他只是一语带过，"习俗易人，真有不知其然而然者"。

对于士农工商各阶层、各年龄层的男女都迅速抽起烟来，其他作家的看法大同小异。有个药理学家就说："普天之下，好饮烟者，无分贵贱，无分男妇。"就连幼童也染上这习惯，特别是福建的幼童。19 世纪来到中国的欧洲人见到八九岁女童口袋、小包里带着烟管、烟草，大为惊讶。如果说女童还没染上抽烟习惯，至少也是为了装大人而带上这些烟具。

上层妇女特别爱抽烟。有个 18 世纪的作家写到苏州官绅人家的习俗时，记载了他观察到的奇特现象，从中我们可一窥流行于上层仕女之间的抽烟习惯。苏州的官绅人家女子，似乎从早到晚都在抽烟。她们的社交行程非常紧凑，要在繁忙的白天——特别是早上——挤出时间满足烟瘾，就变成迫切之事。那位作家写到，苏州仕女要先抽几管烟才肯起床。如此一来，就会耽搁到烦琐但又必要的梳发、化妆，为此，她们叫婢女趁她们还在睡觉的时候，先替她们梳好头发，这么一来就可腾出起床前的抽烟时间。这个景象着实有些难以想象。

中国的女性或许抽得跟男性一样凶，但中国人认为男女体质有别，因此抽烟对男女的影响也会有所不同。男性属阳，较能抵御烟之燥性。女性属阴，体质湿，可能为烟草的燥性所伤。严格来讲，并非只有女性要小心，因为男子的阳性会随着年老而变弱，因此上了年纪也最好别抽烟。女子和老人若要抽烟，可用较长的烟管，借此降低烟草的阳性。中国烟管一如欧洲早期的烟管，乃是仿自印第安人的烟管，但随着时日演进，烟管愈来愈长，女子所用的烟管更是长到几乎不可置信。18世纪有位女诗人，姓名不详，只以吕氏之妻为后人所知。她就写了一首打油诗，揶揄用这么长的烟管抽烟，在梳妆室里颇为不便：

> 这个长烟袋，
>
> 妆台放不开，
>
> 伸时窗纸破，
>
> 钩进月光来。

还有一个办法可缓和烟之燥性，就是让烟通过至阴之物——水——以降低烟的辛热，水烟管因此受到青睐。水烟管最早出现于奥斯曼土耳其世界，但是中国的水烟管只供女性使用，这是两地不同之处。事实上，做工精细的水烟管还成为仕女的象征。在19世纪，凡是有点身份地位的女性，都不屑使用毫无装饰的烟管抽烟。旱烟管则只限男性和下层人士使用。工厂大量制造的香烟在20世纪初问世，与烟管展开漫长的市场争夺战，此时时髦心理再度成为左右流行的机制。在当时，男子或许改抽起香烟，但女子抽香烟则是伤风败俗。但是到了20世纪20年代，见过世面的城市女性绝不会让人看到她抽烟管。乡下的老太婆才抽烟管。

女性以符合自己习惯的方式，将烟管融入自己生活，男性亦然。

有地位教养的男子特别在意于让抽烟符合高雅喜好的要求。虽然他们嗜烟成瘾，但仍希望抽烟被视为有地位教养的人应有的雅好，而非贩夫走卒的习性。由于抽烟已成普遍的习惯，要如何借抽烟来标榜自己的身份地位，一开始并没有明确的做法。但一套惯例渐渐发展出来，赋予抽烟独树一格的高雅风范。首先，要买比较昂贵品牌的烟草，因为价格被视为区分高尚玩家与一般消费者的标准。但那还不足以截然区分上层雅士和平民百姓，因为在这个标准下，就算没有品位，只要有钱仍能进入这个雅士圈。必须针对这些活动本身，发展出足以区隔雅士与暴发户的仪式。雅士享用烟草的方式，必须有别于一般人。

他们替自己的抽烟嗜好做了另一番包装，其中一个办法就是把无法自拔的烟瘾解读为真雅士的表现。有个出身上层阶级的人表示，抽烟之于雅士"刻不能少，终身不厌"。我们今日一般认定烟瘾是个缺点，而非专注执着的表现。雅士抽烟不是因为喜欢抽烟——毕竟每个人都喜欢抽烟。雅士之所以抽烟，乃是因为敏感的本性使其成为"烟客"，也就是烟奴。通过亲身体验，高尚雅士认识到抽烟的欲望是值得称道的癖好，是他的纯洁本性所不愿让他错失的东西。对今日的我们而言，那似乎是在尼古丁成瘾这个观念问世之前，以下里巴人所无法理解的高深方式解释何为尼古丁成瘾。但对当时中国的文人雅士而言，那不只是如此。那是深深根植于帝制晚期的中国的特殊人文规范里，用以标举社会地位的指标。

以这个烟瘾观为中心，文人雅士的抽烟文化发展成形，并得到诗人颂扬。17、18世纪以烟草为题的诗，有数百首传世。著名诗人沈德潜写了一组抽烟诗，把抽烟推崇为最高尚的消遣、最高雅的休闲，远非市井小民所能体会。出现在这些诗里的市井小民，绝对都是仆人，而非抽烟的人。以下就是他描写其象牙烟管的诗：

> 八闽滋种族，九宇遍氤氲。
> 筒内通炎气，胸中吐白云。
> 助姜均去秽，遇酒共添醺。
> 就火方知味，宁同象齿焚。

烟也反过头来赋予这位诗人一个意象，一个让他得以将抽烟与云朵、道家仙人所居的天界乃至宇宙——全是凡人无法体会之物——结为一体的意象。另一首诗以类似手法，从烟联想到召唤灵魂，烟草散出的烟犹如祖先牌位前缭绕的香烟：

> 返魂香自淡巴来，胜国时曾遍地栽，
> 却笑前人都草草，烟云世界自君开。

这两首诗都出现在一部以抽烟为题的诗文集中。诗文集成于18世纪，由陈琮所编。此人乃一雅士，住在上海西边，过着闲云野鹤一般的生活。陈琮在世时以诗闻名于当地，但他最为今人所知的著作，乃是《烟草谱》。抽烟是他毕生一大嗜好，而对于自己为何如此嗜烟，他唯一想得到的解释，就是前世因缘。他猜自己上辈子想必是和尚，"结前缘之香火"，因此这辈子要吸烧出来的烟。在《烟草谱》中，他选录了沈德潜等杰出诗人的作品，但也收录了他请朋友特别为此书写的诗。有个朋友应邀写了《来客》，描述陈琮登门拜访的情景。基于礼貌，他理所当然递烟招待来客：

> 小盒轻携客到时，十年心事此君知，
> 生来自有生花笔，谱出烟云合一枝。

如果说陈琮是抽烟文学史料的编纂者，那么抽烟品味的高下，就是由陆耀来裁定了。他在 1774 年写成《烟谱》，除了教人如何抽得优雅有品位，也翔实记载了各种抽烟习惯。"近世士大夫无不嗜烟"，陆耀这么写道，"……酒食可缺也，而烟绝不可缺"。由于人人抽烟，要想抽得有教养，就有必要懂得如何抽才有品味，以免沦为贩夫走卒之流。抽烟是个性的表现，抽烟时必须表现出抽烟者的社会地位。因此，陆耀此书的主旨，乃是使抽烟成为雅好。为此，他列出好几份抽烟得体与不得体的清单：何时宜抽烟，何时忌抽烟，何时该忍住烟瘾，何时可抽烟而无失礼之虞。他提及"乃至妇人孺子亦皆手执一管"，但他的抽烟指南不是为他们而作，而是为与他同样社会地位的人而作。

清朝乾隆、道光年间的蔡家琬也写了一本《烟谱》，清楚列出宜抽烟的时机：刚起床时、餐后、招待客人时。他也主张抽烟可促发写作灵感，一如当时许多人所认为。"高轩作赋，濡墨吮毫，思路未开，沉吟独坐，熏服名烟，不无小补。"但有些时候绝不宜抽烟，例如听弦乐，或赏梅，或行仪式之时。他提醒读者，在皇上面前绝陈琮像，出自他的《烟草谱》，清嘉庆二十年（1815）刊行。

对不宜抽烟，与"美妇"——他指的是情妇——翻云覆雨时也是不宜。

陆耀的《烟谱》也提出许多实用的建议。骑马时勿抽烟。可以把烟袋和烟管塞进腰带里，以便到了目的地后可以抽烟——忘了带烟的话，到时自己就难堪——但下马之前不要点烟。走在落叶上时，不是点烟的好时机，站在旧纸堆旁，也是一样。陆耀还提出保面子的抽烟礼仪。咳痰或气喘未定时勿抽烟。如果几次点烟都点不着，就把烟管搁下，换句话说，别为了抽烟而出丑。最后一个抽烟大忌，则是针对急于想逃开的社交场合。如果有客人来访，而你不希望对方久留，那就别递烟招待，以免他久久不走。

到了19世纪，高尚的雅好竟突然变成大不相同的东西，而且是叫人意料不到的东西——鸦片瘾。用来提炼鸦片的罂粟也是外来的植物，但是很早以前就已在中国本土化，成为用以缓解从便秘、腹部痉挛到牙痛、全身虚弱等多种病痛的昂贵药物。但当时食用鸦片不是抽吸其烟，而是制成药丸或补剂吞服。根据记载，晚明有相当多的鸦片挂着"阿芙蓉"这个美名送进皇宫，但是是用来治病痛，而非用来吸食享乐。由于当时普遍认为凡是摄进体内的东西都会影响身体健康，因此这两者之间的分别并不明确。

16、17世纪之交，荷兰人开始从印度将鸦片带进东南亚，以可以提神——特别是提高军队士气——为卖点，在当地贩卖。当时的人深信，让士兵服用鸦片，可让他们不畏死。1605年，荷兰东印度公司以火药和六磅鸦片为诱惑，成功让特尔纳特岛（Ternate）——出产大量丁香的小香料群岛中的一岛——的国王，同意和他们通商。

因为，火药和鸦片可助他增强部队的战斗力，打败敌人。接下来的十年，菲律宾南部的穆斯林与西班牙人打仗时，据说有个被派去暗杀西班牙指挥官的刺客，在事前服用了鸦片，视死如无物。

直到鸦片与可让吸食变得顺口的媒介物相结合之后，鸦片的吸食量才大增，而那媒介不是别的，就是烟草。将烟叶放进由罂粟汁液调制成的溶液里浸泡，烟草性质顿时浓烈得多。如此调制出的烟草、鸦片混合产品，叫玛达克（madak），而那似乎被当作性质较烈的一种烟草，而非另一种不同的致瘾物。这个加工产品首次出现在中国人与占据台湾的荷兰人的贸易之中——荷兰人曾以中国台湾为基地，直到 1662 年撤出为止。于是玛达克从台湾传进中国大陆。陈琮推断，它和烟草循同样路线传入中国，也就是从马尼拉传到月港，但其实把玛达克传入中国的是荷兰人，而非西班牙人——这是17 世纪因陀罗网的另一条线。

鸦片和烟草有两个共通之处：它们都是拿来吸食的，而且都是从异地经外人之手传入中国。陆耀和陈琮都据此认为，鸦片当然可列入他们的烟草指南里，但就从那时候起，鸦片已开始脱离烟草这个宿主。18 世纪末，鸦片已经不通过制成玛达克来吸食，而是直接吸食，其做法是将小块鸦片放进烟枪的烟锅里，烟锅倾斜置于油灯上方，点燃鸦片，透过烟管吸食燃烧生出的烟。现代的鸦片吸食方法，就此成形。

根据陈琮对鸦片的了解，鸦片不只是一种较烈的烟草。对于吸食鸦片后所称的那种"极乐世界"，他如此说道："鸦片之美，谓其气芬芳，其味清甜。值闷雨沉沉或愁怀渺渺，矮塌短檠，对卧递吮。

始则精神焕发、头目清利。继之胸膈顿开、兴致倍佳。久之骨节欲酥，双眸倦齘。维时，拂枕高卧，万念俱无，但觉梦境迷离，神魂驰宕，真极乐世界也。"——但是否就此烦恼不起，陈琮以怀疑口吻反问："其然，岂其然乎？"[1] 陆耀对这种烈"烟"同样心存怀疑，甚至重新搬出一个世纪前中国烟草观所已扬弃的抽烟致死疑虑。

鸦片的"极乐世界"乃是在 19 世纪的一波全球化大浪潮之中，许多中国人所选择进入之地。英格兰商人为了解决从中国买进大量茶叶所造成的贸易赤字，将鸦片从印度输入中国（英国人也开始在印度广辟茶园，以缩短运输距离，进而减少运输成本）。而中国商人也乐于零售这种有利可图的商品，将之推销到全国各地。鸦片将如烟草一般，长驱直入中国社会各个阶层，以强逼手段促成一场更为骚动不安的"文化互化"，直至今日，那场"文化互化"仍叫中国人引以为辱，仍是中国受西方列强侵逼的永久象征。

下面的一首诗显示鸦片如此成功地进入中国，并达到"文化互化"。它引用了道士对烟草的所有典型比喻来本土化这一药物。这首诗出现在一个叫作《祝哀集》的小册子里。这个小册子收集了适合在朋友去世后吊唁所使用的诗词及对联。每首诗都针对一个特定的情况。书的最后一部分以死因分类。下面这首诗针对的是吸食鸦片过量而死，它显示了鸦片的味道是多么彻底地依附在这个接受它的文化之上。

---

[1] 编注：本段引文出自俞蛟《潮嘉风月记》一篇，陈琮将其选编在《烟草谱》之中。原文前有"友人姚春圃尝为余道"一句，故此处是姚讲述，而俞表示怀疑。作者均视作陈琮。

吞霞饮瀣亦嚣然，罂粟香巾已证仙。

自有泥来封白骨，奚无灯去照黄泉。

功夫了命凭枪管，口决留心在火烟。

乘鹤跨风何处好，但沿洋烟到西天。

如今，鸦片所予人的浪漫怀想早已是过往云烟。全球抽烟的漫长历史正跟跄步入尾声。但我们应切记，禁绝烟害其实是相当晚近的事。1924 年，烟草在世人眼中并非该谴责或摒弃之物。德国博学之士贝特霍尔德·劳费尔（Berthold Laufer）在那一年出版一本论亚洲烟草史的小册子，以歌颂抽烟作结。"大自然所赠予的诸多佳礼中，烟草一直是最有力的社会因素、最有效率的和平缔造者、人类最大的恩人。烟草已使全世界人趋于相近，促成四海一家。在诸多奢侈品中，它是最平民、最普及的。对世界的民主化，它是一大功臣。烟草这字眼已渗进世界所有语言，且世界各地无人不知，无人不晓。"如今全球的抽烟人口可能还有数亿之多，但今人已不再对烟草抱有这种情怀。享乐与健康如今分道扬镳。

但在 17 世纪全球抽烟人口增加之时，抽烟的人毫不怯于表达发现抽烟之乐的喜悦，留下许多感谢烟草赐予他们生活乐趣的证词。1650 年，意大利都灵市民表演的一场烟草芭蕾舞剧，就是其中较热情且较出人意料的见证之一。这出芭蕾舞剧的第一幕，先由一群做土著打扮的镇民登场，载歌载舞地歌颂上帝赐予人类如此美妙的植物。介绍美洲的书籍在当时的欧洲很流行，那位剧作家或许从那些书籍的印第安人习俗插图里，得到这个场景的构想［这类洋溢着浓浓异国风情，公开演出土著习俗的活动在当时就很风行，特别是如果还有真正的土著出场演出的话。约翰·莫瑞泰斯（Johann Maurits）利用在巴西经营大种植园所赚的钱，在海牙建造了日后成为莫瑞泰斯皇家美术馆的豪宅，而在该豪宅的入住典礼上，他就请了十一名巴西印第安人在前门外大鹅卵石铺成的广场上，跳舞庆祝。] 那出芭蕾舞剧的第二幕还有一组市民出场，身穿世界各民族的服装。那场哑剧想必有一人会穿上中国服装。在范·梅尔滕那只盘子上有个在抽烟的中国人，因此，在都灵的那出芭蕾舞剧里，大概也有这样一个人物。那出戏的最后，世界各文化的代表一起走到抽烟学校，坐下，恳求第一组表演者教导抽烟的好处。

第六章　称量白银

　　维米尔画出《军官与面带笑容的女子》《在敞开的窗边读信的年轻女子》，已过了八年。在这段时期，妻子卡塔莉娜·博尔涅斯有大半时间都有孕在身。如果我没猜错，那两幅画中的女性果真是以她为模特而画成的话，那么，当维米尔画《持秤的女人》（*Woman Holding a Balance*，彩图 6），她再度进丈夫的画室充当模特的时候，卡塔莉娜似乎又怀孕了。这时的卡塔莉娜看起来老了一些，三十出头的她，姿态或举止已不复少女模样，情感变得较为内敛。在前两幅画中，她沉浸在青春的昂扬里；如今她静静专注于眼前的工作，一派从容。在这幅画里头，维米尔关上画室的下层百叶窗，让窗帘盖住上窗，遮住窗外大部分的光线，使房间变暗，以削弱他前几幅画里画室中那种跃然纸上的生气。卡塔莉娜拿着秤，一只手分毫不差地放在此画的焦点上，但是我们看画的目光落在她脸上。她镇静自若、近乎面具般的脸，平静而专注，吸引着我们的目光。我们的目光或许会射向发出冷光的珍珠项链和随意披垂在珠宝盒边缘的发亮的金链，但最终还是会回到她脸上。

　　画中唯一传达动感的东西,是挂在卡塔莉娜后面墙上那幅佛兰德斯风格的描绘最后审判的画。她的头和身躯上半,框在基督所预见的末日景象里,基督举起双臂,召唤死者复活接受他的审判。基督的圣座在她头顶正上方熠熠生辉,她两侧的凡人翘首向天,嚷着求救。相较于墙上绘画的生气勃勃和激烈动作,卡塔莉娜显得和那幅粗框油画旁边刷白的墙面一样平静、若无其事。那幅画中画的用意,在于将观者引向明辨是非这个主题。行事正派的人,必定像基督于末日审判时权衡善恶一般,小心权衡自己行为的得失。维米尔甚至还有意要我们观察卡塔莉娜的轻柔姿态,要我们从中想起替可怜的罪人求情,希望上帝让罪人也能进入天堂的圣母玛利亚。

　　善恶审判的寓意明显可见。但我们暂且撇开画中人的象征意义不谈,把焦点转向那女子当下在做的事情。她拿着秤,准备称东西,但是称什么呢? 这幅画一度被称作《称珍珠的女人》,但名称与内容不符。桌上有一两串珍珠没错,但那是随意搁在一旁的东西。没有单个的珍珠等着称重。桌上她唯一可能拿来称的东西,只有她左边靠近桌沿的硬币:四枚小金币和一枚大银币。这幅画画的是准备称钱的女子。当时的人会比我们更容易看出这个主题,因为那是当时荷兰画家很平常的作画主题。甚至,维米尔可能向他代尔夫特同乡画家彼得·德·霍赫(Pieter de Hooch) 所画的一幅较没那么出色的画作,袭取了此画的主题乃至构图。

　　1699 年拍卖维米尔女婿的收藏时,维米尔的画作也在拍卖之列,当时,这幅画挂名《称金子的年轻女子》。拍卖清单列出的这个画名,使我们更逼近画的主题,因为 gelt 是“钱”的日耳曼语。称量硬币不是我们今日会做的事，但在 17 世纪，则是经济交易不可缺少的一环。当时的金、银币较软，重量会随着使用而渐渐磨损、变轻。因此，细心的人家不得不称钱币的重量，以确认真正的价值。若有标准货币通行，这项工作就无关紧要，但当时还没有。尼德兰联省共和国以荷兰盾作为计价的标准货币单位，但是在 17 世纪 60 年代维米尔画这幅作品的时候，在流通的并不是真正的荷兰盾，而只是达克特银币（ducat，1 达克特重 24.37 克）。荷兰盾（重 19.144 克的纯银）在 16 世纪中叶就已经发行，但是在之后就为其他硬币——一些西班牙币和一些荷兰币——所取代。所幸，对于正在急速发展的商业经济而言，一种钱币为另一种钱币所取代，并不妨碍金钱的主要功能，即标定物品的相对价值。在这些计算中，唯一不变的乃是钱币中所含贵金属的价值，而非钱币的面值。但没有一个欧洲国家像当时的中国，容许商人根据未经铸造的白银的重量设定价格。在荷兰共和国，每样商品都有以荷兰盾订定的价格——即使在没有荷兰盾流通的时候亦然——且购买商品时必须以钱币支付。1681 年，管辖代尔夫特地区的荷兰省政府决定重新启用荷兰盾（价值改定为重 9.61 克的纯银）。比荷兰盾大得多的达克特银币在尼德兰其他地方又继续流通了十年，最后整个共和国都改用荷兰盾。

　　卡塔莉娜桌上那枚银币画得不够清楚，无法确认是哪种银币。后人推断此画创作于 1664 年，据此判断那比较可能是达克特，而非荷兰盾。大小是唯一可见的特征，借由审视钱币的大小，可确认这是不是达克特银币。它比旁边那几枚金币大得多。当时银币铸造成多种重量、多种面额，但流通于尼德兰联省共和国的金币大部分是同一种，也就是达克特金币（重3.466克）。一枚达克特金币约值两枚达克特银币。银对金的比价约为十二比一，因此达克特金币的重量应该约是达克特银币的六分之一。这和摆在桌角那些金币、银币之间的大小差距，似乎约略相符，由此间接证明，卡塔莉娜那枚银币的确是达克特银币。

对荷兰货币有所了解，并未使我们偏离明辨是非这个贯穿此画的主题。那名女子在称量她的钱币，同时也在根据复活时等着她的上帝审判，权衡她自己的行为。没错，有些艺术家借由女子称量钱币这个形象来谴责时人对白银的执迷，而不只谴责追名逐利的罪恶。但那不是这幅画所要表达的。维米尔无意要我们谴责卡塔莉娜。他让她沐浴在光线之中，把她打造为可信任而有良心的人物。她是在处理钱，但她计算家中钱财一事，就和她身怀六甲所表示的繁衍后代一事同样可敬。维米尔对此的立场是正面且肯定的，符合17世纪荷兰社会积聚财富这个新伦理。当时资本主义经济正在成形，赚钱是美德，只要赚之有道即可。至少当时荷兰中产阶级对此信之不渝。就连画中的基督似乎都在肯定卡塔莉娜计算账目的行为。

卡塔莉娜桌上那枚大银币，是我们进入17世纪中叶世界的下一道门。在那道门另一头的长廊尽头，我们将窥见当时最重要的全球性商品——白银。白银在当时的经济里扮演要角，凡是接触到白银的人，其生活都受它影响，包括卡塔莉娜在内。

维米尔生活在日后所谓"白银世纪"的尾声，而白银世纪始于1570年左右。在那之前，从未有如此多的这种贵金属，通过旅人的行囊、牲畜、河船，还有最重要的，通过中国式帆船的货舱和不断往返于全球各海域的欧洲武装商船，四处流通。突然之间，流通于市面的白银多得前所未见；突然之间，每样东西都可以根据其相应于白银的价值来买卖。在17世纪中叶，有个英格兰作家说16、17世纪之交时，烟草的销售是"等重的烟草换等重的白银"，这种夸大说法乃是刻意要让一般人吃惊。用白银买东西，也可能被视为愚蠢至极的行为，一如托马斯·德克在1600年的一出剧作中，通过某个角色挖苦爱抽烟的人是"将大笔钱化成烟烧掉的蠢蛋"时所表达的。

白银加诸全球的影响力，让真正思考这个现象的人不得其解。白银可用于装饰，但其实际用途有限。大部分人都想获得白银，但是这么做纯粹是为了得到其他的东西。白银本身的价值完全是随意的，并无道理可言。

在当时从欧洲到中国的卫道之士眼中，白银创造了财富的假象，而非财富本身。用明朝天主教徒徐光启的说法，白银"饥不可食，寒不可衣"。关心人民福祉的君主，应关心人民是否丰衣足食、有足够的恒产，而不应关心人民是否有足够的白银。这个指导原则的缺陷在于它不适用于完全商业化的经济。如果每样东西都可以用白银买卖，那么白银就是人不可或缺的东西！与此相对，在局部商业化的经济里，一旦白银供应枯竭，或是物价因饥荒而飙高到一般人负担不起的话——这在17世纪时仍时常发生——白银就无用武之地了。而在17世纪，大部分人就置身在这样的经济里。一旦经济里有白银流通，不管是要购物或付税，大部分人除了用白银之外，别无选择。而欲取得白银，除了卖东西或劳力，也别无选择。白银变成必要之物。

随着经济扩张，创造出白银的庞大需求，白银渗入欧洲和中国两地的日常交易里。为补充不足的货币供给，中国需要输入白银，为了购买亚洲的货物，欧洲人必须输出白银。中国与欧洲的需要，创造出白银需求，从而促使日本和南美成为两大供应来源。17世纪的全球经济，就围绕着这个供需结构而形成。白银是当时最理想的货物，而且它出现得正是时候，将分处异地的地区性经济连成一个为今日全球处境奠下模式的跨地区交易网。

卡塔莉娜的银币，是用来自哪里的白银铸成的？日本是17世纪白银生产大国，而日本的白银有许多经荷兰商人之手输出，因为当时日本只允许荷兰人与其通商。但那些白银几乎都没运回欧洲。荷兰人买进的日本白银，完全在亚洲区域市场转手图利。因此卡塔莉娜那枚银币里的白银成分，很可能不是来自日本。在日耳曼和奥地利，有近得多的银矿，但那些银矿的产量只占当时全球产量的百分之五，而且大部分流入欠缺现金的东欧。所以那也不可能是日耳曼产的白银。如此一来，唯一可能的来源就只剩下另一个全球级的主要产地——西班牙掌控下的美洲，而那要不是新西班牙（今日的墨西哥），就是秘鲁（17世纪的秘鲁涵盖今日的玻利维亚）。

为了标出清楚的路线，不妨假设那些白银来自秘鲁境内的玻利维亚，更具体地说，来自17世纪上半叶产量高居世界之冠的矿城波托西（Potosí）。

波托西坐落在海拔四千米的林木线之上，安第斯山区的人称那里是 puma，意为"不适合人居住的地方"。一座犹如巨大蜂巢的山，矗立在刮着大风的荒凉平原上，名叫里科峰（Cerro Rico），意为"富裕山"。若非有高质量的厚银矿脉分布于此，这里大概会永远是"不适合人居住的地方"。西班牙人征服此地之前，印第安人已在开采这里的银矿，但他们对贵金属的需求有限。西班牙人则不然。1545年在印第安人带领下，首次有西班牙人来到这里。看到山中银矿那一刻，他们认为自己最异想天开的梦想顿然成真。高原环境恶劣，但是为了开采这山上的宝藏，他们毫不退却。最初他们招募印第安人开采，但印第安人知道那工作有多么危险又无利可图之后，纷纷打退堂鼓，西班牙人于是施行了强拉民工的徭役制度（mita），迫使印第安人进矿场干活，一些印第安人为此甚至被从八百公里外强征至此。

波托西几乎在一夕之间成为美洲最大城市。头几十年，矿藏丰富且易开采，该城人口大增，至 1570 年已达十二万人。欧洲、南美各地的人，来到这不毛之地工作——生产白银或供应城市所需的货物和服务。矿场的产量不可能永远如最初开采时那般，但即使产量在 17 世纪缓缓下跌，波托西的人口仍是有增无减，到了 1639 年逼近十五万人，此后则人口渐减，17 世纪 80 年代时跌破十万大关。

繁荣持续不坠的时候，矿场老板获利惊人，英语里都出现了"富如波托西（as rich as Potosí）"这个词组。凡是住在里科山山脚的人，无不抱着发财梦，但发大财或穷途潦倒，取决于包括种族身份、社会关系、资本、运气在内的种种因素。由于财富来来去去，身处于极富与极贫之间的人，很多时候靠暴力来解决争端：西班牙人与印第安人之间的暴力、西班牙出生的白人和美洲出生的白人（即克里奥尔人）之间的暴力、少数民族派系之间的暴力，特别是往往掌控矿砂精炼厂的巴斯克人（Basques）与其他少数民族之间的暴力。一件小意外或有辱颜面的事情，就可能让整个波托西城陷入混乱。出生于美洲的玛丽亚娜·德·奥索里欧（Mariana de Osorio）在1647年结婚，但在婚礼当天，她拒绝了来自安达路西亚的父母替她许配的巴斯克男子，转而接受一直通过她父亲所任职的精炼厂的克里奥尔人经理向她求爱的克里奥尔男子，一场形同内战的冲突，随之在巴斯克人与克里奥尔人之间爆发，延续了数年才结束。

波托西不只让掌控该地的人致富、让其他人拼死拼活地互斗，它还让西班牙财富大增，从而使西班牙有雄厚资金得以巩固其在南美洲的帝国，得以将势力延伸到太平洋彼岸的菲律宾，得以将美洲、欧洲、亚洲这些原本各自独立的经济体，纳入一个由数个强权实质共管的共管区（de facto condominium）。这并不是哪个人刻意促成的。面对着可以使白银流通的机会和欲望时，各人各凭本事随机应变，白银随之在全球舞台占得一席之地。

在白银还未能运输到外地时，它要在波托西铸币厂铸成雷亚尔[1]。铸成雷亚尔之后，有一半以上通过两条路线运到欧洲，即官方路线和"后门"路线。官方路线由西班牙王室掌控，往西翻过高山

---

[1] 八个雷亚尔合一个比索，一个比索值26.4487克的纯银。1728年之前，比索纯度达到0.931，使这钱币的实际重量为28.75克。英格兰人将比索（peso）翻译成piece，于是英语里出现pieces-of-eight这样的说法，意为合八个雷亚尔的比索。（译注：雷亚尔是旧时西班牙和其南美属地的货币单位。）

抵达秘鲁沿海的阿里卡（Arica）港。这段路程由动物载运，要花两个半月的时间。由阿里卡港走海路，运到北边的巴拿马，再转由西班牙船运到大西洋彼岸的卡的斯（Cadiz）。卡的斯是塞维利亚的进出港，塞维利亚则是全球白银贸易的中心。"后门"路线严格来讲属于非法线路，但因利润甚高，波托西生产的白银，有三分之一经这条路线流出。这条路线由波托西往南下到拉普拉塔河（Rio de la Plata，"白银之河"），进入阿根廷（Argentina，"白银之地"），抵达布宜诺斯艾利斯，然后由该地的葡萄牙商人用船运到大西洋彼岸的里斯本。在里斯本，葡萄牙商人用白银换取秘鲁所需要的货物，特别是那里的非洲奴隶所需要的货物。运抵里斯本、塞维利亚的白银，有很大部分迅速转到伦敦和阿姆斯特丹，但停留不久，即又出港，运到其最后的目的地，日后欧洲人所称之为"欧洲金钱的坟墓"的地方——中国。

中国成为欧洲白银漂洋过海的最后归宿，出于两个原因。首先，白银在亚洲经济体所能买到的黄金，多于在欧洲所能买到的。如果在欧洲买一单位的黄金需要十二单位的白银，那么在中国买同一单位的黄金，只需六单位或更少单位的白银。换句话说，来自欧洲的白银，在中国能买到的东西，两倍于在欧洲本土能买到的。阿德里亚诺·德·拉斯·科特斯因船难而在中国度过一年牢狱生涯，并将那段经历写成回忆录。他在回忆录中描述横跨潮州大街的六十八座牌坊时，就阐明了上述道理。他认为他的读者肯定会惊讶于那场面的豪奢，然后解释在中国建造那些石牌坊所耗费的白银，之所以比在西班牙所要耗费的少得多（其中最大的一座只耗资两三千比索），完全是因为白银在中国的购买力远大于在西班牙的购买力。由于这项优势，加上中国境内普遍较低的生产成本，将白银带到中国，买进货物回销欧洲，其获利就很惊人。

中国成为白银最后归宿的第二个原因，是欧洲商人除了白银之外，几乎没有东西可卖给中国。欧洲产品能在质量或价格上与中国产品一较长短的，只有火器而已。欧洲制造物的卖点，几乎就只有新奇。白银是唯一能和当地产品一较高下的货物，因为在中国，白银供应不足。中国有银矿，但政府严格限制产量，因为他们担心矿场的白银不受其掌控，流入私人手里[1]。中国政府也不愿铸造银币，而只铸造铜币，希望借此让银价维持在低位。但这些措施丝毫未能降低经济上的白银需求。随着经济的成长，白银需求跟着上升。到了 16 世纪，在中国，除了最微不足道的买卖之外，其他的买卖全都以白银重量来标定价格，而非以货币单位——因此，那时的中国人若是看到《持秤的女人》，大概马上就知道卡塔莉娜·博尔涅斯在做什么。称白银重量是那时中国境内日常经济交易的一环。

中国太渴求白银，因而荷兰商人带回祖国的西班牙雷亚尔，随即又朝亚洲流出。中国需要的是纯银，而雷亚尔是以类似国际货币的东西在东南亚流通，不过中国商人仍乐于收进它们。西班牙铸造的雷亚尔，银纯度稳定维持在 0.931，因此很受中国商人信赖，但

---

[1] 中国政府将产珍珠的海底也纳归国家管理，同样因为担心财富落入私人之手会危及王朝稳定。就珍珠而言，只有蜑家——广东一带的船上人家——可以在政府许可下采收珍珠。但华南最厉害的潜水采珠人，是通过自学而精通采珠本事的十岁男孩。他们潜到未遭搜寻过的海底，扳开珠蚌的壳，将珍珠含进嘴里，然后游开。

雷亚尔输入中国后的结果是被熔掉。直到战争和禁运截断雷亚尔流入荷兰之路，荷兰政府才开始自行铸币。卡塔莉娜桌上那枚达克特银币，就是为了弥补这种短缺而在 1659 年发行的货币。

荷兰人在 17 世纪用船运了大量白银到亚洲。平均来讲，荷兰东印度公司每年运输价值将近一百万荷兰盾的白银到亚洲（约十吨重）。17 世纪 90 年代结束时，一年的运量增加了三倍。如此经年累月的输出，总量非常惊人。从 1610 年到 1660 年这五十年间，荷兰东印度公司各总部所核准的输出量，逼近五千万荷兰盾，这等于将近五百吨的白银。光是想象这么多白银堆成的银山，就令人咋舌。若再加上 1640 年后的三十年间，荷兰东印度公司从日本船运到中国的同等数量白银，那座银山又至少要再加大一半。

荷兰人用这么多白银买什么？买进欧洲所没有生产而在欧洲销路甚好的商品：初期主要是香料，在 17 世纪纺织品取代香料跃升为最大宗商品，18 世纪中叶时茶叶、咖啡陆续取代香料跃上顶端。审视 17 世纪的荷兰绘画，我们可知荷兰还买进瓷碗之类的漂亮商品。荷兰人对亚洲的贸易，有几个地方令人费解，其中之一就是由荷兰东印度公司船只正式运回的货物（这当然不含"私人"船货，例如"白狮"号所运回的那批瓷器），其发票价只有所带出的白银价值的四分之一。对于如此大的出入，荷兰东印度公司并不以为忤，因为运回欧洲的货物可以高价转手卖出，其收入支付原本的投资绰绰有余。

除了上述用途之外，荷兰人的白银还用在两个方面，一是供应荷兰人在东南亚经营殖民帝国的庞大开销；一是买进可供其在亚洲其他地方转卖图利的商品。而用于后者的白银多于前者。换句话说，如此庞大数量的白银，是荷兰东印度公司赖以打进亚洲市场的资本，在此，白银不只促进全球贸易，也促进了地区内部贸易。谁能想到来自波托西的白银会有如此大的影响，最终落脚在卡塔莉娜的桌上呢？

白银从波托西往东流到欧洲，再从欧洲流到亚洲，但那并不是白银进入中国的唯一路径，甚至不是最重要的路径。由波托西往西运的白银，其数量达到东行路线的两倍。白银西运，先抵达南美西岸沿海，然后往北抵达阿卡普尔科（Acapulco），再横越太平洋抵达菲律宾的马尼拉。到了马尼拉，白银用来交换中国商品，然后被运往中国。一道白银之河将美洲的殖民经济和中国华南的经济连成一体，从一个大陆开采出的白银，被用来购买在另一个大陆制造的商品，而那些商品则被运到第三个大陆消费。

这条流动的河造福了许多西班牙人和中国人，但并非所有的人。西班牙王室官员常抱怨，"这笔财富全落到中国人手里，西班牙没分到，导致国王都收不到关税了"。为了遏止白银流失，西班牙的费利佩二世下令严格限制输往太平洋彼岸的白银数量。但在马尼拉采购货物再脱手所赚得的利润，远大于从西班牙带出货物再卖出所赚的利润，费利佩二世不顾这项事实，其禁令终归徒然。政治上，强化西班牙本土与大西洋彼岸美洲殖民地之间的关系有其必要，但在经济上，将白银从美洲运到太平洋彼岸，也是大势所趋。因此，马尼拉成为欧洲经济与中国经济接合的轴心，成为17世纪东西两半球的会合之处。

西班牙人于1570年首次来到马尼拉时，在该地建立了一个贸易港。当时马尼拉由一位名叫索利曼（Soliman）的摩洛人（Moro）

拉者[1]掌控，摩洛人是从事海上贸易的穆斯林，从南方迁移至此已超过五十年。他们扩张海上势力，在西班牙人抵达时，已掌控东南亚海岛地区的诸多贸易港，从而成为西班牙人的头号劲敌。第一位来到马尼拉的指挥官使了诡计，从索利曼那里骗到马尼拉那块地。他重施《埃涅阿斯纪》（Aeneid）[2]里的故技，请求拉者给他一块大不过牛皮的地。数十年后，《明史》写到此事，仍是愤愤不平："佛郎机……奉厚贿遗（吕宋）王，乞地如牛皮大，建屋以居。王不虞其诈而许之，其人乃裂牛皮，联属至数千丈，围吕宋地，乞如约。王大骇，然业已许诺，无可奈何，遂听之。"不久后，西班牙人暗杀了索利曼，放火将其余摩洛人赶出马尼拉。汉语中遂有了"牛皮骗国"这个说法，成为提醒勿为欧洲人所骗的警语。19世纪时仍有中国人使用这一警语。

最早来到马尼拉的西班牙人，发现那里已有约三百名从事丝织品、铁、瓷器买卖的华商。一开始双方相处融洽，各自都认为和对方做生意有利可图。事实上，西班牙人来的时机正好。因为在那五十年前，明朝政府为遏止横行沿海的海盗——当时沿海许多地区落入日本人之手——而封闭海疆，不准人民出海经商。福建省的商人冒着被抓砍头的危险，大胆航向海外，循着弧状分布的岛屿，从台湾往下经菲律宾抵达香料群岛。明朝政府没有顺着商人足迹扩张势力的帝国主义野心，更别提支持自己商人出海闯天下。明朝政府

---

[1] 译注：马来半岛、爪哇等地酋长、首领的称呼。

[2] 译注：古罗马诗人维吉尔所写的史诗，描述埃涅阿斯在特洛伊城陷后的经历。

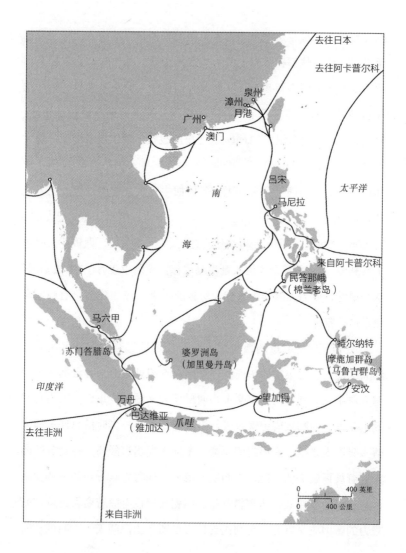

去往日本

去往阿卡普尔科

泉州
漳州
月港
广州
澳门

南

海

吕宋

马尼拉

太平洋

来自阿卡普尔科

民答那峨
（棉兰老岛）

马六甲

苏门答腊岛

印度洋

婆罗洲岛
（加里曼丹岛）

特尔纳特

摩鹿加群岛
（马鲁古群岛）

安汶

望加锡

万丹
巴达维亚
（雅加达）　爪哇

去往非洲

来自非洲

0　　　　　400 英里

400 公里

17 世纪南海地区贸易路线

选择的这一政策，是为防止私人财富和腐化风气出现于境内，而私人财富和腐化风气只有可能来自对外贸易。这项政策与当时西方国家大相径庭。

1567年，这项政策有所改变。明穆宗隆庆皇帝在这一年登基，撤销海上贸易的禁令。这显示对海外货物的需求，迫使明廷不得不改弦更张。一夜之间，海盗变成商人，违禁品变成出口货，地下交易变成将马尼拉等东南亚港口和福建两大商业城市泉州、漳州连成一气的商业网。漳州的月港成为主要门户，大批货物从月港出口，白银从月港进口，把中国与外面的世界连在一块。

如果这是个帝国的话，那么帝国纯粹是建立在贸易上，而且不费一兵一卒。西班牙人对自己在亚洲要走的路，想法则大不相同。杀掉索利曼两年之后，有个在马尼拉的西班牙人恳请西班牙国王同意他率领八十人前去征服中国。费利佩二世不是昏君，未允其所请（菲律宾的名称就是在他仍是王储时，根据他名字而命名的）。来年，又有人提议入侵中国，只要求费利佩二世拨下六十名士兵。再过了三年后，时任菲律宾总督的弗朗西斯科·桑德（Francisco Sande）更正前两次的兵力评估，表示西班牙需要动用四千到六千兵力，加上一支日本舰队支持，才能征服中国。

九年之后，又一份征服中国的提议书呈到国王面前，这次将入侵兵力提高到一万两千名西班牙人、四千到五千名菲律宾的"印度人"，以及尽可能募集到的日本人。这份提议书还建议派耶稣会士为先锋，渗入中国搜集敌情，策反中国人以为内应。提出该建议书的几位人士夸夸而谈，称中国拥有"人所能渴求或理解的所有财富和不朽名声，还拥有坚信主且渴望荣耀主的基督徒，在拯救无数人的灵魂上，所企盼得到的所有发挥空间"。这些请愿人向国王费利佩二世保证，征服中国不是为了"可鄙的钱财"，而是为了"光荣的事功"。情况危急，时间紧迫。"机会稍纵即逝，一去就不会再有，"他们提醒，"中国人愈来愈提防，愈来愈有戒心。他们已开始储备军火，构筑防御工事，训练士兵。他们已从葡萄牙人和我们的人那里学到这些备战作为，而且还在学习。"在今人看来，他们力主入侵中国的诸多论点中，就属最后一个论点最为奇怪：中国可能落入穆斯林之手。那些请愿的人提醒，中国一旦归穆斯林掌控，西班牙将会永远被逐出中国市场。1492年将穆斯林完全逐出西班牙境内的那段历史，仍鲜活留在这时西班牙人的脑海中，而以西班牙帝国与奥斯曼帝国竞争激烈的程度来看，这个论点的确大有可能让费利佩二世失去理智，冲动出兵。但费利佩并没有。他不只拒绝了这项提议，还不准那位总督再把这类愚蠢的计划转呈给他。西班牙不可能像征服南美洲或菲律宾那样征服中国。取得中国的财富，将只能透过贸易，而非武力征服。

而西班牙从事这一贸易的基地，就是马尼拉。西班牙人将这座沿海港口重建为防御严密的城市。由高厚石墙围住的地区，是只供"西班牙人"——对所有欧洲人的称呼——居住、活动的地区。他们可以带仆人、卫兵、奴隶（尽管1591年的教皇诏书解放了菲律宾所有的奴隶）进入马尼拉，但与他们做生意的华人得待在城外。最初，华人在特定季节来马尼拉，乘着季风前来，秋季时返回月港。随着贸易量变大，贸易流程变复杂，华人极力要求西班牙人同意他们待一整年，也就是所谓的"压冬"。中国政府禁止商人在海外待上一整年，但法令再严，还是敌不过待一整年的商业考虑。西班牙人同意这项要求，但对于待上一整年的人数设了门槛，不准超过六千人。1581 年，西班牙人决定仿照欧洲各城市限制犹太人居住区的做法，将华人更进一步约束在一个"隔都"[1]。华人"隔都"是个由木栅围起的镇，入夜之后，华人都只能待在里面。西班牙人根据阿拉伯语的丝（cer，来自中国丝的发音 si），将那里取名 Alcaiceria，意为"丝市集"。当地的他加禄人则称之为"八连"（Parián），即他加禄语"讨价还价的地方"。

西班牙人禁止华人以石材建屋，认为他们远远不配用这么高级的建材，因此，过度拥挤的八连频频毁于火灾，但也频频重建，且每次重建，规模就更大，因而当 1637 年时，有位来到这里的西班牙人，才会以赞赏的口吻说"他们的居住环境秩序井然"。每次重建，"隔都"的位置就会变动，前后变动了几次，但总是离马尼拉城墙不远，套用某位多明我会[2]神父在 1666 年向国王欣然报告时候所说的话，"位于该城的火炮射程内"。1594 年多明我会被委以让华人改信基督教

---

[1] 欧洲人首度使用"隔都"（ghetto）一词，是 1516 年威尼斯犹太人遭迁移到坎纳雷乔（Cannaregio）地区一座名叫盖托（Ghetto）的小岛之时。ghetto 是威尼斯语，意为"铸造厂、玻璃熔制厂"。叫盖托的小岛，当时是工匠区，那地区原有玻璃制造业，后来为降低火灾危险，将该行业移到穆拉诺岛。盖托岛上的城门，夜里关闭。是否锁上，则视政治情势而定。1779 年后，城门被拆掉，但 1815 年奥地利人占领期间，又建了起来。直到 1866 年，犹太人才获准在威尼斯自由居住。

[2] 编注：多明我会（Domini Can Oroder），亦译作"多米尼克派""道明会"，也称"布道兄弟会"。罗马天主教托钵修会。1215 年由西班牙人多明我创立于法国图卢兹。

的重任，随后，多明我会在八连为他们的神父建造了三王教堂。多明我会获准用石头建造，希望每次八连发生火灾，这座教堂都会如1628年该"隔都"付之一炬时某神父所说的，"免于遭索多玛之火焚毁"[1]。他宣称那场火"是不信上帝的华人犯下可怕的罪恶，激怒上帝，而招来的天谴"。皈依基督教的华人少之又少，因为那表示得把头发剪成欧洲式样，戴上海狸毛皮帽。大部分华人不想斩断自己文化的根，融入西班牙文化。少数融入西班牙文化的华人中，有一人被选派为八连的首领。但1628年大火之后，马尼拉总督撤掉那名中国首领，换上一名职称为"华人保护者"的西班牙官员。

根据官方数字，八连的人口增加到两万，但实际上，马尼拉城里城外的华人，人数可能至少高出一半。没有他们，西班牙人不可能建成殖民地。将中国货运到此地的华商，终究只占少数。西班牙人能过上像样的生活，是拜来此的其他华人之赐，他们中有谷物商和菜农、裁缝师和制帽匠、烘焙师和蜡烛制造商、甜点师傅和药房老板、木匠和银匠。他们供应西班牙人书写用的纸，捕捉他们吃的鱼，运来他们买进的货品。没有他们，西班牙人不可能安安稳稳当官员、神父、绅士。西班牙人称他们是Sangley[2]，那是西班牙语对某个中国词语的讹称，至于是哪个词语，如今未有定论。正统的语源学认为Sangley来自"生理"一词[3]，但有人主张来自"商旅"或"常来"——而"常来"是华人所做的事，华人"常来"大大造福了西班牙人侨

[1]　译注：据《圣经》记载，索多玛是因居民罪恶深重而遭焚毁的古城。
[2]　译注：在菲律宾经商的华人。
[3]　译注：闽南话，意同"生意"。

居社群。1609 年，菲律宾总督安东尼奥·德·莫尔加（Antonio de Morga）就承认"事实上，没有这些 Sangley，马尼拉城无法运行或维持，因为他们涵盖各行各业，技术纯熟，且干活认真，要求的工资很公道"。

对于来自福建的贫穷华人而言，马尼拉是座"金山"（基于类似的理由，19 世纪时北美西岸几座城市也被华人取名金山。金山也可解读成"钱山"）。为了一圆淘金梦，他们大胆出海。他们勇于冒险，叫中国沿海地区一位名叫周起元的官员大为佩服。他在 1617 年替《东西洋考》一书写的序中，以敬畏口吻说到小贩把和外族酋长、武装首领君打交道，当成和小官员打交道一般，"贩儿视浮天巨浪如立高阜，视异域风景如履户外，视酋长戎王如挹幕尉"。他还说他们"海上安澜，以舟为田"——而田地正是财富所应来自的地方。周起元清楚地指出，若有人要干扰贸易，这些人不惜暴力相向，对于试图阻止、惩罚他们的法律和法庭，他们也完全不放在眼里，但他们勇于出海追求财富的行径叫他实在佩服，因而他不由得赞叹道，"此挥篙搴棹之众，皆瀚海貔貅也"。

1603 年春，一名负责收福建关税的"税监"唤作高寀，决定查明马尼拉有金山的传言是否属实，于是派了一支代表团前去调查。这很不寻常，因为当时明朝法令禁止官员未经明确允许而擅自出境或派代表团出国。高寀是太监，背景够硬，可以无视这些规定。他是皇帝钦点的官员，受命替皇帝的私人财库尽可能搜括银两（十年后，周起元等地方官员终于让高寀因贪污而被召回北京，但那也是经过几次街头暴动才得以办到）。

代表团前来一事，让西班牙殖民者既惊且忧。有些西班牙人担心，查明真相只是幌子，实际上是前来探路，以便接下来出兵入侵。其他西班牙人对这看法嗤之以鼻，认定中国无意打造西班牙式的殖民帝国。有个持这种看法的西班牙官员认为，提出前一主张的人居心叵测，希望"见到局势大乱，以便乘机夺取"生活在八连的华人财物。总督正式欢迎代表团，但保持警戒。他担心情况不妙。

那年春末，供非欧洲人看病的诊所发生火灾，华人主动表示愿意进城灭火，紧张不安的总督拒绝，而让诊所付之一炬。华人不满西班牙人的猜忌之心，还怀疑总督宁愿让诊所烧掉，居心叵测。不巧的是，西班牙大主教来到马尼拉未久，还不懂当地的微妙局势，在那年夏天布道时指控华人罪恶深重、行巫术，使局势更为恶化。双方关系紧绷，在那年秋天演变为暴力流血事件。两万名武装不足的华人，猝然遭到西班牙士兵和当地土著战士的狂乱攻击，全数丧命。福建省府一名官员发出抗议，西班牙人却说他们有权镇压叛乱，并要他"应该想想，如果在中国发生类似情形，他会怎么做"。明朝政府不再追究这事，断定这事发生在其辖地之外，而且那些丧命的华人迁居海外，已实质放弃皇帝子民的身份。贸易在下一季恢复，但是一直到 17 世纪结束，那场屠杀回忆的幽魂仍然挥之不去，持续缠扰当地西班牙人和华人的双边关系。

1603 年的屠杀事件使明朝官府戒慎恐惧，不愿将对外贸易之门一下开得太大，但那丝毫未能阻止华人继续前来马尼拉。据兵部尚书在 1630 年上呈的报告，每年春天有十万名福建人出海，且是受贫困所迫，不得不然。为此，他反对封闭海疆，以免这数十万人走投无路，为了生活而造反作乱。根据一名西班牙王室官员的说法，到了 1636 年，住在马尼拉城里和周边的华人、日本人达三万之多。

所有在马尼拉做买卖的人，都很看重马尼拉这地方。这里是 17 世纪欧洲、中国两大经济体商业往来的地方，只要有白银流动，即使发生过屠杀事件，亦无法阻断二者的往来。双方各带来对方所想买和买得起的东西，从对方那里取得自己需要的东西。每年春天，有一艘西班牙大帆船——在菲律宾称之为马尼拉大帆船，在墨西哥称之为中国船——从墨西哥载着白银横越太平洋来到马尼拉。每年春天，还有三十至四十艘人称戎克 (junk) 的中国式帆船[1]，满载"丝、棉、瓷器、火药、硫黄、钢、铁、水银、铜、面粉、栗子、核桃、饼干、海枣、各种东西（纺织品）、书桌、其他珍奇物品"，从中国驶来。马尼拉贸易之利，吸引许多华人投入这一行。一如周起元所指出的，"五方之贾，熙熙水国，刳觥艒，分市东西路"。商人上船，走西洋、东洋路线出去做买卖。西行路线贴着福建海岸往南航行到越南，东行路线航行到台湾，再往南到菲律宾。"其捆载珍奇，故异物不足述，而所贸金钱，岁无虑数十万。"

对西班牙人而言，往来风险很高。从墨西哥出发的马尼拉大帆船，要花两三个月横渡太平洋才能抵达菲律宾，而回程则要花更久

---

[1] junk 一词于 17 世纪第二个十年成为欧洲词汇，为 jong 一词的转译，而 jong 是马来人对中国平底大船的称呼。不久后，欧洲人缩小这词的用法，只用来指称东南亚地区华商所使用、兼采了马来人设计元素的载货帆船。英语里，junk 一词又有"垃圾"之意，而这个意义下的 junk，源自与航海有关的另一件事物：junk 原是指太老旧，不适用作索具，而只能用于填塞或衬垫之类用途的旧航海用绳。

时间。大帆船要在 7 月之前启程前往阿卡普尔科，以免在菲律宾群岛间的危险水域遇上台风。因此，这是门高风险的生意。损失一艘中国式帆船，对生意冲击不算太大，因为货物分散在数十艘船上。与之相对，若是一艘西班牙大帆船在航行途中沉没，整个贸易季就都做不成生意，对双方都是严重损失。这种事发生颇为频繁，令主事者不敢等闲视之。从这一贸易开始到 1815 年这段时期，有十五艘西班牙大帆船消失在从阿卡普尔科出发的西航途中，有二十五艘沉没于更艰险的返程途中。

17 世纪意大利旅行家佛朗切斯科·卡雷里（Francesco Careri），记录了往东横越"由水陆构成的地球的将近一半距离"的路途艰险。西班牙大帆船要对抗"那里接二连三出现的可怕暴风雨"。如果船只未毁于暴风雨，也会有"令人绝望的疾病一年七八个月里都紧抓着人们不放。人们有时航行在赤道附近。有时寒冷，有时温和，有时炎热，足以让钢铁之人都挨不过去，更别提在海上只有劣质食物可吃的血肉之躯"。劣质食物导致坏血病（维生素 C 缺乏症）——西班牙人称之为"荷兰病"——但若劣质食物吃光了，又可能让船员饿死。17 世纪 30 年代，有两艘西班牙大帆船的船员，为了免于饿死，将一百零五人丢到海里，以让剩下的人活下。最骇人的例子乃是在海上漂流超过一年而于 1657 年被人发现的"圣荷西"号。发现时，那艘船正在阿卡普尔科南方外海往南漂流，船上满是尸体，皆因饥饿、脱水而死，船上还装满着整个货舱的丝织品。

西班牙的马尼拉大帆船载着堆积如山的珍贵货品返回墨西哥，然后在墨西哥换取他们在美洲殖民地搜括的大批白银。从阿卡普尔科经官方登记出口的白银数量，在 16 世纪 80、90 年代，一年约三吨，到了 17 世纪 20 年代，增加为一年将近二十吨，然后维持在一年约九吨至十吨的水平上。根据官方记录，17 世纪上半叶，西班牙大帆船运了将近七百五十万吨的白银到马尼拉。加上走私的白银，总数至少翻倍。这些白银并非全部流往福建。有些转到澳门，经葡萄牙人之手流入中国——别忘了，1625 年在华南沿海搁浅的"吉亚"号，就是欲从马尼拉运送白银到澳门。但大部分白银运往福建，消失于中国经济里。据目前最可靠的估计，17 世纪上半叶，中国输入了五千吨白银，其中约一半产自日本，剩下的产自西班牙辖下的美洲矿场。美洲生产的白银，有一部分往东运到欧洲，再经印度洋运到中国，但大部分由美洲直接往西横越太平洋而去。

如此大量的白银输入，突显了中国境内官方政策与民间商业之间脱节的荒谬。一方面，明廷深信若开采银矿，必会在开采聚落里引来人心腐化和社会动荡，为了防止出现这种情形，朝廷想尽办法来限制银矿开采。另一方面，商人却将大量白银输入华南。17 世纪 30 年代，冯梦龙在闽北任寿宁知县时，加派兵力守护在一个世纪前就由皇帝下诏关闭的该县境内的七座银矿。冯梦龙派兵戒护，以防游民开采旧矿坑，讽刺的是，福建商人此时却成吨地运进美洲白银。但这样的内部矛盾情况，正是 17 世纪上半叶中国所处的境地。官府努力防止无钱无势的人积聚私人财富，唯恐助长叛乱势力，另一方面，民间的商贾却通过海外贸易积累庞大财富。

白银轻易就流入中国经济，是因为需要白银弥补小交易所用到的铜钱的不足。铜钱是标准货币，也是明朝政府征税时所收的钱币种类。白银流入中国如此之多，使中国人深信其供应永远不会匮乏。他们还认定，外国人控制白银的供应来源，不必辛苦工作，就有白花花的银子任他们花，想买什么就能买什么，生活叫人艳羡。事实上，就有皈依基督教的中国人，建议方济各会的传教士利用这种心理传教。"人天生爱钱，如果把银子送人，没有人不会追随"你的教义。方济各会传教士石铎琭（Pedro de la Piñuela）将这段交谈放入常用的对话之中，引起的回应可想而知。"这不是在追随教义，而是在追随银子。"但是他接着谈到，即使真要那么做，实际上也不可行，因为他的修会没有源源不绝的白银可以分发。"如果人为了银子而上门，一旦银子用完了，他们就会跑掉。来自西方的白银并非用之不尽，而人的贪欲却是永无止境，一旦再没有白银可给他们，他们对基督教的追求会不会像白银一样也跟着告吹呢？"而如我们后来所看到的，白银终有穷尽的一天。

白银供应源源不绝的期间，其在中国催生出奢靡之风。它使人得以积聚财富，拥有现金，进而助长虚荣性消费和社会上竞比豪奢的风气。有能力享受这新富裕的人热情拥抱这文化，花大把银两购买昂贵物品、古玩、豪宅，并乐在其中。但是在 17 世纪之初，这波豪奢消费的新风气引来强烈反弹。观念保守的士大夫，认为银子是终会让人失望的虚幻之物，银子使他们不得不对时代的腐败发出沉痛警告。知县张涛就是对白银经济大为惊骇的人士之一。1607 年，张涛奉派到安徽歙县当知县，该县住了几个当时最有钱有势的富商。可想而知，张涛到任之后，双方互相看不顺眼。1609 年，张涛在县志上痛批不义之财、炫富摆阔、道德沦丧的社会现象。原本维持社会团结的伦理基础逐渐崩毁，原本维系乡村生活的互惠义务不再受到遵行。他把这归咎于对白银的贪求，利令智昏、腐蚀人心的狂热追求。白银不可能是储存财富的单纯媒介。白银没有固定用途或实际价值，却可无限制地换取其他所有东西，因为这一本质，白银让富人得以自由积累个人财富，同时剥夺穷人的生存凭借。如此造成的不幸后果，就是"富者百人而一，贫者十人而九"。对此现象，张涛慨叹："金令司天，钱神卓地。"

　　把罪过归咎于白银或许可一抒胸中之郁气，但在16、17世纪之交时，任何欲阻止白银使用的提议终归徒然。白银已是日常生活不可或缺的东西，没有人去思索使用白银的利弊，除非是在没有足够银子购买生存所需的东西时。这种情形一旦出现——王朝命脉受到气温降低和疫病威胁的晚明，这个情形常常出现——人们就很愿意将白银斥为经济里的祸害。张涛之所以痛恨"金令"的危害，可能和他走马上任时碰上的经济问题有关。他于1607年接任知县时，发现米价因当地水稻遭春雨冲毁而上涨。平常每斗（相当于10.75升）米价不会超过半钱（钱是白银单位，1钱重3.75克）。但随着春天渐渐过去，张涛发现米价上涨将近两倍，达到1.3钱（4.6克）。这时他介入，以低于市价的价格卖出官仓的储米，这一措施马上奏效，市价下降，危机缓解，稻米得以以接近正常价格的市价恢复流通。张涛认为当地对白银的依赖，就是米价上涨的祸因。在他眼中，当地经济若没有白银，米价不会上涨到那个地步。

　　流通于中国的白银变多，造成了物价上涨？经济学理论认为，货币供给增加，会带来通货膨胀，但是从现有的证据，难以查明这点。17 世纪 40 年代初，人民愈来愈难填饱肚子时，物价的确狂飙，这点不难查明。17 世纪之前，一场地方上的危机可能使当地米价上涨一倍，甚至两倍，但也仅止于此。16 世纪 40 年代和 80 年代，则各出现一次短暂例外，每 10 公升米价涨到超过 6 克白银的非正式价格上限。17 世纪 20 年代，价格上限开始变动。根据上海居民的记载，1639 年，1 斗米要价 1.9 钱（相当于 10 公升米 6.6 克白银）。但是那和 1642 年春天所发生的完全不同。货币价值暴跌，1 斗白米上涨到 5 钱（每 10 公升 17.5 克白银）。有好几年的时间，上海的米价维持在每 10 公升 7~10 克白银的高价位，然后 1647 年飙涨到 14 克。这几个价格，当然只有有银子的人才负担得起，没有银子的人，唯一的买米钱是小孩。1642 年，在上海西南方的一处市场，1 斗米——勉强足以让一人挨过一星期——可以换两个小孩。此后要到 20 世纪，中国才再次碰上如此严重的货币贬值危机。

17 世纪 40 年代让明朝垮掉的因素，主要不在其货币制度，而在寒冷气候的冲击和随之而来的传染恶疾、谷物产量下跌，以及为了遏止北方满人入侵而产生的庞大军事开销。但那时的人觉得钱是让明朝灭亡的原因之一。明朝在 1644 年覆灭之后，清初的某些才智不凡之士，认为白银（其中一人称其为"害金"）促成贪聚钱财等负面、有害的经济行为，进而破坏穷人的生活稳定、鼓励富人奢靡浪费。至于白银对国家财政管理的影响，据时人的说法，"倚银而富国，是恃酒而充饥也"。白银取得了它永远不应取得的角色。

晚近有经济史学者指出，可能还有另一个因素发挥影响——17 世纪 30 年代末 40 年代初物价上涨，不是因为白银供应的长期增加，而是因为短期紧缩。其症结就在马尼拉。

西班牙人、华人在马尼拉的贸易，一直处于脆弱的平衡状态下。供给或可动用现金一出现小问题，就可能引发更大的信心危机，使整个贸易停摆。而 1638 年，这样的情形开始浮现。"怀胎圣母"号（*Nuestra Señora de la Concepción*）这艘当时西班牙所建的最大船只在那年夏天离开马尼拉，往东驶往墨西哥。季风延迟了这艘西班牙大帆船的起航，等到帆船终于起航时，船长做出奇怪的决定，让船走来时紧贴赤道上方的路线，而非往北到日本、再折往东边驶向加利福尼亚的标准路线。船上载了总值四百万比索的已申报货物，还载了大批未申报货物。在那不久前，菲律宾的西班牙总督还大力取缔西班牙大帆船上的走私货，以防杜出口漏税，但这次大帆船出航，他却直接主导，让它未经申报就离境。

塞巴斯蒂安·乌尔塔多·德·科奎拉（Sebastián Hurtado de Corcuera），1635 年被派到马尼拉当总督，之前在秘鲁服务了八年，最初担任要塞指挥官（他在佛兰德斯参加过对荷兰人作战的军事会议，并以此自傲于人），后来担任财务官。前往马尼拉就任途中经过阿卡普尔科，看到该地大帆船贸易贪污严重，大为震惊。他在来年呈给国王费利佩四世的报告中，表示管理阿卡普尔科之类的地方，"用天使会比用人来得恰当"。除非委以"朝廷里最无私、最有干劲的官员"，否则"陛下的财库要为此付出代价，因为每从陛下的船只赚进一千比索，就必然有官员另外中饱私囊了一万比索，陛下的财库因此减少许多收入"。三年后，为了打击阿卡普尔科官员的贪污，科奎拉特意不让"怀胎圣母"号编列应有的船货清单。他以为没了船货清单，阿卡普尔科的海关关员就无从克扣其平常的回扣。

科奎拉欲保住"怀胎圣母"号的船货，立意良善，但做法过了头，因为他不用那些能干的高阶军官，而把这艘西班牙大帆船交给他最宠爱的侄子佩德罗（Pedro），而年纪轻轻的佩德罗毫无航海和指挥经验。船一驶出马尼拉港，佩德罗的指挥权就名存实亡。1638 年 9 月 20 日，"怀胎圣母"号穿行于马里亚纳群岛之间，该群岛位于从菲律宾往夏威夷约四分之一距离处（要再百多年，英国探险家詹姆斯·库克驶进夏威夷群岛，夏威夷才为欧洲人所知）。船上军官忙于争辩，疏于注意航行危险，以致大帆船偏离航线，撞上暗礁沉没，船货撒落珊瑚礁床上。船上四百人，只有数十人得以上岸保住性命，向人描述这段遭遇。科奎拉所极力隐藏的那批船货，未能抢救上岸。如今，在海滨捡拾漂流物的人，仍可在该船沉没的海岸上，捡到明朝瓷器的碎片。

若非同样的惨剧再度发生，"怀胎圣母"号沉没的损失，本来还可以承受。来年春天，满载白银的西班牙大帆船"圣安布罗休"号（San Ambrosio）在驶往马尼拉途中，触礁沉没于吕宋岛的东岸外。那年夏天从马尼拉回航墨西哥的西班牙大帆船也告沉没，这次沉在日本岸外。这三起沉没事件重创了马尼拉的贸易活动。整个体系摇摇欲坠，几近瓦解。就西班牙美洲殖民地的白银生产来说，这危机来得最不是时候，因为替跨太平洋交易提供资金的白银，这时供应量已开始萎缩。波托西的白银产量在 17 世纪第二个十年中期已开始下滑，到了 17 世纪 30 年代，已无法完全负担西班牙商人在马尼拉进货的开销了。眼见收入将日益减少，波托西的市政委员心急如焚，赶紧派人到马德里，请宫廷支援。波托西"一直以其庞大财富支撑整个王国，直到最近才感到力有未逮"，他们的代表在公开信里如此宣告。众委员请求国王给予波托西的白银矿主某种财务特许权，好让生产得以继续下去。

南美洲白银产量下降的同时，欧洲人与日本的贸易也开始受到新的限制，而日本是供应白银给中国的另一个主要来源。以澳门为基地的葡萄牙人，掌控对日贸易数十年，但 17 世纪 20 年代日本归于一统之后，中央集权政府决定限制与外国人的往来。新成立的德川幕府自 1635 年起禁止日本人出国，且极力要求葡萄牙人不要再带外国人到日本，特别是德川幕府视之为从事煽动叛乱的传教士。1637 年，德川幕府严格限制基督教信仰，凡是进入日本的外国传教士，一律处死。有个与总督科奎拉往来甚密的耶稣会士，在那一年易容改装潜进日本，但不久就被发现，经过一番拷打之后，最后以违反禁令的罪名被斩首。有一艘葡萄牙的船只在 1640 年来到日本，希望重启贸易，结果大部分船员遭处死，只让少数人活着回去，好让澳门当局清楚，日本不再欢迎葡萄牙人上门。澳门断了对日贸易，元气大伤，从此未能完全恢复，渐渐萎缩成乏人问津的殖民地。此后，唯一获准继续和日本通商的欧洲人是荷兰人，而且荷兰人只能在长崎港的一个小岛上活动，受政府严密管制。

让马尼拉雪上加霜的是，1628 年，明思宗崇祯皇帝即位，对荷兰人无休无止的海上劫掠感到厌烦，于是重新祭出禁止海外贸易的措施。马尼拉贸易停摆了两年，之后又恢复往日盛况。但1638年中国再度祭出该禁令，驶往马尼拉的中国帆船由1637年创下新高的五十艘减为十六艘。来年，明廷里支持开放海疆的一派得势，海外贸易禁令撤除，但1639年三十艘满载货物的中国帆船出现于马尼拉时，却因为"圣安布罗休"号的沉没，西班牙人手中白银不足，导致那批船货未能完全脱手。除此之外，新西班牙（即墨西哥）的总督为了阻止白银流出，已连续三年管制中国货进入阿卡普尔科。他认为拿白银换廉价的中国进口货，乃是在榨取新西班牙的经济，从中得益的只有马尼拉的商人。科奎拉为何坚持不让"怀胎圣母"号上的货物列入船货清单，这是另一个原因。他想规避那些新的管制规定。

这些情况造成的结果，就是将近十吨原本会抵达马尼拉的白银未能抵达，从而造成贸易停摆。1639年11月19日晚上，马尼拉东南方卡兰巴（calamba）村，数百名中国农民冲进路易斯·阿里亚斯·德·莫拉（Luis Arias de Mora）的住所，微妙的平衡态势随之瓦解。这事发生之前，那些农民主动表示愿为西班牙人进入丛林种稻，以换取缴税优惠，但是实际开垦之后，西班牙人的做法令他们痛心。西班牙人并没提供资源，而承诺给予的免税期也只是空话。华人聚落暴发传染病之后，那些农民把矛头指向莫拉。莫拉曾任马尼拉的华人保护者一职，这时是该农业屯垦区的行政首长，很不得民心。他利用首长职位，竭尽所能搜刮华人。他深知华人对他不满，但没想到他们敢在太岁头上动土，因此暴民冲进他屋里时，他睡得正熟。农民把他拖到屋外，痛骂一顿之后，将他处死。接着，起事农民浩浩荡荡地前往马尼拉，请求从轻发落他们的罪行，改善他们的困境。

要是从八连火速赶来调解的华人代表团能得到被派来平乱的西班牙人的完全配合，这场小暴乱或许就不致扩大。但是双方谈判期间，一名西班牙低阶军官可能不知双方已谈定停火，竟攻击起事农民的侧翼部队。华人起而反击，其他的西班牙军队跟着投入厮杀，原本可望化解的战火再度燃起。起义的消息一传开，吕宋岛的华人跟着响应，加入叛乱阵营。起事民众集结在帕西格河（Pasig River）一岸，与河对岸的马尼拉隔河相望，准备攻击。住在八连的华人极力保持中立，但还是在 12 月 2 日加入起事一方。

作为应对，总督随之下令将马尼拉城里和附近港镇甲米地（cavite）的华人全数处死。甲米地的最高行政长官阿隆索·加西亚·罗梅洛（Alonso Garcia Romero），决定秘密执行这命令。他以保护安全为名，请甲米地所有华人关上门户，集中到与外界隔绝的西班牙官方建筑里。他还请各修会的神父前来接受已皈依基督教的华人告解，替非基督徒的华人施洗。然后他向那些乖乖聚集的华人宣布，要把他们以十人为一组，带到更安全的马尼拉城内，但其实是要把他们带去砍头。西班牙人处理掉约三十组人之后，下一组人要走出去时，有个华人注意到，有个卫兵割下其中一名华人身上的钱袋。突然间，华人觉得最高行政长官的安排是个骗局，是要抢他们钱（还没有人看出是要取他们性命），于是群起鼓噪。华人开始攻击看守他们的卫兵，卫兵逃到外面，关上唯一的出口，并拿重物堵在门外。一队火绳枪兵包围那栋建筑，进入屋里，把里面的华人杀光。有个西班牙编年史家认定华人图谋造反，要把甲米地的西班牙人通通杀掉，因而宣称甲米地屠杀乃是"上帝大发慈悲之举"。他估计死亡人数达一千三百人。只有二十三名华人得以幸免。

起事的华人围住马尼拉，但马尼拉防御工事完善，而且西班牙人可以坚守，不怕弹尽粮绝。三个星期之后，华人决定进攻，于是越过帕西格河攻击。但最后，华人不得不退走，而且被逐出这一地区。西班牙士兵经过一处烧毁的村庄时，在教堂废墟里发现一尊孤零零的未受损的基督雕像。士兵将之呈给科奎拉，科奎拉随之宣布，这尊雕像经历火灾而幸存下来，乃是神迹，然后在部队前头高举雕像，声称上帝站在他们那一边。几天之后，一名已改信基督教的华人在帕西格河对岸的村子里，挖出他先前埋下的关公雕像。关公是战神，也是商人的保护神，改信基督教时，照理他就该把那雕像毁掉，但为防日后不时之需，他还是把它埋在屋后。关公重见天日。但只要他们的火力劣于对手，只要祖国的统治者对他们的死活不闻不问，商业之神就不可能帮助他们获胜。

西班牙人最后将起事的华人余众团团围住，请了一名耶稣会士前去说服他们投降。华人坚称他们是在受到攻击后才反击的，但还是同意化干戈为玉帛，前提是西班牙人得让他们到海边，返回中国。科奎拉不同意。他接受投降的条件正好相反：华人不得离开菲律宾。这位总督知道马尼拉的繁荣富强，不能一日没有华人。若要保住这个殖民地，他需要华人返回马尼拉，双方关系一切如旧。华人虽然没有谈判的筹码，但他们能看出恢复原样的好处。1640年2月24日，八千名战士放下武器。他们被押回马尼拉，参加城墙外的凯旋游行，游行的先头队伍是西班牙骑兵队，接着是他们的土著盟军，再后是战败的华人。总督科奎拉骑马走在队伍最后面，在他正前方，用竹竿高高举着被熏黑的基督雕像——那尊从烧毁的教堂捡回的雕像。

　　白银不是让菲律宾数千名华人遭屠杀的原因。但若不是白银在太平洋两岸搭起的桥梁垮掉，这些事就不会发生。白银供应中断，使西班牙人、华人双方都感到焦虑，使小矛盾得以迅速恶化为大冲突。财富所能激起的暴力，在《持秤的女人》里看不到。准备称钱币重量的卡塔莉娜·博尔涅斯镇静平和，浑然不知在更广大的世界里种种的抢夺与冲突中，白银起了推波助澜的作用。

　　17 世纪称白银重量的人，并非每个都能如此冷静。富尔亨西奥·奥罗斯科（Fulgencio Orozco）于 1610 年抵达波托西寻找发财机会时已经五十岁了。他虽然是贵族，但穷到偿还不起八百比索的债务，也无力替她女儿治办两千比索的嫁妆。奥罗斯科的社会地位使他得以和波托西的上层人家搭上关系，并通过其中一户人家的介绍，在精炼厂觅得工头的工作。那是美洲出生的白人才会干的工作，西班牙出生有身份有教养的人不屑于做，但奥罗斯科穷困潦倒，只要能赚到银子，什么工作他都肯做。奥罗斯科工作很卖力，但工资仅勉强能糊口。他一心想赚更多钱，于是离开精炼厂，寻找更快的生财之道。在波托西奋斗了二十个月，赚得的钱仍远远不够女儿嫁妆所需，奥罗斯科开始精神错乱，想自杀。最后他沦落到皇家医院，咒骂基督在他急难时弃他于不顾，痛骂撒旦未能有始有终促成奥罗斯科认定的可以让他一举致富的交易。

奥罗斯科的大声叫嚷引来众人围观，众人判定他被恶魔附身，于是请来奥古斯丁修会的神父安东尼奥·德·拉·卡兰查（Antonio de la Calancha）驱魔。奥罗斯科不接受他的帮忙，有部分热心的旁观者主动替他请求恶魔离开他身体，这叫他怒不可遏。他愤而抓起神父的十字架，往其中一人额头砸去。治安官赶来驱散群众，结果只让场面更为混乱。安东尼奥神父做了一次驱魔仪式无效，又做了一次，但结果只让奥罗斯科更为发狂。他一再想让神父了解，恶魔不在他体内，而是站在他床头边。他体内无魔可驱。

安东尼奥神父束手无策，对他的病人脸色一变，质问："像你这样贵族出身的人，怎么会像个异教徒或犹太教徒般胡言乱语？"

"你想知道我为什么痛恶基督？"奥罗斯科厉声反击，"那是因为他把财富赐予烂人和平民，却让我这么一个有身份有教养而责任沉重的人陷入贫穷。我来秘鲁是为了赚钱替我女儿筹办嫁妆，他却一再夺走我所赚的所有东西，迫使我眼睁睁看着别人在我失去钱的地方大赚金银。这城里是否有人跟我一样卖力工作，却一无所获？我亲眼看到许多人比我还轻松，比我花更少时间，却更容易地就赚进数千比索，这难道不是事实吗？"

奥罗斯科的沮丧，不只在于发现自己穷困，还在于发现在商业经济里，努力、正派、贵族身份不代表就能发达成功。钱未落在老实勤奋的人手上，高人一等的阶级身份也给不了任何保障。安第斯山区土著人原来称波托西为"不适合人居的地方（puma）"，而对奥罗斯科而言，波托西这时已成为名副其实的不适合人居的地方。

神父卡兰查想改变这论点，于是以同情口吻告诉他，好人可能因上帝要他们发财而致富，但在波托西，大部分人靠偷抢拐骗和高利贷致富。上帝或许以财富回报行事正派的人，但财富不必然只归于那些受了上帝赐福的人。特别是波托西人，他们"热衷于追求财富，有点沉迷于肉欲"，鲜少是受上帝赐福的人。卡兰查如此坦承，乍看似乎不当，因为身为神父，他理当宣扬上帝会让世间善有善报、恶有恶报，但基督教宣扬此主张的同时，也总是不忘要信徒相信，上帝行事神秘莫测，这类事情的是非善恶不归人来判断，所有善行、恶行会在最后审判时得到评判、清算，借此让信徒勿对上帝失去信心。

就在这时，卡兰查把神学论点摆在一旁，向奥罗斯科提出一个交易。如果围在他病床边的人——这时候包括八到十名宗教裁判所的神父（他们从别人口中得知奥罗斯科在此大发异端言论，于是前来一探究竟）——拿出两千八百比索满足他的需求呢？他愿不愿意背弃恶魔，请求上帝原谅？奥罗斯科变安静，但仍不置可否。他要亲眼看到钱。为了证明无意骗他，四五名神父出去，从宗教裁判所掌控的资金中领出银子，拿到检验室称出奥罗斯科所需的白银数量。他们甚至还核算了将那些银子送回西班牙得花多少钱，才回到奥罗斯科床边。

这办法奏效。那天晚上，装成几袋的银子送到他床边时，这个发狂的人忏悔，称颂上帝，向神父告解自己所犯的罪。那天深夜，他累到说不出话，凌晨时分就去世了。为了让人皈依主，花上两千八百比索，还有运送费用，代价不可谓不大，但教会很满意这笔交易（和波托西的其他任何公共机构一样，教会积聚数量可观的白银）。慈善义举发挥了不可思议的功效。债务清偿，嫁妆办成，灵魂得救。而让这一切得以实现的媒介——也是让那男子陷入绝望而后死亡的东西——正是从波托西挖出的白银，是等着卡塔莉娜平静地称出其价值的那个东西。

第七章　旅程

　　《玩牌人》（*The Card Players*，彩图 7）这幅画，轻易就可认出是 17 世纪中叶的荷兰画作，但没有人会把它误认为是维米尔的画作。画中可见诸多熟悉的元素：左边的窗户、斜向配置的大理石方格地板、墙与地板交接处一排代尔夫特瓷砖、两人隔着桌子对坐交谈、桌子上推到一旁的土耳其地毯、仿中国青花瓷的代尔夫特精陶罐、高高捧着的玻璃酒杯、挂在墙上的荷兰省地图。再加上穿着红色军外套、头戴海狸毛皮帽、和年轻女子打情骂俏的军官，这幅画活脱脱就是维米尔《军官与面带笑容的女子》的翻版。但其实不是。这画有维米尔某幅画作的所有元素，但笔法不够精确，构图不够细心，因而无法将平凡场景化为生动有力的画作。

　　画这幅画的是亨德里克·范·德·布赫，他是颇有名气的画家，和维米尔在同样圈子里工作，在作画赚钱上，成就可能和维米尔差不多。在代尔夫特的艺术舞台上，这两人约略属于同一个时代。范·德·布赫在代尔夫特附近出生，比维米尔年长五岁，十五岁时迁居代尔夫特。他在那里习画，二十一岁时加入圣路加工会，而五

年后维米尔也在同样的岁数加入该工会。现有文献无法证明这两位
艺术家相识，但若说不相识，也不可能，因为范·德·布赫的亲妹
妹或同父异母的妹妹嫁给著名画家彼得·德·霍赫，而维米尔无疑
知道霍赫的画作。欲证明《玩牌人》和《军官与面带笑容的女子》
有所关联就更难了。求爱的军官是当时很常见的绘画题材。维米尔
可能早一两年先画成那幅画，但那时候范·德·布赫住在莱顿或阿
姆斯特丹，因而可能从未见过《军官与面带笑容的女子》。

　　两者题材和风格虽然相似，但维米尔的室内场景画，从没有像
范·德·布赫的《玩牌人》一样，让人死死站在中央。维米尔没画
过小孩，没画过男童仆，没画过非洲人。范·德·布赫把这三者全
体现在那个穿着漂亮紧身上衣，带着耳环，在旁服侍女主人的十岁
非洲男童身上。不只如此，他还安排那男孩直视作画者——以及直
视我们。画中那对男女正在专心玩纸牌，旁边那个小女孩也正专心
和小狗玩。只有那个非洲男童没在玩，而且以近乎刻意的眼神瞧着
我们。倒葡萄酒的姿势也很奇怪，照理他应该看着酒杯。更奇怪的
是玻璃杯的位置。凑近看可知，他以左手端酒杯。但如果粗略一瞥，
赏画者可能会认为是那女子用拇指和食指捧着酒杯——17世纪时捧
高脚杯的得体方式。唯一可表明她未捧着酒杯的地方，是她手上拿
着牌，但若不凑近细看，就看不出来。

　　在我看来，把酒杯摆在她手的正上方，显示范·德·布赫原打
算由她捧着酒杯，让小厮差斟上。若是如此，画中的主要互动将落
在那位白种女主人和她的黑仆身上，而在17世纪描绘上层妇女的
画作中，那是很受青睐的搭配。但范·德·布赫后来改变心意，决

定主要互动应落在那女人和她的追求者上。她从男童手中接下的酒杯，就不再是此画的中心；她递给追求者的那张纸牌取而代之。但这时候，把男孩拿掉已经太迟，因此，那非洲男孩就被安排站着倒出罐里的酒，但玻璃杯里是满的，没有葡萄酒从倾斜的罐子里流出。所以，那男童才能不用盯着倒酒的差事，转而看着我们。

从维米尔的每一幅画作，我们都无法得知代尔夫特当时有没有非洲人。范·德·布赫的画作则告诉我们，那时已经有了。15世纪起就一直有少数非洲人来到欧洲，但是在17世纪，低地国境内的非洲人数量显著增长。非洲人来到欧洲，在安特卫普、阿姆斯特丹这两座港市充当水手、劳工、仆人，大部分都是奴隶之身。这两个城市的法律，允许奴隶一进入其市政当局的管辖范围，就可向当局请求解除奴隶身份，但似乎少有奴隶申请。对于佛兰德斯或尼德兰境内的非洲人而言，若真能通过法律取得自由之身，生活可能还是没什么改变，因为除了在别人家里帮佣干活，他们几乎别无出路，而且即使法律判定他们是自由人，他们还是几乎脱离不了买下他们的男主人或女主人。

范·德·布赫并不是将非洲黑仆入画的唯一荷兰画家。许多荷兰画家画非洲人，而且通常把他们画在室内，显示拥有他们的白人家庭没把他们当成外人。事实上，拥有黑童仆（而且通常是男童）的人，想要炫耀自己所拥有的黑仆。那就像受聘作画的画家，将委聘人心爱的中国瓷瓶入画一样。那既象征你的个人财富、高尚的资产阶级品味，还象征你有见识，知道在你所活跃的社交领域里，这些是有意义的表征。如果你是女的，你的黑奴是个男童，有他一同出现在画中，还能突显你的肤色、你的白皙、你的性别、你的高人一等。

《玩牌人》里的那个男童，就是这幅画中的门，引领我们进入一个更广阔的世界，一个以旅行、移动、奴役、混乱为特征的世界。这个世界这时正渐渐渗入低地国的日常生活，把活生生的人从土生土长的地方带到遥远的异地。至于那个男孩，除了知道他出现于画中，我们对他一无所知。如果不是生于代尔夫特，那么他大概是糊里糊涂地被当时的贸易网、捕捉网——运人如运货般容易的网络——抓住的倒霉鬼之一。但能够活着，就表明他运气不错。有太多人被卷进全球移动的旋涡之后，未能活着脱身。就连自愿而非被逼卷进那旋涡的人，也往往未能幸免于难。葬身17世纪那个旋涡中的，两种人都有。

17世纪那股无休无止的移动浪潮，将许多人分散到全球各地。为了估算在这波移动潮中丧命的人数，我们将跟着五群先人的脚步，走上将人抛掷到人生地不熟的遥远异乡的五条旅程。他们是：非洲东南岸纳塔尔地区（Natal）的三个男子、爪哇海岸外某岛上七十二个男子和男孩、韩国济州岛上一个荷兰人、福建沿海一个意大利人、马达加斯加岛上两个在返乡途中的荷兰水手。范·德·布赫笔下的那个黑人男童，那个安然抵达代尔夫特但从此未回乡的男孩，他的命运乃是这五个旅程之人的缩影。最后，我们会以17世纪基督徒非常关注的一个旅行故事——东方三博士的旅行故事作结，以思考维米尔为什么在家里挂了一幅这个主题的画。

那三个男子最后一次被人见到时，正看着同船的伙伴越过面前宽阔的河流，朝着他们所希望的莫桑比克方向，渐渐消失在非洲大地。那个高大肥胖的男子是个葡萄牙人，斜倚在轿子里，抬轿人替他搭了简陋的顶篷。有一个中国人、一个非洲人照顾他。非洲人、中国人叫什么名字，如今不详。帝国的奴隶除非是犯了殖民地司法编年史所认为值得记录的罪，否则官方文献很少明载其名。但我们知道那个斜倚轿中的葡萄牙人叫什么名字，因为他是他们的主人——塞巴斯蒂安·鲁博·达·席尔维拉（Sebastian Lobo da Silveira）。

鲁博（意为"狼"）被认为17世纪40年代澳门最胖的人。1647年2月，他被送回葡萄牙受审。九年之前，他到澳门接下总督这个肥缺，从而全权掌管澳门与日本之间的海上贸易。鲁博在里斯本时花了大价钱才买到这官位，心想上任以后，靠着澳门独占中日贸易的关系，可以海捞一票。澳门能独揽中日贸易，是因为中日两国政府不愿直接通商往来，但允许葡萄牙人充当中间人。从葡萄牙的澳门殖民地载中国的生丝去日本长崎，回程载运日本白银，只要途中不遭荷兰人掳走船只，一趟获利达一倍之多。但是鲁博时运不济。他于1638年买下这官位，但是不久之后，日本就以葡萄牙商人违反禁止带传教士入境的规定，取消葡萄牙人的贸易资格。1639年，一名葡萄牙船长以身试法，遭到驱逐。1640年，又有一名船长偷闯日本，结果和大部分船员同遭处决。此后，只有欣然同意不把天主教传教士偷带进日本的荷兰人获准到长崎贸易。再无船只从澳门前往日本，鲁博再也赚不到那样好赚的贸易利润。

与日本的贸易受阻之后，鲁博转而诉诸其他生财之道，例如逼那些需要他说好话的澳门富商借钱，但他根本无意归还。更令澳门富商不满的是，他喜欢炫富摆阔，无视官场习俗。他一身可笑的"摩尔人装扮，穿戴大量金饰和天蓝色丝织衣服，头戴红帽"，在澳门四处走动。贪婪使他与议会——由澳门的大商人组成的机构——为敌，双方水火不容最后演变为街头械斗，甚至把火炮搬上街头互轰。1642 年夏末，国王派人前来处理，但该人竟遭鲁博掳走，关在私人地牢里八个月，最后被活活打死。

这场在中国遥远南疆的澳门街头爆发的乱象，相较于当时席卷华北城市的乱局，根本是小巫见大巫。那时，几股起义军正在华北和官军作战，而且各股起义军虽然都想推翻摇摇欲坠的明朝政权，却往往各怀鬼胎，彼此互斗。1644 年，原来在驿站当驿卒，后因中央政府经费短缺精简人事而遭裁员的李自成大胆出兵北京，拿下京城。崇祯皇帝曾不顾大臣反对，试图调葡萄牙炮手到京支持，如今眼见曾宣誓保卫王朝的人全弃他而去，随之在紫禁城北端的煤山自缢。群雄并起的局面，并非如此轻易就被其中一股势力拿下。一个多月之后，一支由满汉合组的联军入关，扑向北京，将李自成赶出他掌控还不牢固的北京城。皇太极的弟弟多尔衮拥孝庄文皇后的七岁儿子福临继位，是为清世祖，明朝正式覆灭。

同年，一位新总督从葡萄牙的果阿殖民地来到澳门。在这之前，有人在里斯本参了鲁博好几本，新总督的任务就是起诉鲁博。新总督花了两年半的时间，才把鲁博绑上武装商船，押往欧洲。船于 1647 年 2 月离开澳门。陪伴鲁博的有三个人：不离不弃的兄弟、中国籍仆人以及被派去在这趟航程服侍他的非洲奴隶。船在距好望角还有一段距离之处搁浅，今天称该地叫纳塔尔。上岸的众人推断，若要活命，最好的办法乃是往北走到莫桑比克，但是以鲁博的状况，那不是最好的办法。鲁博太胖，而且被豪奢淫逸的生活弄坏身体，每走几步路就需要休息。他的兄弟用钓鱼线做了吊床式的轿子，以优渥的计日工资，说服原在船上当仆役的几个人用这轿子抬着他走。

走不到一天，那些抬轿人受不了这工作，决定把鲁博丢给几个再也走不动的修女。鲁博的兄弟出面，威胁利诱，说服十六名水手接下这工作。他承诺给予丰厚报酬，同时威胁他们，若未能将鲁博押回里斯本，向国王交差，他们难逃罪责。于是他们启程，丢下那三个修女，抬了一星期，眼看存粮愈来愈少，这时再高的价码都买不到人卖命。来到宽阔的大河南岸时，这些水手心知不可能将鲁博抬到对岸，于是用布替他搭了小遮篷，把他丢在那里。他的中国奴仆和非洲奴隶别无选择，只能留下来陪他，下场将和他没有两样。鲁博的兄弟留下来陪了几个小时，然后还是离开，追赶先走的伙伴，最后回到葡萄牙。他所遗弃的那三个人，则就此杳无音讯。

17世纪时，非洲人可见于东亚，但走出东亚的中国人非常罕见。明朝法律禁止人民出国，未经官府同意而出国，一旦回来，一律问斩。但是两百多年来，已有许多人前往东南亚经商、工作，且顺利溜回中国，并未遭严厉处罚。只要这些来来去去的海商未输出火药之类军事物资，大部分官员睁只眼闭只眼。但是当外国人的奴仆则是另一回事。

1557年，葡萄牙人在澳门设立殖民地，此后一直有中国人前去讨生活。许多人以自由之身前去，但有些人却是以奴工身份沦落澳门，他们若不是自己卖身为奴以偿还债务，就是因为遭掳走被贩为奴。在明朝，只要对方心甘情愿，且有白纸黑字为据，纳人为奴并不犯法。但勾结外国人进行人口买卖，则是王法所不容的，广东的省级官员对此提防甚严。中国政府严格禁止人口买卖，因而1614年葡萄牙人与中国官员谈判之后，不得不同意五条基本规章，其中的第二条就是禁止买卖人口（另有一条规章禁止葡萄牙人在澳门纳"倭奴"，也就是日本奴仆）。两年后，这些规章刻在一块大石板上，石板立在澳门中央，以时时提醒葡萄牙人勿忘他们所同意遵守的：不准买卖"唐人子女"。

尽管清清楚楚刻在石上，但是中国官员知道，法律挡不住穷人涌进澳门这座金山找工作。官府大概会想隔离中国人和外国人，但老百姓无意遵守这样的措施，特别是离乡到澳门所得的好处，显然大于这些规定所欲维护的任何道德义务。有位官员就抱怨，"每岁不知其数"。官府关注此事，主要不是出于意识形态的考虑，而是财政的考虑。问题症结在于让人出国，所属的县就少了课税的人头。多一个人到澳门当奴仆，中国就少一个纳税人。澳门耶稣会神学院的院长公开反对买卖中国孩童，支持中国官方的政策，但还是未能挡住为澳门提供劳力和服务。使澳门得以运行不辍的中国人持续流入。

鲁博所搭的船若顺利返抵里斯本，他的中国籍奴仆就会成为欧洲境内罕见的中国人之一。已有一些中国人在他之前来到欧洲，一部分是以教士助手的身份来欧，接受耶稣会士的培训，一部分是被当作珍奇之物带到欧洲，让大国君王和开明学者开开眼界。那艘船未能完成旅程，因而鲁博的那名奴仆就给困在他主人的世界和他祖国的世界之间，进退不得。鲁博一旦死去，他的奴仆身份随之结束，他的生存机会也跟着消失。17世纪的贸易旋风，把许多人从某地卷起，撒落到别的地方，而他很快就会成为其中之一。

出海风险很大。欧洲公司把船愈建愈大、行程愈来愈紧凑，以便船只纵横四海时可装载更多的船货，更能抵御攻击。但船只愈大，航行于近海水道时操纵就愈不灵活，遇上暴风雨时愈难安全靠岸避难，愈难逃过较小但更灵活的船只攻击。因此，17世纪时船难仍然频频出现。道理很简单，船难和远航船数成正比。17世纪头十年，有五十九艘荷兰船和二十艘英格兰船航往亚洲。到了17世纪20年代，数量增加为一百四十八艘荷兰船和五十三艘英格兰船。愈多船出海，愈多船沉没。除了数量变多，竞争压力也是原因。为了胜过竞争者，船长竞相加快船速，冒更大的险。结果，更多船员和乘客被抛到更偏远的海岸上，流落到想象不到的地方，需要想尽办法才能活下来。更多文化因这些船难而碰撞在一块，不得不想办法迅速化解往往代表非我族类的明显差异——肤色、衣着、肢体语言、语言上的差异。

对于绕行好望角的荷兰船只而言，1647年这年特别不祥。四个月前，"新哈勒姆"号（Nieuw Haarlem）在其第四趟往返巴达维亚的返程途中，在好望角附近沉船，乘客被困在该地将近一年才获救。生还者一回到阿姆斯特丹，就游说荷兰东印度公司让他们回到非洲的最南端，垦地殖民。该公司并不热衷于在海外占领非从事贸易所必需的土地。西班牙人、葡萄牙人把贸易力量当作军力来施展，通过贸易占领土地，但荷兰人与此不同，他们只想以自由商人的身份四处游走。经过五年的密集游说，有些生还者终于得以回到1647年他们上岸的地方，在该地开垦定居。那是第一批远赴好望角垦殖的荷兰人，为南非步入白人殖民、黑人为奴的社会体制揭开序幕。这套体制花了三个世纪的时间建构而成，然后在20世纪末期经过几十年动荡岁月才告以瓦解。

海上冒险活动为少数幸运儿带来财富，为其他的人增添了憧憬。有些人志愿签约跑船，投入漫长的海上航程。从中发财致富——甚至安然返乡——的概率可能不高，但总比死守在家乡来得好。就连留在家乡的人，都做着出海发大财的白日梦，在脑海里一面过冒险的干瘾，一面认为出海淘金的人处处得面临船毁人亡的威胁，自己幸灾乐祸地扬扬自得。海上航行漫长，处处隐伏危机。疾病、脱水、饥饿，常使船员葬身大海。暴风雨扯裂船身，一片船板都不剩，让人看不出曾有船只或船员航行其上。陌生的海岸线一再误导船长，未标示于海图的暗礁扯破船底，乘客落海，船货沉入海底。而一如亚德里亚诺·德·拉斯·科特斯所发现的，发生船难后，如果上岸处的居民已开始对商人和其枪支心存戒心，或已开始觊觎他们所带的货物，则安然上岸也并不代表性命能保。

因此，17世纪人大大着迷于海上灾难故事，也就不足为奇了。从17世纪初，各种体裁的作家就喜用这类故事一飨读者。就连莎士比亚在创作生涯的末期，都禁不住市场需求，写了部有关船难的剧作。其《暴风雨》虽然纯粹为迎合大众口味而写，如今却被誉为他最扣人心弦的剧作之一。17世纪头几十年出版商赶印出版了好些讲述船难经历的书，其中最畅销的莫过于威廉·班特固（Willem Bontekoe）的《难忘的东印度航行纪事》（*A Memorable Description of the East Indian Voyage*）。班特固以 1619 年他指挥"新霍伦"号（*Nieuw Hoorn*）航越印度洋为起点，描述六年航行期间多灾多难、让人悚然心惊的冒险经历，令读者看得津津有味。他自称是为了霍伦故乡的家人、朋友而写（他和两个兄弟都担任荷兰东印度公司的船长），心想大概没有一个人会对这故事感兴趣，因此读者若对这书大失所望，要怪就请怪出版商拿走他的手稿并出版销售。班特固写下他的冒险故事时，事情已过了二十年，但嗜读这类故事的大众并不介意。这本书狂卖，出版商发了大财。

在"新霍伦"号的去程途中，料想不到的灾难就找上门。横越印度洋时，有个水手弄翻提灯，引发火灾。船员拼命灭火，但火势失控，一路烧到火药库，引发爆炸。许多船员被炸死，更多人溺毙。有些人在船身炸断之前逃上两艘救生艇，但班特固最后一个弃船。爆炸的威力把他炸离船上，受伤又头昏的他靠着仅剩的力气紧抓住一根桅杆。救生艇上的人最后将他从海上救起，然后七十二名男人和男孩往东漂流两个星期，放眼望去，只见汪洋大海。随着粮食愈来愈少，水手动起杀人充饥的念头，而矛头就对准那些在船上服务的男孩。所幸，在饥饿夺走他们性命之前，两艘救生艇漂上苏门答腊的一座离岛，所有人得以生还。

这场船难不能归咎于班特固，但他一抵达荷兰殖民地，立即遭到荷兰东印度公司的巴达维亚总督扬·科恩（Jan Coen）的训斥。这时科恩甫接任该职不久，是该公司较有实权的领袖之一。荷兰东印度公司已开辟出一条横越印度洋的新路线，但班特固未走此线。公司鼓励旗下船只不要绕过好望角，再往北到马达加斯加，再朝东航行，因为这会使船只置身于不利的海流和强劲的海风之中，而应在抵达好望角后往南，利用西风东航。西风会带船只轻快横越印度洋南缘，然后船只要在往东航行过头，撞上澳洲西侧的岩岸之前，转北航向巴达维亚就行。班特固绕过好望角，走了旧路线。他在航海日志里记载，"我们的人个个身体健康，且我们不缺水。因此我们让所有的船帆大张"，借此说明他为何做此选择。但到头来，他多花了许多没必要的航行时间。从阿姆斯特丹到巴达维亚的旧航线要花十一个月，但新航线把航程缩短了三四个月。班特固原可以在那场爆炸发生的三个月前，就抵达巴达维亚[1]。

"新霍伦"号的生还者很快就发现，他们所登上的岛绝非无人岛。上岸后不久，他们发现一个熄灭不久的篝火，旁边有一小堆烟叶——这证明那岛上的马来人已懂得吞云吐雾之乐。该岛岛民也已知道不要贸然现身于新来者之前，而应该躲起来，评估对方实力和意向之后，再现身接触。隔天早上，马来人出现，与他们谈判。荷兰人这边有三名水手来过亚洲，懂得的马来语足够让对方了解他们的意思。马来人问的第一件事，是荷兰人有没有带火器。荷兰人的火绳枪早

---

[1] 三年后班特固弟弟雅各布搭"毛里求斯"号（*Mauritius*）前往东方时，可能也走同一路线，因为死亡人数高得吓人。"毛里求斯"号和其姊妹船"鹿特丹市徽"号（*Wapen van Rotterdam*）在这趟航程中死了二百七十五人。因为人力不足，他们不得不将"鹿特丹市徽"号弃置在爪哇岛南岸。后来雅各布被派回去修复该船，修复完成后，出任该船船长。（《难忘的东印度航行纪事》，114页）

已在船只爆炸时荡然无存，但他们够精明，谎称他们的枪藏在船上。通过马来人的一道道提问，还有他们愿意拿粮食换取荷兰币，水手知道他们对荷兰人的贸易活动颇有了解。该岛岛民知道巴达维亚总督名叫扬·科恩，还知道荷兰商人一向带有值钱商品，因此打算隔天伏击。马来人攻击未得手，但荷兰一方损失了几条人命。

班特固和手下搭救生艇逃回海上，最后和荷兰船联系上，由荷兰船载到巴达维亚，并在航行于东南亚周边海域的荷兰东印度公司的船上找到工作。三年后的 1622 年 6 月，班特固参与了荷兰人攻击澳门的行动。罗雅谷的火炮有一枚击中荷兰船，引爆火药桶。诚如班特固所委婉陈述的，那场爆炸"使我们的人不知所措"。荷兰人未能攻下澳门，只好退兵，然后荷兰人在海上封锁葡萄牙人，骚扰中国人的海上运输，直到那年夏天结束。如果荷兰东印度公司无法拿下澳门，他们可以逼中国人在沿海其他地方另行通商往来，因此才会有三年后的夏天，"吉亚"号搁浅，生还者遭中国民兵威胁的事件。红毛给了中国沿海居民最重要的教训：害怕欧洲人。

那个夏天的小冲突延续到秋天，然后来自班特固船上的四名水手和两名船上服务生，在那年秋天被困在中国沿岸。那六人搭乘一艘小船，奉命看守一艘掳获的中国船，不料出现暴风，将他们吹上岸。船只被毁，但他们保住性命，且保住他们的火绳枪。枪浸了水，无法开火，但他们挥舞枪支威吓，警告任何人不得靠近。上岸后的第二天，他们从某户人家拿到火，得以点燃火绳。那天稍晚，他们在海滩上发现六具中国人尸体，是其他荷兰人射杀的，心想当地人必定会寻仇报复。果然不久后，那批荷兰水手遭到包围，但包围群众不敢靠太近，只是远远看着他们。为了让中国人不要再靠近，荷兰人对空鸣枪以示警告。他们后来颇为得意地回报称，中国人被那声音"吓坏了"，但无疑已见过火绳枪。他们还说，中国人"盯着他们看，一脸不可置信"。那些荷兰人可能是那些中国人第一次亲眼见到的红毛。

当地人的武器只有刀和长矛，无意挑起战端。他们未挑衅红毛，反倒决定采取安抚、包容这一上策，于是他们示意荷兰人前去村中庙宇，比手画脚，表示会请他们吃东西。荷兰人心存戒心，生怕中计。结果多虑了。那些中国人想必认为，人饿着肚子时，行事会比吃饱肚子更缺理智。荷兰人吃完那顿饭，下到海边，冀望能引来路过的荷兰船只的注意。对他们而言，未动刀动枪打上一架，实属幸事，因为"他们子弹袋里所剩的火药，不够打四发"。他们充满焦虑，在海滩度过一夜，隔天早上，简单造了一艘临时筏子，逃到海上而获救。

那六名男子和男孩运气不错，才得以化险为夷，保住性命。像他们这样跟着船长航行全球的基层船员，若非福星高照，往往很难安然返回家乡。接下来的冬天、春天，班特固辖下的船员，陆续有人丧命，叫他们大为灰心——而中国人丧命的人数，当然更多。来自不来梅的亨德里克·布吕伊（Hendrick Bruys），在 1623 年 1 月 24 日死于中国毒箭。来自米德尔堡的克莱斯·科内利斯（Claes Conelisz）死于 3 月 17 日。隔天晚上，他们失去升上二副不到六个星期的扬·格里茨·布鲁佛（Jan Gerritzs Brouwer）。最悲惨的莫过于 4 月 19 日身亡的一名年轻小伙子。他们掳获了一艘中国式帆船，把它拴在班特固的大船上，然后，四天前未留下姓名的他爬出那帆船的货舱小便，就在这时，他的同伴正在他后面测试新装上的一具火炮。炮弹直直打来，打断他一条腿。四天后，船医截掉那条腿以防感染，过了不到一小时，那个小伙子就一命呜呼了。

有幸保住性命的人，还得面对伤病的折磨。那年 5 月，班特固的执勤任务快到尾声时，他手下仍有九十人，但其中身体状况足以干活的几乎不到一半。不过，靠着这仅剩的人力，班特固还是得以完成他在中国沿海的最后一次战果：截获一艘驶往马尼拉的中国式帆船，船上有二百五十名乘客和打算供那年运往阿卡普尔科卖掉的船货。班特固没收那艘船和所有船货——他写到那批船货值"数千元"——把倒霉的乘客和船员运到澎湖列岛。那时荷兰人在澎湖替其贸易基地建造防御工事，正需人力。后来中国官员说服荷兰人放弃那基地，退到台湾。但那批劳工并未遣返，而是运到巴达维亚的奴隶市场贩卖。因为这种海盗行为，长崎一名日本翻译才会说，"驶往长崎的中国船一见到红毛的船，就像老鼠见到了猫一样"。荷兰东印度公司主张，贸易是所有国家的天赋权利，因此，碰上不承认这权利之国家的船货，可以理直气壮予以没收。班特固服膺该主张，就成了其中的一只猫。

因船只搁浅而受困于亚洲海岸的荷兰人，并非人人都得以回到自己船上。班特固掳获其最后一艘中国式帆船之后四年，有个荷兰水手因船难被困在朝鲜南方的济州岛上。在二十六年里，扬·扬松·韦特佛瑞（Jan Janszoon Weltevree）音信全无。1653 年，荷兰东印度公司船只"雀鹰"号（*Sparrow Hawk*），载着胡椒、糖、两万张鹿皮，从台湾驶往长崎途中，受困于强烈暴风雨长达五天，最终被吹离航道，吹上济州岛。六十四名船员中，有三十六人得以上岸。十三年后，其中八名船员走海路逃到荷兰人位于长崎的贸易据点，他们的事才为人所知。他们还报告，有个名叫韦特佛瑞的荷兰人已在朝鲜住了三十九年。

韦特佛瑞搭乘"霍兰迪亚"号（*Hollandia*）前往亚洲。1624年7月抵达巴达维亚之后，在较小的船只"乌韦克尔克"号（*Ouwerkerck*）上找到工作。当时从荷兰出航而由荷兰人建造的荷兰东印度公司船只没有叫这个名字的，因此，"乌韦克尔克"号想必是在巴达维亚所建造，供亚洲境内贸易之用。1627年7月，该船从台湾驶往长崎时，碰上一艘驶向福建月港的中国帆船——落入另一只猫爪之中的另一只老鼠。那艘中国帆船在马尼拉贸易季结束之后，载了一百五十名乘客欲返回福建，很可能也载有美洲的白银。该船没有武装，很轻易就被拿下。荷兰船长将半数中国乘客移到"乌韦克尔克"号，派手下十六名水手接管这艘中国帆船。船长计划将两艘船驶往台湾，卸下中国帆船的船货，然后将那些倒霉的乘客往南转运到巴达维亚充当奴工。结果还未抵达台湾，两艘船碰上暴风雨，猫失去了到手的老鼠。"乌韦克尔克"号的船长打消找回捕获物的念头，决定折往南航行，猎捕驶向日本的葡萄牙船。如果抢不到中国船上的美洲白银，他可以抢葡萄牙船上的中国生丝。不久，一队五艘葡萄牙船进入攻击范围。那五艘船已改装成作战船，但伪装为普通商船在海上航行，欲引诱不知情的荷兰船攻击。荷兰船长不知道这一点，"乌韦克尔克"号发起攻击，结果遭反击，船长和三十三名船员遭俘，船被拖往澳门焚烧示众。

"乌韦克尔克"号本来捕获的那艘中国帆船，则被吹往反方向，最后吹到朝鲜南端沿海。包括韦特佛瑞在内的三名荷兰人登上济州岛找水。他们上岸找吃的东西时，船上的中国人乘机重新掌控该船，把船驶离，抛下已登岸的三人。这个"海盗"——重现韦特佛瑞冒险经历的现代史家如此称呼他——"着了他的俘虏的道"。

韦特佛瑞与朝鲜人初次接触，想必处理得很高明，因为朝鲜人不但没像中国人对待拉斯·科特斯的部分船难生还同伴那样，把他的头给砍掉，还因他的工艺本事予以重用，唯一条件是他不得离开朝鲜。既然已身陷朝鲜，他不得不断了离开的念头。与他同遭抛弃的那两个人，1635年死于反击满人入侵的战争中，但韦特佛瑞活了下来，且还成为御用枪炮匠，事业有成。后来逮捕"雀鹰"号船员的朝鲜人所带的火绳枪，很可能就是由他所监制的。

韦特佛瑞不只适应了朝鲜的新环境，还功成名就。他工作勤奋，获得提拔，娶了朝鲜女子，小孩奉命克绍箕裘，从事枪炮制造工作。"雀鹰"号在济州海岸失事时，韦特佛瑞会讲朝鲜语已有二十六年，而且很可能会读朝鲜文字也有二十六年。由于太久没讲荷兰语，韦特佛瑞与"雀鹰"号的荷兰水手碰面，跟他们讲话时竟支支吾吾。诚如"雀鹰"号某位生还者后来所记载，他们很惊讶，"像他当时那样一个五十八岁的人，竟能把母语忘到那个地步。因而，我们刚开始花了好大的工夫，才懂他说什么；但不得不说的是，他一个月之后就找回了他的荷兰语"。韦特佛瑞跨过他所侨居的那个文化的语言障碍，并且走得太远，因而需要他跨回那障碍时，突然觉得困难重重。他可能还学会其他的亚洲语言，因为他的职责之一是接管因船难上岸的外国水手和渔民，其中大部分是日本人和中国人。事实上，他和一名明朝校尉共同管理"雀鹰"号失事上岸的荷兰水手，两人很可能是用朝鲜语以外的语言进行沟通。

韦特佛瑞把自己深深融入朝鲜社会，因而朝鲜人把他当成自己人。介绍他与"雀鹰"号生还者见面的朝鲜官员见到那些人因为找到一名荷兰同乡而大为高兴时，还大笑了出来。朝鲜人告诉他们，"你们搞错了，他是朝鲜人"。在那些荷兰人眼中，韦特佛瑞或许是荷兰人，但在朝鲜人眼中，他已不是荷兰人。那些荷兰人看到已在朝鲜待了二十多年的韦特佛瑞，无法想象他竟有如此大的转变。他融入朝鲜社会，乃是当时情势所不得不然，但"雀鹰"号搁浅时，他却无意离开。他已取得在家乡绝不可能取得的显要官职，而且最后在朝鲜活到七十几岁，有好几个儿子陪在身边。事实证明，他作为朝鲜人所过的生活，要比返回荷兰所会过的生活好得多。

"雀鹰"号的生还者初次觐见朝鲜国王时，获知不准返回荷兰位于日本的贸易站，大为震惊。在欧洲，遣返乃是处理船难生还者的惯例，他们原以为亚洲人会尊重这一习惯做法。

"我们的船已毁于暴风雨，"那些荷兰水手通过韦特佛瑞向朝鲜国王禀告，"因此恳请陛下派船将我们送到日本，以便借由该地荷兰人的协助，让我们得以返回家乡，和妻小、朋友团聚。"

"让外国人离开本王国，并非朝鲜的习惯做法，"国王答道，"你们得下定决心在此终老，我会供应你们一切所需。"国王看不出有何理由改变一贯做法，因为离开朝鲜的外国人，可能带走日后可用来对付他的重要情报。

接着，那位国王还当起民族学者，命他们唱荷兰歌谣，跳荷兰舞，好让他亲眼见识欧洲文化。表演完毕，国王赏给每个人一套如某位生还者所说"和他们一样的"衣服，指派他们担任国王卫队。自此之后，他们将以朝鲜人的身份过日子。有些人学会流利的朝鲜语，但大部分人不满他们的新职。两年后，该船船长和一名炮手找上前来访问的满人使节，请求带他们回中国，心知一旦到了中国，就会遭到遗返。朝鲜人得知此事，坚决不让他们得逞。他们贿赂满人使节，索回那两名荷兰人，投入狱中，两人最后死于牢里。这事发生的十一年后，另外八名荷兰人，不愿接受这形同终身监禁的生活，乘船逃到日本。韦特佛瑞原本被认为已葬身大海，但因为他们的缘故，他的遭遇才得以为外界所知。

剩下的八名船员则以"朝鲜人"的身份度过余生。其中有个名叫亚历山大·博斯凯特（Alexander Bosquet）的水手。这人在流落朝鲜之前，有好几个身份。最初自称是苏格兰人，可能是逃亡到法国的苏格兰人之一；然后前往尼德兰讨生活，改名桑德·巴斯凯特（Sandert Basket）；后来当上船上炮手，为荷兰东印度公司效命，随船远航亚洲；最后流落朝鲜，而在朝鲜，他想必不得不再次改名，改成一个朝鲜名字。博斯凯特／巴斯凯特陆续当过苏格兰人、法国人、荷兰人、朝鲜人。谁晓得"雀鹰"号上的"荷兰人"还有多少人原不是荷兰人，或者有多少人最后又改当了别国人？

　　登上朝鲜土地，绝非韦特佛瑞本意，而他也无意在朝鲜留下，但久而久之，他接纳了他无意落脚的那个王国。中国处理这类事情的方法有所不同，一如先前所见。亚德里亚诺·德·拉斯·科特斯等"吉亚"号上的生还者洗脱罪嫌之后，获准遣返原国。但有些人进入中国时，却抱着久留之意——传教士。

　　要在中国永久居留，有两条途径。一是向地方当局申请许可，耶稣会传教士在 16 世纪 80 年代就开始这么做，而且也如愿以偿。双方都认知到，他们自愿进入中国，代表他们同意在中国度过余生。从中国人的观点来看，外国人会来来去去，除了纳贡之外，就是侦探敌情。另一个进入中国的途径乃是偷溜进来，而多明我会传教士在 17 世纪 30 年代开始这么做。这两条进入中国的途径——经由澳门的"前门"路线（耶稣会路线）、经由福建沿海的"后门"路线（多明我会路线）——正好是烟草最初传入中国的两条路线。

　　耶稣会采取与中国政治当局合作的策略，乃是希望当局的支持能转为公开的包容和大众的接受。早期最有成就的耶稣会士是 1583 年从澳门进入中国的意大利传教士利玛窦。利玛窦花了十年时间让自己的打扮言行融入中国社会之后，找到与中国习俗和信仰并行不悖的应对之道，使他得以打入士大夫阶层，并在 1604 年后和徐光启合作翻译西方典籍。他们的成功鼓舞耶稣会士跟进，采取包容中国习俗与信仰的路线。徐光启于 1633 年去世，此时已有约十二名耶稣会传教士在中国好几个地方传教。

　　多明我会的策略，则与耶稣会的包容路线恰恰相反。他们认为包容——包括政治上与意识形态上的包容——危害基督教义的完整。多明我会修士较倾向于避开官员，在官方不知情之下，偷偷打入地方的社交网络。因此之故，1632 年 1 月 2 日，意大利多明我会修士安杰洛·高琦（Angelo Cocchi）登上福建一座离岛时，并不是又一个寻求遣返的不幸船难生还者，而是有意就此在中国落脚之人。

安杰洛·高琦运气好，才得以抵达中国。照理他本应没命踏上陆地。他和他所率的十二人，买了两天前离开台湾的船票。那时高琦已在台湾待了三年，领导多明我会在台传教工作，他离台的时候，多明我会传教团已在台设立五年（不久之后，西班牙放弃了他们在台的小小据点，把台湾让给荷兰）。胡安·德·阿尔卡拉索（Juan de Alcarazo）这位菲律宾的西班牙总督，请他去与福建巡抚熊文灿展开贸易谈判。高琦欣然答应，因为这正给了他梦寐以求的前往中国大陆的机会。这个佛罗伦萨人在十三岁进入多明我会当见习修士，时为 1610 年，或许早在那时，赴中国传教的梦想就已萌芽。或许这想法浮现于接下来十年他在菲耶索莱（Fiesole）、萨拉曼卡（Salamanca）攻读时，或者 1620 年他离开加的斯（Cádiz）前往巴拿马时，或者 1621 年他在阿卡普尔科搭船前往马尼拉的时候。可以确定的是，1627 年，他奉命在马尼拉的港口甲米地学福建方言时，这个想法已在他心中。1639 年，甲米地的中国人被西班牙人杀得一干二净，他的方言老师可能也在其中。

1631 年 12 月 30 日，安杰洛·高琦搭上从台湾驶往福建的中国帆船。他率领的随员涵盖了多个民族和文化，包括来自西班牙的多明我会同僚谢道茂（Tomas de la Sierra）、两名西班牙卫兵、七名菲律宾人、一名墨西哥人、一名中国翻译。不管他们带了什么样的献礼、补给品、谣传中的银子，对船上的水手而言，都是太大的诱惑。船员很快就动手。出海的第一天晚上，他们攻击外国人，打算杀死所有人并抢走他们的财物。五名菲律宾人加上一名墨西哥人，以及西班牙修士谢道茂因此遇害。其他人退到船舱里，堵住入口，与敌人对峙。双方都不敢轻举妄动，如此撑过第二天。隔天晚上，也就是元旦的前一天，另一帮海盗摸上船，抢走船上所有的财物，杀掉所有船员，任船随波逐流。他们难道不知道甲板下藏了一名意大利人、一名中国人、两名西班牙人、两名菲律宾人？他们似乎是不知道，因为他们一向认定有外国人就有白银，若是知道有外国人在甲板下，肯定不会放过他们。

安杰洛·高琦和五名同伴——其中两人受伤——在船舱躲了一天两夜。1632年元旦早上，高琦小心翼翼走出船舱。他们发现船在福建海岸外漂流，除了横七竖八的尸体之外，甲板上空无一人。他们费了一番工夫，终于让船在一座岛屿靠岸，岛上渔民将他们送到大陆。渔民帮他们脱困，或许出于真诚的恻隐之心，但更有可能是因为有那艘帆船作为报酬。然后他们被转送到泉州府城——与马尼拉贸易的中国沿海港口之一——再送到省城福州，由福建巡抚熊文灿处理。熊文灿礼貌地接待高琦，但无意让他居留，更无意谈贸易事宜，反倒将高琦来华一事上报朝廷，请求指示。他还下令追捕登上高琦船上的那批海盗，逮捕后予以处死。高琦替他们请命，但还是挽不回他们的性命。

四个月后，朝廷指示送达，命令将之遣返——"吉亚"号生还者若是这么快收到这命令，肯定大为高兴。拜利玛窦开疆拓土之赐，当时，欧洲传教士只要遵行耶稣会士所遵行的四个条件：通过合法渠道来华、穿中国服饰、讲中国官话、言行符合中国礼俗，就可以进入中国。高琦在这四个条件上都不合（莫非他的中国话不够地道，或者他在甲米地学的方言无法听懂？），于是遭驱逐出境。引渡回菲律宾，正是他所不希望的。他想待在中国，想将余生贡献在中国传教事业上。他不想返回马尼拉，更不想回佛罗伦萨。

官府安排了船送高琦回马尼拉，但他要上船的那天，一名想到菲律宾的日本基督教徒代他上船。这偷天换日的行动，由一个姓刘的人主导。刘氏是来自附近县城福安的中国基督徒，当时耶稣会已在福安建立传教团，吸收了十名中国人皈依。那名日本基督教徒在福州做什么，他是如何骗过官府的，仍是个谜，但这一招奏效。换人成功之后，刘氏急忙将高琦从福州送到福安，一起着手将高琦的外貌和言语改造成本地人的模样。

高琦在中国安然落脚，没被福建省府查出。官府若是知道他的下落，会予以逮捕，驱逐出境。尽管如此，他的传教还是颇为公开，引领几个中国人皈依，建了两座教堂。他很坚定地要让多明我会在福建落脚生根，因而不到一年，他和信徒就拟订计划，要从马尼拉，同样经由台湾，偷偷带进更多传教士。这一次，船只为了这目的而从中国出发，且以四名中国基督教徒为船员，以确保万无一失。计划顺利达成。1633 年 7 月，高琦欢迎两位西班牙神父来到福安，其中一位是黎玉范（Juan de Morales），他曾想率传教团到柬埔寨，但是没有成功。若是没有高琦的中国教友，这件事不可能成功，而高琦若未赢得他们的信任和虔诚付出，他们也不可能投身此事。四个半月之后，年方三十六的安杰洛·高琦突然染病，死在他长久渴望结束一生的地方，只是他大概没想到这么快就走到了尽头。

高琦一如韦特佛瑞，自愿走上永不归乡之路。两人都在做了这个选择之后安然地生活下去，至少最初是如此，而且两人都开始在新环境中打造自己的新生活，一个当神父，另一个任职于国王的兵工厂。但那些落脚在远离欧洲的异地，决定此生不再返乡的欧洲人，并非个个都是如此的境遇。

韦特佛瑞初次前来亚洲所搭的那艘船——"霍兰迪亚"号，1625 年载着胡椒回到欧洲。船上有两名船员选择中途脱队。韦特佛瑞的"霍兰迪亚"号返航时，船长正巧是威廉·班特固，我们因此得以知道他们两人的事。厄运再度找上班特固，因为"霍兰迪亚"号横越印度洋时碰上暴风雨。该船抵达马达加斯加岛时已经受到重创，不得不驶进圣露西娅湾（Bay of Santa Lucia）维修，包括要安上一根新船桅。

圣露西娅是荷兰海员碰到这情况时常用的泊地，因此住在该湾周边的马尔加什人（Malagasy）对欧洲人一点都不陌生。班特固派了一些船员上岸"和居民交谈"——这意味着至少有一方懂另一方的语言。马尔加什人同意让他们上岸，修理船只，甚至主动表示愿意帮忙将制造新船桅所需的木材从内陆拖到海边。合力干活使双方变为熟稔，交情好到接下来三个礼拜待在圣露西娅期间，"船员常溜出去找乐子"。一如班特固所直言指出，"那里的女人很喜欢和我们的人上床"。他只在意他的人不要玩过头，怠忽了职守，但他也知道，和女人上床有助提升工作干劲。他指出，"他们和女人厮混之后，回来干活时温顺得像小羊"。这些外来客还找到具体证据，证明当地女人和荷兰水手上床已非第一次。班特固指出，马尔加什人"大部分黑皮肤"，头发"鬈得像绵羊毛"，但他也说，"我们看到这里有许多小孩，肤色几乎是白的，垂下的头发是金色的"。他不需进一步解释，看到这描述的人都知道是怎么回事。在"霍兰迪亚"号船员上岸的约十年前，已有第一批荷兰男人来此，和当地女人上床，生下这些马尔加什混血孩童。

在圣露西娅湾逗留了将近一个月之后，4月24日早上，船准备离开，这时，班特固发现有两名值夜班的船员失踪——希尔克·约普金斯（Hilke Jopkins）、盖里特·哈门斯（Gerrit Harmensz），还有一艘小船也不见了。班特固说，约普金斯和哈门斯"逃去找黑人了"。或许，已有荷兰人在此和当地女人生子一事，鼓励了希尔克·约普金斯留下来碰碰运气，不回弗里斯兰老家，也鼓励了盖里特·哈门斯不回位于诺顿（Norden）的家？甚至，是否可以合理推测，他们两人在欧洲都没有家或没有成家？他们在数年前乘船东航，而许多人是因为走投无路才踏上此途，因此，很可能没人在等着他们归来。眼前既然似乎有找到幸福的机会，或甚至只是存活的机会，那何不留下来开始新人生呢？

班特固派了一队士兵前去搜捕，打算将这两个逃亡者押回船上。船上的活需要他们两人来干。搜捕队一度找到约普金斯和哈门斯，但由于马尔加什人的包庇，无法将他们逮捕。搜捕无功而返，还使"霍兰迪亚"号的离开又推迟了一天。班特固死了心，任他们过他们选择的生活。

　　跨越文化藩篱，不像跳船逃跑那么容易。那得放弃自己故乡的语言、食物、信仰、礼仪，转而拥抱新落脚地的语言、食物、信仰、礼仪。对有钱人来说，这些改变影响很大，因为他们过惯了家乡舒服体面的生活。但约普金斯和哈门斯都是穷人，而每个地方穷人的生活条件大同小异。荷兰穷人和非洲穷人所吃的谷物或许不同，但主要都是淀粉类食物。他们所穿的自纺衣物或许不同，但都是粗布。他们所拜的神或许不同，但都知道死后的世界远非他们此世所能左右。他们所能做的，就只是祈求，希望好运降临。

　　班特固在回忆录中，将欧洲男性视为那场逃跑大戏的关键角色，其实并非如此。马尔加什女人才是主角。那些女人若不愿帮荷兰男人，约普金斯和哈门斯在圣露西娅湾就别想存活。没有性，他们当然可以活下，但没有那些女人提供资源和生存本事，没有因为她们的关系替他们在亲族网络觅得一席之地，他们不可能存活。

　　同样的利害考虑，普见于全球各地。尚普兰就鼓励手下——包括那些在法国家乡已有妻室的人——娶休伦女子为妻。要在异乡安然存活，最保险的方法莫过于牢牢打进那些最能支持他们、最能促进贸易的族群里。一方面，新法兰西的传教士谴责跨族通婚不道德，另一方面，休伦族男子纳闷同族的女子怎么受得了这么丑的丈夫。有位休伦男子在第一次见到法国人之后就如此问道："会有女人看上这样的男人吗？"但他们没有其他理由反对，因为跨族通婚对双方商人都有好处：如此的结合让他们可以优先取得所要的商品。加拿大史学家席尔维娅·范·克尔克（Sylvia van Kirk）称这些土著人是"居间搭桥的女人"。她们夹处在两种截然不同的文化之间，左右逢源，沟通彼此，因而享有影响力和威望。但法国人与土著人之间的均势一旦倒向法国这一边，她们所开启的渠道随之关闭。这时，欧洲女子涌入新法兰西，数量多到将土著人女子逐出婚姻市场，使种族歧视观念重新浮现，并成为加拿大社会的社会法则。

这些关系存在于美国史学家理查德·怀特（Richard White）所谓的"中间地带"（middle ground），即两种文化相遇且必须开始互动的场所。只要其中一种文化没能凌驾另一文化之上，这一交会场所就会继续存在。而只要它继续存在，两种文化都会调整差异，协调出合理的共存方式。法国人和休伦人通过战争、贸易、婚姻，在17世纪上半叶一直维系着这种中间地带。在圣露西娅湾，马尔加什人和荷兰人都在执行这个策略，同样没有哪一方能将其意志强加在另一方之上，除非不惜打破互蒙其利的双方关系。在这种不同文化的联结关系里，乘船失事的人和俘虏有许多角色可扮演。他们教导、学习语言，给予、吸收知识，竭尽所能理解他们所遇到的新习俗和新观念，将之转译给另一方。

这个中间地带的存废，取决于双方都认知到妥协的必要。莎士比亚在1611年写《暴风雨》的时候，就本能地认知到这个关系的脆弱。一如凯列班向遭遇船难的欧洲主人普洛斯彼罗愤愤说道，一开始的和善亲切——"（你）轻拍我，待我好"——转眼间就变成奴役，变成开始剥夺人们原有的文化。虚构的人物凯列班以怨恨口吻提醒普洛斯彼罗："你教过我讲话，我从这上面得到的益处只是知道怎样骂人。"莎士比亚虚构出的人物，表达了现实生活中的土著人，面对自己语言、文化丧失时那种心中的绝望。一如某位阿尔冈昆人对向其族人传教的法国传教士所抱怨的，"使他们脑子翻转，使他们死亡的，是你们"。接触新文化的后果，来得又快又猛。"一切来得真快，"当代的蒙塔涅族诗人阿芒·科拉尔（Armand Collard）如此写道，"没有时间反应，就屈服了。"中间地带关闭，与外人平起平坐的机会也随之消失。

置身荷兰，同样不是出于范·德·布赫画中那个男孩的选择。他能做的就只有屈服，思索在那新环境下如何随机应变以求生存。看着他所摆出的荷兰仆人姿态，他似乎应付得很好。但他朝我们投来的直率眼神似乎在暗示什么，或许在暗示他注意到，这不是他该待的地方。

维米尔笔下的人物都是不出代尔夫特方圆二十公里内出生的人。他唯一一次考虑画非地道荷兰人，是在二十出头，他采用古希腊罗马题材和圣经题材作画时。当时的人认为，凡是习画，就应从这些题材入手。在上一辈的时候，阿姆斯特丹的伦勃朗和代尔夫特的莱昂纳特·布拉默（Leonaert Bramer）已将圣经场景转化为充满视觉震撼的题材，从中建立一个年轻的维米尔所不得不跟进的风格。17 世纪画家描绘遥远过去的情景时，所要克服的难题乃是让时人所见到的周遭世界和另一个时空下所可能呈现的世界之间必有的落差，在画中消弭于无形。画家希望观者如临现场，实际看到正在发生的事。要达成这个效果，最好的办法就是让圣经时代的过去看来一如当下的荷兰，或让其不同于当下？避免这类造假做法，让笔下人物穿上当代荷兰衣着，同时仍保留荷兰建筑应有的建筑细节，这样是否更能符合写实的需求？如果不是，那么画家是否该在其画布上布满从当代近东文化拾取来的东方细节？这样是不是更能让观者暂时搁下他们的怀疑？

伦勃朗、布拉默那一代的画家很善于将某些特征东方化，同时保留浓烈的熟悉感，打造出混合古今东西的外观。维米尔的天赋则往相反方向发挥：不去追求伪造的历史写实，而是将历史情景转化为现今的情景。在其早期作品《玛利亚与马大家中的耶稣》（*Christ in the House of Mary and Martha*）中，他按照当时艺术家笔下耶稣所常呈现的穿着，让耶稣穿上那身无法断定属于何时何地之物的制式衣物。至于玛利亚和马大，他让她们的打扮和当时的荷兰女人差不多。她们所置身的那个隐约呈现的房间看起来也很像荷兰人家中的模样。维米尔这时二十二岁，已开始避用前辈画家所嗜用的近东风格。再过不到两年，他就完全扬弃那种伪造的历史情景，只画真实的代尔夫特日常生活了。

维米尔虽然不再画圣经场景，却不讨厌在自家墙上挂那类画作。在信仰新教的荷兰，天主教家庭挂上那类画，借以提醒自己所信仰的是更忠于原始教义的基督教。他死后，妻子所拟出的遗物清单里，列了多件艺术作品，其中有一幅《三博士图》，描绘东方三博士不远千里前来伯利恒膜拜新生的耶稣。这幅画遗赠给他仍坚守天主教信仰的岳母玛丽亚·廷斯。它挂在屋子的主厅里，位置很突出，意味着那是有意让人看见的画，而这或许是因为它带有的信仰的意义（天主教徒推崇膜拜在礼拜仪式里的作用，路德、加尔文两教派抨击天主教徒对东方三博士的膜拜，可能使热衷于膜拜的天主教徒更恪守对三博士的膜拜），也或者因为它是值钱的画作。关于这幅画，我们所知仅止于此，因此，我们不妨假设那是由当时仍在世的代尔夫特某画家所画的三博士图，而且是维米尔可能见过的三博士图：莱昂纳特·布拉默所绘的《东方三博士来伯利恒之旅》(*The Journey of the Three Magi to Bethlehem*，彩图 8)。

布拉默是维米尔在世期间代尔夫特最资深的画家。1596 年，布拉默生于代尔夫特，在法国、意大利习画十年，然后在 1628 年返乡，以出色画艺在画坛闯出名号。他也是优秀的素描艺术家：代尔夫特的瓷器绘师将他的素描转绘到代尔夫特精陶上。布拉默与维米尔家交好，有可能是通过维米尔的父亲建立的交情。维米尔父亲从事艺品买卖，可能卖过他的作品。有人认为，布拉默可能是维米尔在绘画上的启蒙老师。维米尔显然受过扎实的技巧训练，比他年长三十六岁的布拉默因此是这方面合理的人选。这位老画家即使没有真正教过维米尔，至少也是帮这位后生晚辈指点迷津的人生导师，因为维米尔二十三岁欲娶卡塔莉娜时，她母亲玛丽亚·廷斯不同意，维米尔于是请了两个人前去说项，其中一人就是布拉默。

布拉默于 17 世纪 30 年代末期画成《东方三博士来伯利恒之旅》，当时维米尔年纪还小。画里的中心人物是三博士，也就是我们所知的三位贤者，他们跟随三位天使朝伯利恒走去，其中加斯帕、梅尔基奥尔（Melchior）徒步，位在明亮处，巴尔撒泽（Balthasar）骑在骆驼上，位在阴暗处。时为薄暮，三位天使拿着火把照路。三博士的随从队伍逶迤在身后，最后消失在阴暗处。三博士身穿毛皮衬里的高贵袍服，手捧金质容器，容器里有马太在福音书里提及的乳香和没药。唯一漏掉的元素是初生的耶稣。三贤者或许还未走到伯利恒，但快到了。

　　作家或画家阐述故事——特别是宗教故事——的时候，乃是从大量既有的这类故事中择一而发挥。就绘画来说，画家还必须选择故事里的一段，选择一个足以传达整个故事的情景来发挥。因此，布拉默决定呈现耶稣降生时，他要做许多选择。例如，他可以画《路加福音》中天使加百列出现在牧羊人前的故事，而不画《马太福音》中三博士来朝的故事；或者他画三博士时，可以沿用在马槽里献礼给耶稣这个较传统的场面，而不画他们带着礼物前来伯利恒途中的样子。布拉默得做好几个选择，于是，文艺复兴史学家理查德·特雷克斯勒（Richard Trexler）在探讨三博士崇拜史时一再追问的那个问题，就浮现在我们眼前：后人讲述三博士的故事时，有什么东西正在这个讲述时期浮现或形成？因为"三博士故事"为那正浮现或形成的东西"提供了论述"。就布拉默来说，他选择描写三博士前来的途中，乃是想借此说明什么？或者，套用我在本书一再使用的探究方式，这画中的门在哪里，那些门通往怎样的长廊？

　　在我看来，这幅画里的门是那些人物。荷兰画家以伪东方通的写实风格描写圣经场景时，总不得不描绘其实不是荷兰人的人物。布拉默无意借由将圣经故事移入代尔夫特以达成写实，因此他必须以近东的细节装饰他笔下的人物。这些细节将引领他的观者回到圣经时代。在他的《东方三博士来伯利恒之旅》中，笔法最一致之处乃是头巾，头巾是设定圣经故事场景的标准老套工具。三博士都有头巾，但梅尔基奥尔已脱下头巾，松散拿在右手里。此外，巴尔撒泽的黑仆人和至少一名随从包了头巾。头巾让人同时联想起当代的近东和遥远的过去，将东方的现在和圣经时代的过去融而为一，营造出无须担心是否符合史实的混成面貌。布拉默利用衣服获致同样效果：几种非制式的教堂法衣合为一炉的样式；毛皮衬里的东方袍服；看似真实，但唤起遥远的时空间隔，把场景拉回到圣经时代，而不知属于何时何地之物的衣料 [1]。

但袍服和头巾穿戴在人身上。欲探明布拉默绘制此画时所想表达的东西，不妨就从那些穿戴袍服和头巾的人着手。那是有多种出身背景的一群人，因一段旅程而聚在一块，迎向一个还未见到的结果。那一行人种族的多元，在非洲黑人巴尔撒泽的身上表现得最为鲜明。神学论点早已接受巴尔撒泽可能是黑人的说法，但三王的形象描绘，到 15 世纪 40 年代第一批非洲黑奴抵达里斯本时，才和这神学论点同步。欧洲艺术家立即转而将巴尔撒泽画成黑人模样（有些人甚至将先前绘画里的白种巴尔撒泽改涂成黑人）。在布拉默那幅画里，这位黑人博士看不清楚。他转过头去，并未看着我们。有个黑人仆人在骆驼旁边，但也不清楚——这可能反映代尔夫特没有黑人可供布拉默找来当模特。或许他得凭其在意大利见过非洲人的记忆，编造出这些人物的模样。至于另外两位博士，布拉默把脸色红润的加斯帕画成彻彻底底的荷兰人模样（当时传统允许艺术家将其赞助者画成三博士之一，他是否沿用这一惯例？），但他把秃头蓄胡的梅尔基奥尔画成外国人模样，赋予他堪称犹太

---

[1] 这些衣物，有些可能是虚构，但未必全是虚构。据他死后亲人所列的遗物清单，维米尔拥有两件"土耳其斗篷"、一件"土耳其袍"、一条"土耳其长裤"，还有两件"印度外套"。布拉默是不是也收藏了东方服装，供其画中人穿上？

人或亚美尼亚人五官的相貌。照料马匹的那两名随从，相貌极似荷兰人，简直像出自伦布朗之手，但白皮肤的三位天使，则难以断定其民族身份。

我们观画时是否该注意这些细节？如果画家以假乱真的用意，只在让观者认为画中所呈现就是实际发生的，那么我们就不该去注意那些细节。写实主义画家最不愿见到的事，就是画出不符事实的人和事物，比如失真的人物，或是在该时空不可能会有的细节。这类细节扰乱观画经验，提醒观画者眼前所见只是一幅画。但凡是画——不只绘制拙劣的画——都离不开其诞生的时空环境。没有哪幅画能免于画中正在发生之事和画外的世界——说到头，就是画者和观画者所处的世界——正在发生的事情之间的拉扯，而布拉默在世时，世界正发生的事，乃是不同民族前所未有的交混，因此他让画中的长途跋涉之旅呈现了多元文化的风貌。那场景或许是圣经时代的场景，但布拉默将那些人物一起呈现时，没有抛开他的社会经验和众所周知的知识。我们也无须抛开我们的社会经验和众所周知的知识，因此，我们在看此画时，理应注意其中人物的种族特征，理应怀疑我们所见画中人物的多元出身，可能正是布拉默在世时所感受到的现象。

画三博士图的表面目的，是歌颂基督降生受到承认，使观者更虔诚地信守那一事实。那是这类画作的首要意义。但三博士图的第二个意义在于其在画家的生活时空中所具有的意义，而且第二个意义随着我们观者变换所处时空，寻找自己所能开启的门而不断在变动。这尤其适用于四百年前的画作。今日的艺术家不会以那种风格来描绘三博士的故事，因此细节吸引我们的目光，透露出我们今日已不知的秘密。

在那幅画中，不同文化出身的人结伴同行，走在阴暗的大地上，迈向尚不可知的未来。而我认为，我们在这画中所看到的，正是对于17世纪的贴切描述。那或许不是布拉默的本意，但他也生活在真实世界里，而在那个真实世界里，文化与文化间泾渭分明的藩篱，正因人们不断移动的压力而渐渐动摇。人在全球各地移动，包括将高价值商品运到遥远异地的少数富商，也包括跟随他们从事运输、服务工作的无数贫苦大众。

这是我们思索维米尔家主厅墙上那幅三博士图时，通过回顾所得到的知识。我们想将之放在更广大的历史环境里审视，从而得到远超出维米尔本意的认知。他挂上那幅画，或许纯粹出于信仰考虑：欲使人们——至少使他的岳母——天天都能见到天主教观点下的基督教信仰。如果那真是布拉默所画，那么他挂上那幅画可能是为了向说服玛丽亚·廷斯将女儿嫁给他的人生导师表示敬意。然而，当我们具备了穿过那画面，走到另一头，进入代尔夫特镇的知识时，又何必在第一道门前止步呢？只要跨过那道门，我们将在代尔夫特镇看到，那些衣着考究，买卖贵金属、珍奇制造品和白银等重计价之香料的商人，带了各色人种同行，里面有欧洲人、摩尔人、非洲人、马来人，甚至可能还有在圣露西娅湾载走的古怪的马尔加什人——而这些人全要使出浑身解数，发挥临机应变的本事，才得以在陌生环境生存下来。

在《玩牌人》中，代尔夫特某间屋子的楼上房间里，那个在女主人招待来访的绅士时，在一旁服侍女主人的黑人男孩就是其中之一。来到代尔夫特，绝非他的意愿，他从此无缘回到家乡，他的后代子孙很可能最终会融入荷兰社会，融入到让人不知其先祖是黑人的地步。

结语　人非孤岛

"人非孤岛，无人可以自全"（No man is an island, entire of itselfe），这句话出自英格兰诗人暨神学家约翰·邓恩（John Donne）所写的《紧急时刻的祷告》（*Devotions upon Emergent Occasions*）。邓恩是在 1623 年生重病，面临他生命中的"紧急时刻"时，写下这些承载着基督教信仰的沉思语。他的第 17 则沉思语《丧钟为谁而鸣》，包含了邓恩最为今人知晓的一些名言佳句，"人非孤岛"就是其一。邓恩对岛屿这个意象的使用，并非仅止于此，而是利用这个暗喻，将其放进更广大的视野里。"每个人都是一块陆地，大陆的一部分；如果海浪把一块泥土冲走了，欧洲就缺了一小块；如果把一个海岬冲走了，欧洲就少了一个海角。"然后邓恩转向这个意象所欲建构、表达的道德目的："任何人的死去都使我缺了一块，因为我和全人类唇齿相依。"在这则沉思语的最后，他回归开头时所提及的丧钟。"因此，不必叫人去问丧钟为谁而鸣，"他的结论是，"丧钟为你而鸣。"

邓恩写下这段文字时，在思索他灵魂的状态，而非世界的状态。

他害怕自己就此死去，但因为那害怕，他不知不觉思索起解救所有迷惘的灵魂——而非只是自己迷惘的灵魂——的精神责任。当时的英格兰岛民面对诸多威胁，其中之一就是来自欧洲大陆的攻击威胁。为了便于得到他英格兰读者的共鸣，邓恩因此刻意选择岛屿、大陆这个暗喻。但对一个回顾 1623 年的历史的史学家而言，这个暗喻比它所倚为基础的神学理论更引人注目。邓恩所选择使用的语言是地理学的语言，而地理学是 17 世纪日新月异、变动快速的新研究领域之一。他写作的当时，地理学领域的潮流——将欧洲人所注意到的海洋、大陆的地理知识，汇集为全球性知识体系，编出愈来愈完整的世界地图——使他在思索人类世界每个成员与其他每个成员间的精神联结，思索那往外延伸、形成世界网络的精神联结时，有了可资依循的架构。一如他的精神世界日益充实，愈来愈多的世俗世界填入地图，使地图也愈来愈充实。在愈来愈多欧洲人移动于世界各地，把新知带回欧洲或是带到亚洲——17 世纪中国、日本的地图绘制者也开始绘制叫人惊奇的新世界地图——之际，邓恩会想到岛屿与大陆这个暗喻，可以说是很自然的事。

邓恩 1623 年的想象还聚焦于其他应合时势的意象。在同一则沉思语中，他用到翻译这个意象。他说死亡不是丧失，而是灵魂被翻译为另一种形式来存在。"人死时，代表他的那一章并没有从书上撕下，"邓恩写道，"而是把那一章翻译为更好的语言，每一章都必然如此翻译。"死亡以多种形式到来，因此"上帝用到好几个译者"，不只如此，"每个翻译过程都有上帝的参与"。

邓恩的观点是神学性的，但他是个以意象思索的诗人，而且那些引起他注意的意象来自他所处的那个时代。译者是那些意象之一。邓恩生时，英格兰、荷兰都已经各自组成东印度公司，到全球各地发掘贸易机会。他们的船只和人员所到之处，都必然如1625年班特固抵达马达加斯加时所说的，"和居民交谈"。能不能赚到钱，甚至能不能活命，取决于船上是否有人能和当地人交谈。邓恩说上帝用了许多译者，那些贸易公司同样也要雇用许多译者，以在双方之间传达一方的需要和另一方的需求，而那些译者往往兼通数种语言。随着贸易网扩大，在不同地区贸易经验的加深，译者的人数必然随之增加。17世纪50年代时，十年间搭荷兰东印度公司船只前往亚洲的人数已超过四万。同一期间，还有数千人搭别的船只离开欧洲。其中许多人在远行所落脚的地方，至少学会一种当地的混杂语。其中许多人成为译者。

有时，远行途中的意外，使韦特佛瑞之类的水手，在从未有机会学习某种外语的情况下，精通了该种外语。其他人则是决意学习某种外语，以便打入新环境。意大利传教士安杰洛·高琦在1631年底从台湾横越海峡到福建时，带了一名中国翻译同行。高琦在马尼拉学过中国话，但他预想到了中国，若未能传达他的意思，后果不堪设想，最起码会遭到驱逐出境。因为翻译不只是了解另一种语言对同样事物的正确用语，还要在不同语言之间交换想法，了解如何左右言语所创造的预期心理。

至于高琦的那位中国翻译呢？他如何学会西班牙语？他是八连的老居民，因为住在西班牙的马尼拉殖民地，自然学会了西班牙语？还是他皈依基督教，在与传教士的往来中学会了西班牙语？他是刻意学西班牙语，还是经由日常使用自然学会的？不管他如何精通西班牙语，他最后是替意大利人（而非西班牙人）担任在中国的翻译，而那位意大利人则是在西班牙萨拉曼卡的神学院就读时学会西班牙语的。到了1631年，所有的贸易公司或传教团都需用到"数名译者"，其中许多译者一人精通数种语言。

邓恩的沉思语中，还有一个暗喻会让今日的读者眼睛为之一亮。邓恩念念不忘于自己的罪恶之身，且一心要以自身带有的罪恶来鞭策自己更虔诚于信仰。为了促成这个转化，他劝自己和读者将平常用于评判事物——例如满足和苦难——的价值判断反转过来。邓恩告诉我们，"苦难是财富"，因此愈多苦难愈好，但必须运用得当才有好处。在此，他将这不求而得的财富解释为白银。"人所携带的财富如果是银块或金块，而没有将之铸成通行货币，他的财富将无法用来支付行旅时的开销。从本质来讲，苦难是财富，但从用途来讲，苦难不是通行货币，除非我们借着苦难而愈来愈接近我们的家——天国。"邓恩说，唯一令我们信服的将苦难的银块转化为宗教谅解的货币的东西，乃是丧钟的鸣声，死亡的前景。

邓恩竟会用银块和货币之间的关系，来暗喻苦难与救赎之间的关系，着实耐人寻味！白银流通于全球各地的通货区时，不断转换形状。在某些地区，例如中国，作为货币的白银系以块状呈现。在其他地区，法律规定白银必须以邓恩所谓的"通用货币"的形式来流通。在西班牙的美洲殖民地，白银必须铸成名叫雷亚尔的钱币。在荷兰共和国，就如前述，可能有好几个王国的钱币——从雷亚尔到荷兰盾——在市面上流通，视供应量而定。在南海的贸易区，白银买卖可以混用银块和西班牙雷亚尔。1623 年 4 月 8 日，威廉·班特固请福建沿海的两个中国人将猪带上他的船时，他付了二十五枚雷亚尔，而他们也欣然收下。若给的是银块，他们也会收下，因为对他们而言，只要是银子就好，但班特固没有银块。一如大部分欧洲国家，尼德兰联省共和国禁止人民使用未经铸造的银子，以便控制货币的流通量。在欧洲，如果想把白银当钱用，就得使用铸成钱币的白银。但是在这些历史上的特殊事例之外，赫然存在一个简单的事实：1623 年，邓恩寻找意象，以表达足以使罪人变虔诚而纷至沓来的苦难时，浮现在他激动心中的，正是白银那个可无限积聚的东西。

白银和翻译。孤岛和相连的大陆。邓恩写这篇文章时，不知道自己替他那个世纪装了门。无心插柳地安上的门：穿过它，走上长廊，我们将回到他的世界。我猜邓恩和维米尔一样，非常专注于理解自己存在的意义，因而不可能去想象后世的人想在他的作品里寻找什么。两人都努力地和现在搏斗，而那是太沉重的负担。两人都未着意替后人准备档案。今日的我们当然和他们没有两样。我们同样专注于现在，同样浑然不察自己正在为后人，为那些有意借由思索自己所处世界——我们所无法想象的世界——的来历，以理解那世界的后人留下了门。

如果 1623 年邓恩兴奋地发现没有人是孤岛，那是因为人类历史走到那个时代时，首度得以理解几乎无人是孤岛。在那之前，世界是一个个彼此隔离的地方，以致某地所发生的事，完全不会影响到其他地方的情势，但是在那之后，世界不再是如此。人性共通这个观念开始浮现,共同历史的存在随之成为可能[1]。邓恩的世界万物互相连接的观念,是以基督教神学为基础,但互相连接这一观念并非基督教所独有。其他宗教教义和世俗理论,也能支持同样的论点,且同样能引起我们对全球局势和全球责任的感悟。邓恩的大陆暗喻,一如佛教的因陀罗网比喻:每个泥块,每个珍珠——每个丧失与死亡,每个诞生与生成——都影响与之共存的每一个泥块和珍珠。对大多数人而言,这样的世界观要到17世纪才变得可以想象。

如果我们要说服别人乃至自己处理我们所面对的任务,此刻比以往任何时候都更有必要倚重全球各地传统思想里所浮现的暗喻。我们的生活体验已经带有全球性质。身为万物之一的我们,有必要弄清楚如何以一种使我们能承认、接纳这一点的方式来叙述过去。而撰写本书的动机之一,就是让世人认清这一点。全球化是个乌托邦式的理想,我们尚未实现,且可能永远无法实现,但它已渗透到我们的日常生活里。如果我们能明白,任何地方的历史都将我们与每个地方相连,且最终使我们与整个世界的历史相连,那么过去的任何一部分——任何屠杀和成就——全都是我们的共同遗产。在生态问题上,我们已开始这样思考了。事实上,我们所处时代的全球变暖带来的影响,在某种程度上反映了维米尔时代全球降温的破坏性冲击,那时候,人们认识到改变即将到来,甚至认识到那些改变

---

[1] 欲为全人类找出共同历史的念头,也激使欧洲学者编写全球编年史,其做法通常是将圣经时代的历史扩大为全球范畴。这一方面的研究,促使詹姆斯·厄谢尔(James Ussher)在1650年推出他的著名见解,认定世界史源于公元前4004年的上帝创世,而如今,这一虚构的年代似乎仍受到某些基本教义派人士的认同。

正在影响全世界。因船难而流落朝鲜的荷兰枪炮匠韦特佛瑞，晚年向朝鲜友人回忆起他在荷兰的童年生活。他告诉那人，他小的时候，长辈碰上浓雾天气，关节因天气湿冷而不舒服时，会说"今天中国在下雪"。就在气候改变使世界一团混乱时，人们察觉到地球另一头所发生的事不再只发生在彼处，同时也发生在此处。

本书至此所叙述的故事，全都以贸易对世界的影响和对一般人的影响为核心来铺陈。但在世界和一般人之间有国家，而国家既深受贸易史的影响，反过来也大大影响了贸易史。17世纪的贸易和人员流动强化了国家的力量。至少在欧洲，原有封建领主效忠的君王，这时已开始将其私人王国转变成为公司的利益而服务、由赚取私人财富的公民组成的公共实体。荷兰共和国的成立只是这一转变的例子之一。即使在仍保留君主制的国家，例如英国，也为了将专制君主转化为尊重商业利益的立宪君主而爆发激烈内战。政府无法抵抗公司贸易这一巨大的新经济力量的诱惑，开始运用那股新力量，从而使它更为强大，也更难驾驭。

历来认为1648年的《威斯特发里亚和约》标志着现代国家体系的诞生。这份和约包含了好几个条约，因为这些条约的签订，分属天主教、新教阵营的敌对新兴强国，结束了他们之间长年不断的战争，包括西班牙与荷兰之间的八十年战争（其中一个条约禁止荷兰人进入马尼拉港）。这个新体系确立的国家主权的准则，被我们作为支撑当今世界秩序的准则：国家是世界体系里的基本参与者，每个国家享有不可侵犯的主权，任何国家都无权干涉别国事务。国家从此不再是君王的辖地，而是为国家利益而收集、运用资源的政治实体。这一新秩序的出现，带来了 17 世纪的全球转变，如果如此归因恰当的话。

《威斯特伐利亚和约》之后崛起的全球性强权，由于主客观条件的配合，在利用全球贸易上占尽优势，而拥有实力强大且管理良好的垄断公司的荷兰共和国，更是个中翘楚。但是到了 17 世纪结束时，荷兰却渐渐被英格兰挤下全球最大贸易强权的宝座。荷兰国势的衰弱有诸多原因，而 1672 年法国入侵荷兰乃是原因之一。法国觊觎荷兰的海外贸易，于是派遣庞大的陆军入侵低地国，兵员之众远超过荷兰所能动员的兵力总数。荷兰人无力抵抗，只能使出最后手段——破堤。此举果然击退法军，但荷兰也为此惨胜而大伤元气。英国趁荷兰衰弱之际，大举对外扩张，使其得以凌驾荷兰，成为 18 世纪的全球贸易霸主。

大英帝国的壮大，要归功于诸多因素，特别是鸦片贸易的展开。英国东印度公司通过鸦片贸易，将它所掌控的印度土地与它买进茶叶、纺织品的中国市场相连。而该公司的壮大，又必然和莫卧儿帝国的建造者奥朗则布（Aurangzeb）1707 年去世前后，南亚次大陆上的群龙无首有关系。他死之后，没有人具有他那种维系莫卧儿帝国于一统的毅力和性格，英国东印度公司因此得以乘虚而入，在印度取得支配地位，从而以印度为基地，主宰与中国的贸易。英国人在 18 世纪期间，靠着武力征服和垄断贸易双管齐下，成为全球贸易领域无可匹敌的霸主。荷兰东印度公司一直营运到 18 世纪结束，但荷兰人再也未能夺回 17 世纪时他们在世界经济上的龙头地位。

1815 年英国在滑铁卢之役打败法国，完成其在欧洲的霸业，拿破仑则在此役之后，被放逐到南大西洋上水手早已不停靠的圣赫勒拿岛。在亚洲，国家的发展走上不同的道路，但仍可见到国家权力增强的类似现象。德川幕府和清朝都强化其官员的行政权，对国内的掌控，比前朝更加严密。事实上，欧洲人还极欣赏清朝的行政管理，因此把中国视为建立官僚机构的榜样。这也是为什么葡萄牙人借自梵语指称中国官员的字眼——mandarin——会成为全球通用指称掌握大权之官员的词语。面对全球贸易的勃兴，日本的应对之道是闭关锁国，只准少数特别指定的荷兰、中国商人入境通商，实行自给自足的经济模式。清朝政府允许经由广州的有限海外贸易，但满人统治者较热衷于陆上扩张，无兴趣追求海权。英、中两个帝国靠着为数有限的垄断贸易站，保持井水不犯河水的态势，直到 19 世纪，英国东印度公司把一船船的印度鸦片运到广州，使中国白银大量流失，中英两国的贸易盈余转而落在英国一方，从而动摇中国的政治经济，这一态势才改观。军力的优劣跟着逆转。天朝上国的自负自此崩解，此后中国花了将近两个世纪的时间，才在今日开始以强国之姿重现于世界舞台。

行笔至此，我们不妨回顾这一路走来所碰到过的其中三位人物，问问他们的遭遇，借此为本书画下句号。这三位分别是马尼拉总督塞巴斯蒂安·科奎拉、《长物志》作者文震亨、我们的画家兼本书的向导约翰内斯·维米尔。

总督科奎拉深信，1640 年打败马尼拉造反的中国人，不只会使他的总督大位坐得更稳固，也会更有助于增加他职责所在的王室收入。结果没有。那场暴乱前的四年间，科奎拉和菲律宾的整个教会组织一直处于对立状态，特别是与马尼拉大主教不和。他常将大主教驱逐出境，而大主教也常以将他开除教籍回敬。双方斗争的焦点是白银贸易。虽有白银通过非官方渠道源源流入这一殖民地，但马尼拉总督却要维持着开销庞大而经费永远捉襟见肘的行政体系。在科奎拉眼中，问题症结在于天主教会在菲律宾享有庞大的财政特权。他推断，只要缩减那些特权，财政赤字就会减少。国王费利佩四世警告他勿轻举妄动——可能是想起前任总督因为干预教会收入，使教会收入减少，而遭神父暗杀的前车之鉴。

科奎拉以镇压华人叛乱为借口，认为神职人员理当让步，接受他的财政要求，但神职人员认为这个说法站不住脚，反倒予以反击，坚称他才是那场暴乱的罪魁祸首。他们向国内汇报，称卡兰巴的华人农民之所以造反，完全是因为科奎拉想增加王室税收。要不是他横征暴敛，农民不会如此走投无路，铤而走险，其他华人不会如此不满，走上公开叛乱之途。与总督为敌的教会，不只批评他施政流于极端，导致官逼民反，还坚称科奎拉这么做，全是为了个人利益，坚称那是他为总揽财政大权而精心策划的计谋，他借此隐藏侵占了最多的公款这个事实。

平乱的开销迫使科奎拉不得不进一步开辟财源。他所用的办法之一，是将华商取得贸易许可的费用提高一倍。他想借此惩罚支持暴乱的华商，结果因华商将增加的费用转嫁给客户，全马尼拉物价上涨，效果适得其反。国王派赴马尼拉的财政官员在 1644 年抱怨，

"以前卖两雷亚尔的鞋子，现在卖四雷亚尔"，也就是半比索（一比索合八雷亚尔）。"以前两比索可买到的衣服，现在要四五比索。其他东西也都一样，"他如此埋怨，"这全源自始于1639年许可费全面提高加重他们负担所致。"科奎拉欲让华人支付他打胜仗的成本，到头来反倒让那成本落在西班牙人身上，使自己陷于不利处境。

科奎拉四面楚歌，自请辞职。但他要等继任总督到来后才能离开，因为卸任总督要等新总督审查其账目，确认无贪污之事，才准卸职。由于天主教会已对他提出五十九项渎职控诉，马德里当局于是在1641年裁定，科奎拉在审查期间得受拘禁。继任总督1644年才到任，意味着科奎拉因为候审，在舒服的家中软禁了三年。经过一年调查之后，新总督判决他某些罪名成立（让西班牙在台湾的据点落入荷兰人之手这一罪行也加在他头上），其他指控不成立，然后将此案转送马德里，呈请终审判决。科奎拉在西班牙本土有支持者，他们对教会提出新一波的反控，以使此案更为复杂。他的案子因此一时之间无法结案。

科奎拉遭指控的五十九项罪名中，有一项是侵占国王的贵金属制品，运回西班牙扩大个人财富。列出的侵占物品中，包括一套纯金的盘子和一个有柄敞口水壶，那原是西班牙国王为打开日本贸易门户而欲赠给日本天皇的礼物。那套金盘和金水壶不知为何失踪，而科奎拉被指控将那套器皿当作个人财物送上"怀胎圣母"号——1638年从马尼拉驶出而沉没于马里亚纳群岛海域的船只——运回西班牙。他极力否认，而案情一直也陷于胶着，因为他在该船出航时已阻止海关人员列出完整的船货清单。最后，马德里当局认定查不出真相，决定不对科奎拉做出有罪或无罪的裁决。所有指控撤销，科奎拉继续为西班牙帝国效力。他被派去出任科尔多瓦地方行政官，最后在加纳利群岛总督这个要职的任期中去世。

当时找不到金盘和金壶，因而无法将科奎拉定罪。但是三百五十年之后，证物重见天日。20 世纪 80 年代海洋考古学家调查"怀胎圣母"号沉没处的珊瑚床，在海床上发现一只金盘的盘缘——目前为止证明科奎拉犯了侵占罪的最有力的证据。

"长物"（非生活必需之物）鉴赏行家文震亨若能通过科举考试，大概会像科奎拉一样当上高官。他在 1621 年通过县试，但如果想通过层层考试，觅个一官半职，就得写主考官所喜欢的八股文章，而他似乎受不了那样的文章。17 世纪 20 年代也不是谋取官职的好时机。皇帝身边的宦官贪腐至极，实质上把持朝政，朝纲败坏，在这种情形下，想在朝中为官，若不同流合污，就会遭弹劾去职，或是更悲惨的下场。1624 年府试再度落榜后，文震亨从此断了在考场与人无休无止拼搏的念头，转而随性自适，将心力投注在自己喜欢的事物上，在苏州——晚明时期高尚文化与高消费力的中心——弹琴、演戏、建造庭园度日。文震亨家财万贯，使他得以过着他在《长物志》中所力倡的那种吟风弄月的悠闲生活。

文震亨的哥哥文震孟在 1622 年中进士，入朝为官，再度光耀文家门楣，但是弹劾宦官魏忠贤，让他惹祸上身。他于 1636 年去世，把主持文家的担子交给文震亨。文震亨按礼俗服完丧期之后，觉得自己得像哥哥一样当个官，于是在北京谋得一个小官职。但不久之后，文震亨因在朝廷派系斗争中站错边，入狱关了一段时间。两年后，朝廷派他到北方边境防御满人的部队当差。时为 1642 年，那是明朝最悲惨的一年，清军集结边境，不时入境袭扰，而从蒙古传来的瘟疫使华北许多地方民生凋敝。那场瘟疫特别厉害，有些地方因此整个村子无人幸存。

文震亨费了一番功夫，避开任命，找了借口辞官，返回南方的苏州老家。1645 年清军抵达苏州时，他正忙着建造新庭园，最后死于清军占领苏州期间，享年六十五岁。他这种性格的人，若在改朝换代之际活下来，会有何种遭遇？

17 世纪中叶身陷明朝覆灭乱局的文人，有许多人的遭遇和文震亨类似。指出北京每个街角都出现抽烟人的礼部侍郎杨士聪就是其中之一。杨士聪留到 1644 年春，李自成的大顺军攻占北京之后才离开。京城失陷时，末代皇帝崇祯为免女儿落入起义军之手，亲手杀掉女儿（但其中的长平公主伤重未死），然后自缢于煤山树下。杨士聪的女儿和两个妾效法崇祯，也自杀身亡，但杨士聪打算自杀时，遭仆人制止，仆人将他偷偷带出城，以便其加入反清军队。他回到家乡，但清军攻入，他不得不再往南逃。他并未像文震亨那样落入清军之手，但最终还是遭满人的奸细逮捕，劝他弃明投清，为新政权效力。杨士聪予以拒绝，自我放逐，不久之后，死于南方。

对于杨士聪、文震亨这类人，17 世纪或许把世界连成一体，但由此对其所处时空的冲击，却非他们所能承受。

维米尔在晚年也遭逢苦难。他的家族从未富裕过，但是靠着维米尔作画和从事艺术品买卖，加上玛丽亚·廷斯的资产和投资，倒也衣食无虞。1672 年法军入侵尼德兰，维米尔赖以取得足够现金的艺术品市场随之瓦解。艺术品买卖这一行，总要在经济畅旺时才会活络。荷兰经济里充足的资金，助长这些美好"长物"的生产。家家户户热衷于在自家墙上挂上绘画，而在 17 世纪中叶期间，买画风气之盛前所未见——这是现今全球各地的艺术馆收藏有如此多 17 世纪的荷兰绘画的原因之一。17 世纪 70 年代，过剩资金在代尔夫特经济中消失了，维米尔这类靠作画为生的艺术家，生计顿失所依。无人上门买画和委托作画，欲维持一家生计，唯一办法就只有借贷。见于记录的最后一笔借贷，贷方是阿姆斯特丹的一名商人（此人可能借钱给他，要他日后用画抵付），款项是一千银荷兰盾——这笔借款大到还不起。生计无着的压力，扼杀了维米尔的创造力。现存的三幅晚年画作，全描绘女性忸怩不安地弹奏着乐器，其中只有一幅，水平和早先的画作差堪比拟。

1675 年 12 月 15 日，维米尔突然去世，得年四十三岁。一年半之后，卡塔莉娜因生计问题而求助代尔夫特市政当局时，说维米尔的死肇因于生计无着，而生计无着则是"毁灭性的漫长战争"所造成的。她丈夫发现"自己的作品一张都卖不掉。而且，叫他损失惨重的是，他只能枯坐，看着他买进却卖不出的其他大师画作。因为这个问题，因为抚养小孩的沉重负担，身无分文的他陷入衰弱、颓废，为此郁结在心。然后，仿佛发狂一般，原本健健康康的他，只不过一天半的光景，就撒手而去"。猝死显示他死于致命疾病。她不厌其烦地解释了一堆，但实情很可能正如她所认为的，抑郁削弱了他的抵抗力。果真如此，那么夺走维米尔性命的，很可能也就是一开始让他事业有成的那样东西：在囊括全世界的经济网络中，代尔夫特占有的地位。经济网络兴旺活络之时，维米尔靠着精心绘制的杰作，就得以养家活口，而因为生计无虞，他可以从容完成画作。经济网络一旦瓦解，要获致白银，就只有借贷一途，绝望和死亡结束了他的艺术和生命。

维米尔隔天就葬在旧教堂里，就在我去过的那个地方附近。这一家人颇为幸运，因为玛丽亚·廷斯早在十五年前家道兴旺时，就买了墓地。她不希望死后无处安身，但未料到女婿竟先她而去。维米尔倒也不是第一个葬在家族墓地的人，他生前已把自己三个小孩葬在那里。挖墓人抬起铺砌的石板安葬维米尔时，发现两年前所下葬的那个小孩的尸体仍然完好。他们小心移出那具小身躯，把维米尔放进墓穴，再把那小孩的遗体放在父亲上方。这一次，丧钟为维米尔而鸣。代尔夫特绘画的伟大时代已然告终，但贸易、旅行、战争，在该镇、在全世界所开启的门，至今仍然敞开。

致谢

　　这本书不太像是由中国史学者写的，但世界历史必须要从一些地区的专业知识写起，而中国同其他任何地方一样，或许比其他地方能更好地反映 17 世纪的全球变化。写这段历史的想法源于我在斯坦福大学和多伦多大学教授世界史课程的经历。随着本书想法的深化，我应邀在加州大学伯克利分校的中国研究中心、明尼苏达大学早期现代史中心、马尼托巴大学历史系（亨利·A. 杰克逊纪念讲座）、马里兰大学历史研究中心以及不列颠哥伦比亚大学的中国研究小组做了讲座，介绍了其中的一些内容。

　　本项目的部分资金由在安大略省麦克马斯特大学的威廉·科尔曼指导下的"全球化和自主性"项目慷慨提供。"全球化和自主性"项目组也给了我一个跨学科的语境，使我得以在其中深化我的想法。加拿大社会科学和人文科学研究委员会多年来一直给我以支持。完成本书初稿后，我也有幸从约翰·西蒙·古根海姆纪念基金会获得古根海姆奖。

　　我要感谢那些常常在不知不觉中帮助我形成本书想法和逻辑的

学者，他们是格雷戈里·布鲁（Gregory Blue）、吉姆·卓别林（Jim Chaplin）、齐慕实（Timothy Cheek）、柯律格 (Craig Clunas)、保罗·伊普瑞尔（Paul Eprile）、今井新（Shin Imai）、肯·米尔斯（Ken Mills）、彭慕兰（Kenneth Pomeranz）、理查德·昂格尔（Richard Unger）、丹尼·维克斯（Danny Vickers）和王国斌。为了获得那些远离我自己专业的问题的答案，我要感谢格雷戈·班克夫（Greg Bankoff）、利亚姆·布罗奇（Liam Brockey）、帕特里夏·布鲁克曼 (Patricia Bruckmann)、吉姆·卡希尔（Jim Cahill）、蒂莫西·弗朗西斯（Timothy Francis）、杰佛里·帕克（Geoffrey Parker）、简·史蒂文森（Jane Stevenson）、麦琪·奇尔（Maggie Tchir）和曹星原。苏珊·加拉西（Susan Galassi）安排了我到纽约弗里克收藏馆访问，使我可以近距离观看《军官与面带笑容的女子》，而代尔夫特博物馆的伊尔斯·博克斯（Ilse Boks）向我提供了作为本书第五章主题的范·梅尔滕收藏的瓷盘的照片。埃里克·莱因伯格（Eric Leinberger）为本书绘制了地图。

没有不断鼓励我的出版代理人贝弗利·斯洛彭（Beverley Slopen），以及布鲁姆斯伯里出版社（Bloomsbury）的编辑彼得·金纳（Peter Ginna），凯瑟琳·亨德森（Katherine Henderson）和伊丽莎白·彼得斯（Elizabeth Peters），这本书或许就不会出现。最后，感谢我的妻子菲·希姆斯（Fay Sims），她不断提醒我应该为像她这样的读者写作。

中、日文书目

《天下郡国利病书》

《澳门纪略》

《盟水斋存牍》

《玉堂荟记》

《明清时期澳门问题档案文献汇编》

《图书编》

《广东通志》

《贵州通志》

《景岳全书》

《祝哀集》

《广志绎》

《露书》

《味水轩日记》

《五岳游草》

《济宁州志》

《松江府志》

《东夷图说》

《东西洋考》

《仁恕堂笔记》

《在园杂志》

《宛署杂记》

《新唐书》

《明清稀见史籍叙录》

《食物本草会纂》

《中国吸烟史话》

《寿宁待志》

《初会问答》

《帝京景物略》

《烟谱》

《明史》

《澳门开埠初期史研究》

《补农书校注》

《阅世编》

《粤剑篇》

《烟草谱》

《长物志校注》

《崇祯长编》

《地纬》

《明熹宗实录》

《長崎夜話草》

《国語史への道：土井先生頌寿記念論文集》

注释及延伸阅读

这一部分是我在写作《维米尔的帽子》时参考的内容，包括一些 17 世纪的原始文献以及 20 世纪学者的论著。对于亚洲语言的文献，我首先标注的是其英文翻译的名称，在其后用括号加上汉语或者日语的原名[1]。如果希望深入了解本书正文有所涉及但未做详细介绍的主题，我推荐以下八本书：

Anthony Bailey，*Vermeer: A View of Delft* (New York: Henry Holt, 2001)。这是一本约翰内斯·维米尔的传记，富有思想性且非常吸引人。John Michael Montias, *Vermeer and His Milieu : A Web of Social History* (Princeton, NJ: Princeton University Press, 1989)。本书学术性更强。身为经济史学家的作者详尽检索了代尔夫特所有与维米尔相关的材料，此书是历史学家的梦想之作。

彭慕兰、史蒂夫·托皮克，《贸易打造的世界》[Kenneth

---

[1] 编注：参考文献及注释基本依照原文，以便查找，但中、日文著作还原为原名，已有中文版的外文著作添加中文名称，其后附上原名。此外，在部分学者姓名后添加上中文姓名，正文中已出现人物则直接使用译名。

Pomeranz and Steven Topik, *The World That Trade Created: Society, Culture and the World Economy, 1400 to the Present* (Armonk, NY: M. E. Sharpe, 1999)]。本论文集讲述过去五百年间主要的商品及全球市场的历史。

拙著《纵乐的困惑：明代中期的商业与文化》[*The Confusions of Pleasure: Commerce and Culture in Ming China* (Berkeley: University of California Press, 1998)]。该书论及明代广阔的社会文化史。

柯律格，《长物：早期现代中国的物质文化与社会状况》[*Superfluous Things: Material Culture and Social Status in Early Modern China* (Cambridge, MA: Polity, 1991)]。柯律格在书中，以文震亨所写的鉴赏指南《长物志》为材料分析明代文化。

史景迁，《利玛窦的记忆宫殿》[Jonathan Spence, *The Memory Palace of Matteo Ricci* (Harmondsworth: Penguin, 1985)]。本书是描述明代天主教传教士的最吸引人的著作。

Marc and Murial Vigié, *L'Herbe à Nicot: amateurs de tabac, fermiers généraux et contrebandiers sous l'Ancien Régime* (Paris: Les éditions Fayard, 1989)。本书是一本关于 17 世纪吸烟文化的优秀文化史著作。

V. G. Kiernan, *Tobacco: A History* (London: Hutchinson Radius, 1991)。这本书是对吸烟文化的英文研究。

本书扉页的话，见 Gary Tomlinson, *Music in Renaissance Magic: Toward a Historiography of Others* （Chicago: The University of Chicago Press, 1999），p. 20。

第一章　从代尔夫特看世界

我通过 Ludwig Goldscheider, *Vermeer* (London: Phaidon, 1958, 1967) 了解到了维米尔。关于维米尔的生活和工作，参见 John Montias, *Vermeer and His Milieu*, 以及 Anthony Bailey, *Vermeer*。我也从以下著作中受益：Gille Aillaud, Albert Blankert, and John Montias, eds., *Vermeer* (Paris: Hazan, 1986) ; Arthur Wheelock, *Vermeer and the Art of Painting* (New Haven, CT: Yale University Press, 1995) 及其所编 *Johannes Vermeer* (Washington, D.C.: National Gallery of Art, 1995); Ivan Gaskell, *Vermeer's Wager: Speculations on Art History, Theory and Art Museums* (London: Reaktion Books, 2000);Wayne Franits, *The Cambridge Companion to Vermeer* (Cambridge: Cambridge University Press, 2001), 以 及 Bryan Jay Wolf, *Vermeer and the Invention of Seeing* (Chicago: University of Chicago Press, 2001)。我也参考了网站 http://www.essentialvermeer.com 上的内容。

关于维米尔活着时候的尼德兰，参考 Jonathan I. Israel, *The Dutch Republic: Its Rise, Greatness, and Fall, 1477-1806* (Oxford: Oxford University Press, 1995) ，其中人口规模引自第 622 页。关于 17 世纪荷兰艺术和文化史，参见 E. de Jongh, *Questions of Meaning:*

Theme and Motif in Dutch Seventeenth-Century Painting, trans. Michael Hoyle（Leiden: Primavera, 2000），以及 David Kunzle, *From Criminal to Courtier: The Soldier in Netherlandish Art 1550-1672*（Leiden: Brill, 2002）。关于代尔夫特的历史，参见 Ellinor Bergrelt, Michiel Jonker, and Agnes Wiechmann, eds., *Schatten in Delft: burgers verzamelen 1600-1750*（*Appraising in Delft: Burghers'Collections, 1600-1750*）（Zwolle: Waanders, 2002), 及 John Montias, *Artists and Artisans in Delft: A Socio-Economic Study of the Seventeenth Century*(Princeton, NJ: Princeton University Press, 1982)。

关于上海豫园，见《松江府志》（崇祯四年刊）卷四十六，叶 59b[1]。

"绘画是必须破解的谜"，引自 James Elkins, *Why Are Our Pictures Puzzles? On the Modern Origins of Pictorial Complexity*（New York: Routledge,1999）。

《代尔夫特一景》，载于 Epco Runia and Peter van der Ploeg, *In the Mauritshuis: Vermeer*（Zwolle: Waanders Publishers, 2005），pp. 42-59，其中 48—49 页对船只种类的讨论极具启发性。东印度公司建筑群的鸟瞰图，见 H. L. Houtzager et al., *De Kaart Figuratief van Delft*（*A Pictorial Map of Delft*）（Rijswijk: Elmar, 1997），p.177,197。

关于代尔夫特与更广大世界的联系，参见 Kees van der Wiel, "Delft in the Golden Age: Wealth and Poverty in the Age of Johannes

---

[1] 编注：本书为影印版，原书一页刊成两页，以 a, b 标示页面左右。以下同。

Vermeer"，载于 Donald Haks and Marie Christine van der Sman, eds. *Dutch Society in the Age of Vermeer*（The Hague: Haags Historisch Museum and Waanders, Zwolle, 1996），pp. 52-54。

关于小冰期、鲱鱼南迁、老彼得·勃鲁盖尔的冬季画、华南橘树冻死，参见 H. H. Lamb, *Climate, History and the Modern World*（London: Methuen, 1982），pp. 218-23, 227-30。关于荷兰运河结冰的数据，见 H. H. Lamb, *Climatic History and the Future*（Princeton, NJ: Princeton University Press, 1984），p. 476, n.1。

关于瘟疫，参见 William Hardy McNeill, *Plagues and Peoples*（New York: Anchor Press, Doubleday, 1976）。关于 1578 年后的阿姆斯特丹瘟疫，见 N. W. Posthumus, *Inquiry into the History of Prices in Holland*（Leiden: E. J. Brill, 1946），vol. 1, p. 641。威尼斯地区则见 Carlo M. Cipolla, *Fighting the Plague in Seventeenth-Century Italy*（Madison: University of Wisconsin Press, 1981），p.100。

离开荷兰的人数估计，摘自 Jaap Bruijn, Femme Gaastra, and Schöffer, *Dutch-Asiatic Shipping in the 17th and 18th Centuries*(The Hague: Martinus Nijhoff, 1987) vol. 1, pp. 143-44。维米尔在东印度的外甥，见 Montias, *Vermeer and His Milieu*, p. 312。

弗朗西斯·培根的话，转引自李约瑟的《中国的科学与文明》[Joseph Needham, *Science and Civilisation in China*, vol. 1 (Cambridge University Press, 1954)，p. 19]。关于火枪对 17 世纪世界变化带来的影响，参见 Jack Goody, *Capitalism and Modernity: The Great Debate* (Cambridge: Polity, 2004), pp. 77-78。

欧洲可能给明代绘画带来影响，见高居翰《气势撼人：17 世纪中国绘画中的自然与风格》[James Cahill, *The Compelling Image: Nature and Style in Seventeenth-Century Chinese Painting* (Cambridge, MA: Harvard University Press, 1982) pp. 82-86]，以及 Richard Barnhart（班宗华），"Dong Qichang and Western Learning：a Hypothesis in Honor of James Cahill", *Archives of Asian Art* 50 (1997-98)，pp. 7-16。中国因素可能影响到维米尔，见 Bailey, *Vermeer*, p. 177。

关于维米尔作品中的珍珠，可以参见 Runia and van der Ploeg, *In the Mauritshuis: Vermeer*, pp. 66-67。关于中国对珍珠的审美喜好，见顾炎武《天下郡国利病书》（京都：中文出版社）卷二十九，叶126a，也见于宋应星《天工开物》[任以都、孙守全译，*Advantages and Disadvantages of the Various Regions of the Realm*(University Park: Pennsylvania State University Press, 1966)，p. 296]。

宋应星的评论，出自《天工开物》的自序。威廉·斯考滕的墓志铭出自 Willem Ysbrantsz Bontekoe, *Memorable Description of the East Indian Voyage, 1618-25*, trans. Mrs. C. B. Bodde-Hodgkinson and Pieter Geyl（New York: Robert M. McBride, 1929），p. 157。中国官员的抱怨，转引自拙著《纵乐的困惑：明代的商业与文化》第 153 页。

第二章　维米尔的帽子

关于军官的帽子，参见 Wheelock, *Vermeer and the Art of Painting*, p. 58。关于维米尔对地图的使用，见 James Welu, "Vermeer: his

Cartographic Sources", *The Art Bulletin* 57: 4（Dec. 1975）, pp. 529-47,以及 Evangelos Livieratos and Alexandra Koussoulakou, "Vermeer's Maps: A New Digital Look in an Old Master's Mirror", *e-Perimetron* 1: 2（Spring 2006）, pp. 138-54。关于巴尔塔萨尔·范·伯肯罗德这一地图世家的早期面貌，见 Edward Lynam, "Floris Balthasar, Dutch Map-Maker and His Sons", *Geographical Journal* 67: 2（Feb. 1926）, pp. 158-61。

最早关于这场战斗的记载出自萨缪尔·尚普兰自己的记录，该记录首次出版于 1613 年，在 1632 年稍微修改后重版。英文版本中，1613 年版见六卷本的 H. P. Biggar, ed., *The Works of Samuel de Champlain*（Toronto: The Champlain Society, 1922）, vol. 2, 1608-1613, pp. 65-107，修订内容见 vol. 4, pp. 80-105，除开头部分以外，均在 pp. 97-99。本章直接引用的尚普兰的记录均直接来自第 2 卷，但对原文稍作修改。关于 1609 年的战斗，详见 Bruce Trigger, *The Children of Aataensic: A History of the Huron People to 1660*（Montreal: McGill-Queen's University Press, 1976）, ch. 4。有关尚普兰的最近的研究，参见 Raymonde Litalien and Denis Vaugeois, eds., Käthe Roth trans., *Champlain: The Birth of French America*（Montreal & Kingston: McGill-Queen's University Press, 2004）。当我完成本书的时候，我高兴地发现在这套书中，Christian Morissonneau 在《尚普兰的梦想》（Champlain's Dream）一文中对尚普兰猜测的中国的位置，得出了和我一样的结论。

奥利弗·狄卡森认为 1609 年是白印关系史上转折点这一观点，

见 她 的 *Canada's First Nations: A History of Founding Peoples from Earliest Times* (Toronto: McClelland and Stewart, 1992), p. 122。相反的观点，则可参照 William John Eccles, *The Canadian Frontier, 1534-1760*（Histories of the American Frontier）（rev. ed., Albuquerque: University of New Mexico Press, 1983），p. 25。

印第安语言及姓名基本参照 Bruce Trigger and Wilcomb E. Washburn, eds., *The Cambridge History of the Native Peoples of the Americas*（Cambridge: Cambridge University Press, 1996），vol. 1 North America。部落名称的语源，参照 John Steckley, *Beyond Their Years: Five Native Women's Stories* (Toronto: Canadian Scholars' Press, 1999), pp. 15-16, 63, 243-45。

关于火绳枪的历史，见 Carl Russell, *Guns on the Early Frontiers: A History of Firearms from Colonial Times Through the Years of the Western Fur Trade*（Berkeley: University of California Press, 1957; Lincoln: University of Nebraska Press, 1980），pp. 1-18。有关日本早期枪支的历史，见 Noel Perrin, *Giving Up the Gun: Japan's Reversion to the Sword, 1543-1879*（Boston: David Godine, 1979），pp. 5-31。关于日本购买荷兰枪支，见 C. R. Boxer（谟区查），*Jan Compagnie in Japan, 1600-1850*（The Hague: Martinus Nijhoff, 1950），p. 26。

关于土著文化中用俘虏献祭，见 Georg Friederici, Gabriel Nadeau, and Nathaniel Knowles, *Scalping and Torture: Warfare Practices Among North American Indians* (Ohsweken, Ont.: Iroqrafts, 1990)。乔治·悉维的观点，见 Georges E. Sioui, *For an Amerindian*

Autohistory: An Essay on the Foundations of a Social Ethic (Montreal & Kingston: McGill-Queen's University Press, 1992), p. 52。

关于尚普兰和休伦串珠，见 Tehanetorens（Ray Fadden），"Wampum Belts of the Iroquois"（Onchiota: Six Nations Indian Museum, 1972; Ohsweken, Ont.: Iroqrafts, 1993），pp. 11, 59。

关于毛毡帽的历史，参见 Hilda Amphlett, *Hats: A History of Fashion in Headwear*（London: Richard Sadler Ltd., 1974），pp. 106-109; Bernard Allaire, *Pelleteries, manchons et chapeaux de castor: les fourrures nord-américaines à Paris 1500-1632*（*The Fur Trade, Muffs and Bearer Hats: North American Furs in Paris*）(Québec: Septentrion, 1999)。关于皮毛贸易，见 Harold Innis, *The Fur Trade in Canada* (Toronto: University of Toronto Press, 1956)；Paul Phillips, *The Fur Trade*（Norman: University of Oklahoma Press, 1961）；Raymond Fisher, *The Russian Fur Trade, 1550-1700*（Berkeley: University of California Press, 1943）。

15 世纪欧洲对自然生态的破坏，见 David Levine, *At the Dawn of Modernity: Biology, Culture, and Material Life in Europe after the Year 1000*(Berkeley: University of California Press, 2001), pp. 153-55。

伊丽莎白致中国皇帝的信，见上文提到的 Morissonneau, "Champlain's Dream", p. 260。

尚普兰在 1603 年对咸水的寻找，见 *Works of Samuel de Champlain*, vol. 1, pp. 156-62。

对尚普兰所绘地图的研究，见 Conrad Heidenreich, Edward

Dahl, "Samuel de Champlain's Cartography,1603-32", 该文载于 *Champlain: The Birth of French America*, pp. 312-32。亦见 Christian Morissonneau, "Champlain's Place-Names", op. cit., pp. 218-29。

关于让·尼克雷（Jean Nicollet，亦作 Jean Nicolet）抵达密歇根湖对面的绿湾这一通说，亦见于拙著《纵乐的困惑》的序言。但我现在修正这一说法，认为尼克雷不仅穿过密歇根湖，而且到达了尼皮贡湖。Gaétan Gervais 论证了这一观点，见 "Champlain and Ontario (1603-35)", *Champlain: The Birth of French America*, p. 189。关于早期地图将绿湾称作皮安湾（Baye des Puans），见 Derek Hayes, *Historical Atlas of the United States*(Vancouver: Douglas & McIntyre, 2006), pp. 38, 41, 90, 92, 94。

关于与欧洲人接触之后，在温尼贝戈族人中间爆发的疫病，见 Wilcomb Washburn, *The Cambridge History of the Native Peoples of the Americas*, vol. 1, pt. 2, p. 409。

关于"非常漂亮的长袍，缝制、绣制在金布上"，见约翰·伊弗林记述 1664 年所见的 *The Diary of John Evelyn*(Oxford: Claendon, 1955) ,vol. 2, pp. 460-61。

De la Franchise 给尚普兰 1603 年的第一部自传题写的诗，载于 *Works of Samuel de Champlain*, vol. 1, p. 86。

第三章 一盘水果

关于"白狮"号的绝大部分材料都引自 Groupe de Recherche

Archéologique Sous-marine Post-médiévale(中世纪后期水下考古学研究会) 的考古报告 C. L. van der Pijl-Ketel, ed., *The Ceramic Load of the 'Witte Leeuw' (1613)* (Amsterdam: Rijksmuseum Amsterdam, 1982)。胡椒的价格，参照 N. W. Posthumus, *Inquiry into the History of Prices in Holland*, vol. 1, p. 174。关于 VOC 的商船信息，见 Bruijn, et al., *Dutch-Asiatic Shipping*, vol. 1, pp. 74, 86, 89, 91, 188, 192; vol. 2, pp. 12, 18, 22, 26; vol. 3, pp. 8, 12-13, 16-17。在网站 www.vocsite.nl/schepen 可以看到完整的荷兰东印度公司商船目录。

关于葡萄牙的克拉克船的列表，见 A. R. Disney, *Twilight of the Pepper Empire: Portuguese Trade in Southwest India in the Early Seventeenth Century* (Cambridge, MA: Harvard University Press, 1978) , p. 172。Van der Pijl-Keter 将"加尔默罗山圣母"号（*Nossa Senhora do Monte da Carmo*）写作 *Nossa Senhora de Conceição*。

关于荷兰海洋贸易，参见 C. R. Boxer（谟区查）, *The Dutch Seaborne Empire: 1600-1800* (New York: Knopf, 1965), pp. 22-25; Kristof Glamann, *Dutch-Asiatic Trade, 1620-1740* (1958; rev. ed., Gravenhage: Martinus Nijhoff, 1981), pp. 16-20,57-59, 112-18, 134, 153; Els Jacobs, *In Pursuit of Pepper and Tea: The Story of the Dutch East India Company* (Amsterdam: Netherlands Maritime Museum, 1991), pp. 11-12, 51-53, 73-74, 84-95; Dietmar Rothermund, *Asian Trade and European Expansion in the Age of Mercantilism* (New Delhi: Manohar, 1981), pp. 27-30，以及 Niels Steensgaard, *The Asian Trade*

Revolution of the Seventeenth Century: The East India Companies and the Decline of the Caravan Trade (Chicago: University of Chicago Press, 1973), pp. 101-113。荷兰进口每年增加 3% 的数据，见 Kevin O'Rourke, Jeffrey Williamson, "After Columbus: Explaining Europe's Overseas Trade Boom, 1500-1600", *Journal of Economic History* 62:2 (June 2002), p. 419。"代尔夫特市徽"号的航程，见 A. J. H. Latham, Heita Kawakatsu（川胜平太）, eds., *Japanese Industrialization and the Asian Economy*（New York: Routledge, 1994）, app. 2.1。 有关这些航行产生的影响，见 Violet Barbour, *Capitalism in Amsterdam in the 17th Century*（Ann Arbor: University of Michigan Press, 1963）, pp. 35-41，以及 Om Prakash, "Restrictive Trading Regimes: VOC and the Asian Spice Trade in the Seventeenth Century", in *Emporia, Commodities and Entrepreneurs in Asian Maritime Trade, c. 1400-1750*, ed. Roderick Ptak and Dietmar Rothermund（Stuttgart: Franz Steiner, 1991）, pp. 107-126。

1609 年抵达日本的"红狮"号，见 C. R. Boxer（谟区查）, *Jan Compagnie in Japan*, p. 27。 关于两艘叫作"中国"号的船只，见 Bruijn et al., *Dutch Asiatic Shipping*, vol. 2, pp. 22-23, 196。

关于荷兰瓷器进口的历史，见 T. Volker, *Porcelain and the Dutch East India Company, 1602-1682*(Leiden: Brill, 1954); Maura Rinaldi, *Kraak Porcelain: A Moment in the History of Trade* (London: Bamboo, 1989); Christian J. A. Jörg, "Chinese Porcelain for the Dutch in the Seventeenth Century: Trading Networks and Private Enterprise", in *The Porcelains of Jingdezhen*, ed. Rosemary Scott (London: Percival

Foundation of Chinese Art, 1993), pp. 183-205，以及 John Carswell, *Blue and White: Chinese Porcelain Around the World*(London: British Museum Press, 2000)。瓷器设计方面中国与波斯的互动，见 Lisa Golombek, "Rhapsody in Blue-and-White"，*Rotunda* 36: 1 (Summer/ Fall 2003), pp. 22-23。

欧洲瓷器生产的进步，参见 Hugh Honour, *Chinoiserie: The Vision of Cathay* (New York: Harper & Row, 1961), pp. 103-5。

格劳秀斯相关的引用，引自《海洋自由论》[*The Freedom of the Seas*, trans. Ralph Van Deman Magoffin (Toronto: H. Milford, 1916), pp. 12-13]，亦见 Hamilton Vreeland, *Hugo Grotius, the Father of the Modern Science of International Law*(New York: Oxford University Press, 1917) , pp. 47-58。

1608 年订购瓷器一事，见 Volker, *Porcelain and the Dutch East India Company*, p. 23。关于葡萄牙人定制中国出口的瓷器，见 Rui Guedes, *Companhia das Índias: porcelanas*（*Company of the Indies: Porcelains*）(Lisbon: Bertrand, 1995)。"拿骚"号的船货，见展览于阿姆斯特丹海洋博物馆的 "Cargo van twee Oost-Indische Shepen" [Cargo of Two East India (Company) Ships] (Amsterdam: Gerrit Jansz, 1640) 。

本章引用的文震亨的评论，见陈植校注的《长物志校注》（南京：江苏科学技术出版社，1984 年），其中"1450 年之后生产的瓷器"出自 97 页，"笔洗"在 260 页，"瓷中逸品"于 317 页，"花瓶"于 352 页，"瓷杯"于 419 页。《长物志》的内在观念，在柯律格的

《长物：早期现代中国的物质文化与社会状况》中有所讨论，文震亨对外国物品的评论特别能体现这一点（《长物志校注》58—60 页，85 页）。北京指南一段，见刘侗、于奕正《帝京景物略》（北京：北京古籍出版社，1980 年），163 页。关于中国墓葬中出土克拉克瓷器，见《文物》1982 年第 8 期，16—28 页；1993 年第 2 期，77—82 页。感谢柯律格提供给我这些参考材料。

关于 17 世纪欧洲对金银餐具的审美喜好，参见 Pascale Girard, ed., *Le Voyage en Chine d'Adriano de las Cortes s.j. (1625)* (Paris: Chandeigne, 2001), p. 253。

笛卡儿在 1613 年的评论，转引自费尔南·布罗代尔的《15 至 18 世纪的物质文明、经济与资本主义——第三卷：世界的时间》[Fernand Braudel, *The Perspective of the World* (London: Collins, 1984), p. 30]。伊弗林 1644 年对巴黎的评价，见 *Diary of John Evelyn*, vol. 2, p. 100。

彼得·伊萨克茨绘于 1599 年的油画，（*The Corporalship of Captain G. Jasz. Vczlckenier and Lieutenant P. Jacobsz Bas*），见 A.I.Spriggs, "Oriental Porcelain in Western Paintings, 1450-1700", *Transactions of the Oriental Ceramic Society* vol. 36 (London: 1965)。

关于代尔夫特的瓷砖的简史，见 Bailey, *Vermeer*, pp. 173-77。引文出自 175 页。关于阿姆斯特丹讽刺作家对中国艺术的想象，见 Edwin Van Kley, "Qing Dynasty China in Seventeenth-Century Dutch Literature, 1644-1760", 载于 *The History of the Relations Between the Low Countries and China in the Qing Era (1644-1911)*, ed. W E Vande

Walle and Noel Golvers (Leuven: Leuven University Press, 2003), p. 230。
关于利用啤酒厂作为瓷窑，见 Richard Unger, *A History of Brewing in Holland: Economy, Technology and the State* (Leiden: Brill, 2001), p. 324。

李日华与夏姓商人的对话，出自其日记《味水轩日记》（上海：上海远东出版社，1996年）第84页（万历三十八年二月二十一日条）。

关于拉姆在1617—1618年的劫掠活动，长崎的英国贸易站负责人理查德·科克斯（Richard Cocks）在日记有所提及，见 William Schurz, *The Manila Galleon* (New York: Dutton, 1959), p. 352。

第四章　地理课

拉斯·科特斯（Las Cortes）对于1625年船难的记录，法语版见 Pascale Girard, *Le Voyage en Chine*。我参照的部分在37—55页、65—69页、85—87页、97页、106—109页、354—357页。

关于17世纪"摩尔人"的概念，见 Allison Blakely, *Blacks in the Dutch World: The Evolution of Racial Imagery in a Modern Society* (Bloomington: Indiana University Press, 1993), pp. 33-36; Kim Hall, *Things of Darkness: Economies of Race and Gender in Early Modern England* (Ithaca, NY: Cornell University Press, 1995), p. 12。

对于澳门的西班牙人的中文描述，见印光任、张汝霖《澳门纪略》（1751、1800）卷下，叶8b（澳蕃篇·诸蕃府·弗朗西条）。李日华对"卢亭"的描述在《味水轩日记》第 103 页（万历三十八年五月朔日条），对"红毛"的记载则见于第 43 页（万历三十七年九月七日条）。王士性对澳门黑人的描述见其著作《广志绎》（北京：中华书局，1981 年）第 101 页（卷四，江南诸省）。牛的价格，参见 C. R. Boxer（谟区查），*The Great Ship from Amacon: Annals of Macao and the Old Japan Trade, 1555—1640* (Lisbon: Centro de Estudos Hitòricos Ultramarinos, 1959），p. 184。

卢兆龙的奏章，记载于《崇祯长编》卷三十四叶 42a—44a，卷三十五叶 41，卷四十一叶 13a—14b，卷四十三叶 29a—b，亦见中国第一历史档案馆、澳门基金会、暨南大学古籍研究所合编《明清时期澳门问题档案文献汇编（五）》（北京：人民出版社，1999 年）第41—45 页。此外也可参考黄一农的论文，见 Huang Yi-Long, "Sun Yuanhua（1581-1632）: A Christian Convert Who Put Xu Guangqi's Military Reform Policy into Practice", in *Statecraft and Intellectual Renewal in Late Ming China: The Cross-Cultural Synthesis of Xu Guangqi (1562-1633)*，ed. Catherine Jami, Gregory Blue, and Peter M. Engelfriet (Leiden: Brill, 2001），pp. 239-42。

"和兰"的记载，见于《明实录》1623 年 4 月条（《明熹宗实录》天启三年四月壬戌条）。

戴燿的话，出自王临亨《粤剑编》卷四（九月一日夜夜话记附），转引自汤开建《澳门开埠初期史研究》（北京：中华书局，1999 年）第 113 页。

雇用葡萄牙枪手，见 Michael Cooper, *Rodrigues the Interpreter:*

An Early Jesuit in Japan and China (New York: Weatherhill, 1994), pp. 337-351。1623 年的代表团的组成，见《明熹宗实录》卷三十三，叶 11a。颜俊彦对陆若汉的评论，日期不明，见其著作《盟水斋存牍》（北京：中国政法大学出版社，2002 年）第 704 页。卢兆龙在序中盛赞颜俊彦的书，显示他们关系密切。感谢 Alison Bailey 介绍本书给我。关于陆若汉的记载，可见《崇祯长编》卷四十四，本书转引自中国第一历史档案馆、澳门基金会、暨南大学古籍研究所合编《明清时期澳门问题档案文献汇编（五）》，第 45 页。

关于徐光启，见前文提到的 Jami（詹嘉玲）et al., *Statecraft and Intellectual Renewal in Late Ming China*。关于徐光启对日本的看法，见笔者论文 "Japan in the Late Ming: The View from Shanghai"，载于 *Sagacious Monks and Bloodthirsty Warriors: Chinese Views of Japan in the Ming-Qing Period*, ed. Joshua A. Fogel (Norwalk, CT: EastBridge, 2002), pp. 42-62。

沈榷对南京传教士的攻击，传统研究见 Edward Kelly, "The Anti-Christian Persecution of 1616-1617 in Nanking"（Ph.D. diss., Columbia University, 1971），其主要观点在 Adrian Dudink（杜鼎克），"Christianity in Late Ming China: Five Studies"（PhD. diss., Rijksuniversiteit, Leiden, 1995）中有所修正。耶稣会认定沈榷的迫害行为最终失败，见 George Dunne, *Generation of Giants: The Story of the Jesuits in China in the Last Decades of the Ming Dynasty* (Notre Dame: University of Notre Dame Press, 1962), pp. 128-45。曾德昭的记载，出自其所著耶稣会传教团史《大中国志》（*Imperio de la*

Chinae），我参照其 1642 年的英文版本 *Empire of China,* pp. 219-20。感谢 Gregory Blue 使我可以参考本书。

早期荷兰与中国的贸易，参见 Leonard Blusse, "The VOC as Sorcerer's Apprentice: Stereotypes and Social Engineering on the China Coast", *Leyden Studies in Sinology,* ed. W L. Idema (Leiden: Brill, 1981), 尤其是第 92—95 页的内容。

1623 年明廷关于倭寇和红毛谁威胁更大的辩论，记载于《明熹宗实录》卷三十五，叶 4a—b。李之藻支持葡萄牙火炮的论辩，见卷三十五，叶 3a—b。

澳门在耶稣会于中国传教的战略上的位置，尤见 George Souza, *The Survival of Empire: Portuguese Trade and Society in China and the South China Sea, 1630-1754* (Cambridge: Cambridge University Press, 1986), pp. 25, 37, 195-198。陆若汉 1633 年的信件，转引自 Cooper, "Rodrigues in China: The Letters of Joao Rodrigues, 1611-1633", 见《国語史への道——土井先生頌寿記念論文集 下》（东京：三省堂，1981 年）, p. 242。中国士大夫认为利玛窦是澳门间谍，出自李日华《味水轩日记》第 43 页（万历三十七年九月七日条），1616 年及 1623 年发生的指控耶稣会士从事间谍活动，见 Adrin Dudink（杜鼎克），"Christianity in Late Ming China," pp. 151, 258。

关于潘润民，见《广东通志》（道光二年刻本）（上海：商务印书馆，1934 年）第 375 页，以及《贵州通志》（乾隆六年刻本）卷二十六，叶 8b。潘润民 1607 年获进士。颜俊彦记录的涉外案子，是他在广东时听到的，日期不明，见《盟水斋存牍》第 702 页。

关于张燮及序文作者王起宗，见张燮《东西洋考》（北京：中华书局，1981 年）第 14 章，19—20 页。

"亦可以不出户庭……"出自章潢《图书编》[《钦定四库全书》图书编卷二十九（地道总述，叶 2a）]。

第五章　抽烟学校

杨士聪的回忆出自他的《玉堂荟记》（台北，1968 年）第 80 页（卷下，"烟酒古不经见"起的两段）。他的生平见《济宁州志》（康熙十二年刻本）卷五叶 19a、叶 56a，卷八叶 49b，以及张廷玉编《明史》（北京，中华书局，1974 年）第 3658 页，第 7942 页。关于当时北京物价及烟叶价格，见沈榜《宛署杂记》（北京：北京古籍出版社，1980 年）第 134 页，第 146 页。

关于烟叶的历史，除 Victor Gordon Kiernan, *Tobacco: A History* (London: Hutchinson Radius, 1991) 以及 Marc and Muriel Vigié, *L'Herbe à Nicot* (Paris: Les éditions Fayard) 之外，亦参见 Sarah Augusta Dickson, *Panacea or Precious Bane: Tobacco in Sixteenth-Century Literature* (New York: New York Public Library, 1954)；Jordan Goodman, *Tobacco in History: The Cultures of Dependence* (London: Routledge, 1993)；Berthold Laufer, "Introduction of Tobacco into Europe", *Anthropology Leaflet* 19 (Chicago: Field Museum of Natural History, 1924)。关于荷兰人的吸烟体验，见 Georg A. Brongers, *Nicotiana Tabacum: The History of Tobacco and*

Tobacco Smoking in the Netherlands（Amsterdam: H. J. W. Bechts Uitgeversmaatschappij, 1964）。

关于土著人的吸烟习惯，见 Ralph Linton, "The Use of Tobacco Among North American Indians", *Anthropology Leaflet* 15（Field Museum of Chicago, 1924）; Johannes Wilbert, *Tobacco and Shamanism in South America*（New Haven, CT: Yale University Press, 1987）。，关于吸烟宴会"tabagie"，见 Morris Bishop, *Champlain: The Life of Fortitude*（Toronto: McClelland and Stewart, 1963）, p. 39。

吸烟同女巫的联系，见前文提到的 Dickson, *Panacea or Precious Bane*, pp. 161-62。1643 年教皇的谕令见同书第 153—154 页。

某位英国人士评论说"（烟叶）在英格兰广受接纳和使用"，见 Laufer, "Introduction of Tobacco into Europe", 转引自 William Harrison, *Great Chronologie*, p. 7。坎登（Camdem）和詹姆斯一世（James I）的批评出自同书的第 10—11 页, 第 27—28 页。对托马斯·德克（Thomas Dekker）的话，来自 *The Guls Horne-Book*（London: R. S., 1609）的序言部分。

关于"（这药草）制成药膏或油膏使用"，见约翰·杰拉德, *The Herball or Generall Historie of Plantes*, 转引自 Dickson, *Panacea or Precious Bane*, p. 43。杰拉德在伦伯特·多东斯的研究基础上得出这一结论。

关于荷兰在烟草及奴隶贸易上的角色，参见 Jonathan Israel, *Dutch Primacy in World Trade, 1585-1740*（Oxford: Oxford University Press, 1989), 作者将其简要总结在另一本书之中，见 *Dutch Republic,* pp. 934-36, 943-46。关于烟草贸易中奴隶的作用，见 Goodman, *Tobacco in History*, pp. 137-53; Kiernan, *Tobacco: A History*, pp. 13-19。

我写过两篇关于帝制时期中国的吸烟文化的论文："Is Smoking Chinese?", *Ex/Change: Newsletter of Centre for Cross-Cultural Studies* 3（February 2002），pp. 4-6, 以及 "Smoking in Imperial China"，载于 *Smoke: A Global History of Smoking*, ed. Sander Gilman and Zhou Xun (London: Reaktion Books, 2004), pp. 84-91。关于中国吸烟习惯的最好的调查仍是 Bernhold Laufer 所做的，见 Bernhold Laufer, "Tobacco and Its Uses in Asia"，*Anthropology Leaflet* 18, (Field Museum of Chicago, 1924)。

"像土耳其人一样爱吸烟"，见 Julia Corner 匿名出版的 *China, Pictorial, Descriptive, and Historical* (London: H. G. Bohn, 1853), p. 196。

拉斯·科特斯和烟草的相遇，见 Girard, *Le Voyage en Chine*, p. 59。

方以智对烟草的观察，见袁庭栋《中国吸烟史话》（北京：商务印书馆, 1995 年）第 35 页。关于烟草在上海的情况，见叶梦珠《阅世编》（上海：上海古籍出版社, 1981 年）第 167 页。

关于奥斯曼帝国的吸烟历史，见 James Grehan, "Smoking and 'Early Modern' Sociability: The Great Tobacco Debate in the Ottoman Middle East"，*American Historical Review* 111 (2006), pp. 1352-77。

关于"烟"这个汉字从日本传来，见黎士宏《仁恕堂笔记》，本文转引自袁庭栋《中国吸烟史话》第 52 页。

"其种得之大西洋"，出自熊人霖《地纬》，本文转引自陈琮《烟草谱》（1773 年刊本，《续修四库全书》，上海：上海古籍出版社，）卷一，叶 2b。陈琮的评论"烟草始自边关"，见于卷一，叶 5b。

认为满人强制汉人吸烟的法国传教士是 Regis-Evariste Huc（古伯察，1813—1860），见古伯察、秦噶哗《鞑靼西藏旅行记》[（Huc and Joseph Gabet, *Travels in Tartary, Thibet and China During the Years 1844-46*, trans. William Hazlitt (London: George Routledge and Sons, 1928), p. 123]。

认为烟草原产自朝鲜，出自刘廷玑的《在园杂志》，本文转引自陈琮《烟草谱》卷一，叶 3a。关于烟草从满洲传入华北，见 L. Carrington Goodrich(傅路德), "Early Prohibitions of Tobacco in China and Manchuria", *Journal of the American Oriental Society* 58:4 (1938), pp. 648-57。

姚旅的记录出自他的《露书》（上海：上海古籍出版社，《续修四库全书》1999 年）卷十，叶 46a。关于福建烟叶质量，见张介宾《景岳全书》（北京：人民卫生出版社，1991 年）卷 48，叶 44a（1190 页）。

吴伟业考证的"圣火"，出自《新唐书·李德裕传》（北京：中华书局，1975 年），第 5330 页，此事见于武新立编《明清稀见史籍叙录》（南京：金陵书画社，1983 年），第 225 页。

张介宾的评论出自《景岳全书》卷四十八，叶 42b—45a（第 1189—1190 页）；关于槟榔的描述，在卷四十九，叶 30b—32b（1217 页）。陈琮《烟草谱》所收录的一首诗，显示该作者因嚼槟榔上瘾进而吸烟，该诗出自《烟草谱》卷九，叶 5a（"石湖不耐吃槟榔"

一诗）。17 世纪中期中国对烟草的医学理解，见 Laufer, "Tobacco and Its Uses in Asia", pp. 8-9。吸烟可以祛除环境中的湿冷的观念在菲律宾也很盛行，并成为儿童吸烟的理由，见 Juan Francisco de San Antonio, *The Philippine Chronicles of Fray San Antonio,* trans. D. Pedro Picornell (Manila: Casalina, 1977), p. 18。

关于妇女吸烟，见沈李龙《食物本草会纂》（1681 年刊），转引自袁庭栋《中国吸烟史话》第 129 页。亦见 John Gray, *China: A History of the Laws, Manners and Customs of the People*（London: Macmillan and Co., 1878），vol. 2, p.149。苏州官绅人家的妇女在还睡觉的时候让侍女梳头的事情，见陈琮《烟草谱》卷三叶 3b。"这个长烟袋"起头的打油诗，转引自袁庭栋《中国吸烟史话》第 71 页。

其他几首诗出自陈琮《烟草谱》卷五叶 8a，卷九叶 3b。陈琮的家世背景在《青浦县志》（1879 年刊）卷十九叶 43b-44a 中有一些记载。

陆耀的话出自他的《烟谱》（《续修四库全书》，上海：上海古籍出版社，2002 年），叶 3b—4b。关于建议文人吸烟，促发灵感，见袁庭栋《中国吸烟史话》第 128 页。

关于鸦片传入中国，见 Jonathan Spence（史景迁），"Opium Smoking in Ch'ing China", in *Conflict and Control in Late Imperial China*, ed. Frederic Wakeman（魏斐德）and Carolyn Grant (Berkeley: University of California Press, 1975), pp. 143-73。关于鸦片在特尔纳特岛及菲律宾的使用，见 E. H. Blair and J. A. Robertson, eds., *The Philippines Islands, 1493-1803* (Cleveland, OH: Arthur H. Clark,

1905), vol. 16, p. 303; vol. 27, p. 183。刺客吸鸦片的事情，见 vol. 29, p. 91。陈琮对于鸦片初期的历史记载见《烟草谱》卷一叶 12b-14a ；卷三叶 4a。关于鸦片在 19 世纪及 20 世纪所带来的更广大的政治影响，见卜正民、若林正编著的《鸦片政权：中国、英国和日本，1839—1952 年》[*Opium Regimes: China, Britain, and Japan, 1839-1952*, coedited by Timothy Brook and Bob Tadashi Wakabayashi (Berkeley: University of California Press, 2000)]。

以"吞霞"开头的诗，见赵汝珍《祝哀集》（1843）卷四，叶 13a。

劳费尔对烟草的赞美，见他的 "Tobacco and Its Uses in Asia" 结尾处的第 65 页。都灵的烟草芭蕾舞剧，见 Vigie and Vigie, L' *Herbe à Nicot*, p. 56。另外的一场烟草舞会或许对这次活动产生影响，见 Theodore de Bry, *Americae tertia pars* (Frankfurt, 1593)，此图在 Jeffrey Knapp, "Elizabethan Tobacco"，*Representations* 21 (Winter, 1988)，p. 26 的图 1 中可以看见。

第六章　称量白银

关于荷兰的货币制度，见 N. W. Posthumus, *Inquiry into the History of Prices in Holland* (Leiden: E. J. Brill, 1946)，vol. 1, pp. liv-lvii, civ-cxv。关于荷兰东印度公司的白银贸易，见 J. R. Bruijn et al., *Dutch-Asiatic Shipping in the 17th and 18th Centuries*, vol. 1, pp. 184-93, 226-32。

关于弗吉尼亚烟草高昂的价格及托马斯·德克的讽刺，见 Knapp, "Elizabethan Tobacco", pp. 36, 42。徐光启的说法，转引自 Richard von Glahn（万志英）, *Fountain of Fortune: Money and Monetary Policy in China, 1000-1700*（Berkeley: University of California Press, 1996），p. 199。（原文出自《徐光启集》卷五《钦奉明旨条画屯田疏 用水第二》，北京：中华书局，1963 年，第 237 页）

波托西的人口变动，见 Enrique Tandeter, *L'Argent du Potosí: Coercition et marchédans l'Amérique coloniale* (*The Silver of Potosi: Coercion and Market in Colonial America*)(Paris: EHESS, 1997), p. 96。关于 1647 年的暴动，见 Bartolomé Arzáns de Orsúa y Vela, *Historia de la villa imperial de Potosí,* trans. Frances López-Morilla, in *Tales of Potosí,* ed. R. C. Padden (Providence, RI: Brown University Press, 1975), pp. 49-50。

从日本和西属拉丁美洲流入中国的白银总量，见 von Glahn, *Fountain of Fortune*, pp. 124-41。目前最好的估算，被总结在第 140 页的表格中。关于西属拉美的白银产量，见 Harry Cross, John Tepaske, and Femme Gaastra 在 *Precious Metals in the Later Medieval and Early Modern Worlds*, ed. J. E Richards (Durham, NC: Carolina Academic Press, 1983) 中的相关章节。

中国人和西班牙初次接触，见 Margaret Horsley, "Sangley: The Formation of Anti-Chinese Feeling in the Philippines: A Cultural Study of the Stereotypes of Prejudice" (Ph.D. diss., Columbia University, 1950), p. 106。

马尼拉的西班牙人和华人的关系，见 Blair,Robertson, *The Philippine Islands*。弗朗西斯科·桑德的记载，见 vol. 4, p. 67。"这笔财富全落到中国人手里"一节，出自同书 vol. 12, p. 59；"人所能渴求或理解的所有财富和不朽名声"一节，出自 vol. 6, p. 198；关于八连的描写，见 vol. 22, pp. 211-12；vol. 29, p. 69。关于改教的华侨有戴帽子的义务，见 vol. 16, p. 197。

福建人出海的描写，见张燮《东西洋考》，"贩儿"一节见周起元的序文（第 17 页），"压冬"见同书第 89 页，"压冬"一词，亦见于印光任、张汝霖《澳门纪略》下卷叶 8a 中尤侗的诗。

1603 年的屠杀事件，见安东尼奥·德·莫尔加 1609 年的记载，出自 *Philippine Islands*, vol. 15, pp. 272-77；另见 vol. 16, pp. 30-45, pp. 298-99。这一事件被明朝有意地曲解并掩盖，此事见于 Schurz, *Manila Galleon*, pp. 85-90，关于西班牙帆船沉没则见于 258 页。关于此事，鲍晓鸥的论述更加可信，但仍不完整，详情见 Jose Eugenio Borao（鲍晓鸥），"The assacre of 1603: Chinese Perception of the Spanish on the Philippines", *Itinerario* 22: 1 (1998), pp. 22-39。对于被屠杀的人数，张燮在《东西洋考》中更高地估计为 2.5 万，而一份 1637 年的报道显示为 3 万，见 Schurz, *Manila Galleon*, p. 81。关于出海的福建人，兵部尚书推测的人数见《崇祯长编》卷四十一，叶 2b，张廷玉《明史》只记"数万"（第 8368 页）。

Schurz 的 *Manila Galleon* 是研究马尼拉大帆船贸易的权威著作。本书中"坏血病和饥饿"参考第 265 页，"贸易停摆造成冲突"见第 91 页。1639 年三十艘中国帆船抵达, 见 Souza, *Survival of Empire*, p.

84 的表 4.8。

潮州石牌坊，见 Girard, *Le Voyage en Chine*, p. 103。

华南采珍珠一事，见顾炎武《天下郡国利病书》卷二十九（广东下），叶 126a—b。

冯梦龙对派士兵戒护银矿的回忆，见《寿宁待志》（崇祯十年刊）（福州：福建人民出版社，1983 年）第 36—37 页。

关于"富者百人而一"，转引自拙著《纵乐的困惑》第 238 页（原文出自顾炎武《天下郡国利病书》卷九"凤宁徽"，叶 76b）。关于上海 1639—1647 年间米价上涨，见叶梦珠《阅世编》卷七（食货一）。一斗米可换两个小孩的记载，见张履祥《补农书校释（增订本）》（北京：农业出版社，1983 年）174 页（《桐乡灾异记》一文）。

关于"戎克"船，见 Pierre-Yves Manguin, "The Vanishing Jong: Insular Southeast Asian Fleets in Trade and War (Fifteenth to Seventeenth Centuries)", in *Southeast Asia in the Early Modern Era: Trade, Power, and Belief*, ed. Anthony Reid (Ithaca, NY: Cornell University Press, 1993), pp. 197-213。

佛朗切斯科·卡雷里的评论，见 Schurz, *Manila Galleon*, p. 253。

1644 年以后士大夫对白银的批评，见 von Glahn, *Fountain of Fortune*, pp. 219-22。顾炎武"倚银而富国"一句，见同书第 221 页（原文出自顾炎武《钱粮论（上）》。见《顾亭林诗文集》，中华书局，1976 年，18—19 页）。

安德烈·贡德·弗兰克（Andre Gunder Frank）认为 1640 年世界货币危机是因为白银过量生产导致，详见其著作《白银资本：

重视经济全球化中的东方》[*Reorient: Global Economy in the Asian Age* (Berkeley: University of California Press, 1998), pp. 237-48]。一些人则表示相反的观点，见 Jan de Vries, "Connecting Europe and Asia: A Quantitative Analysis of the Cape-route Trade, 1497-1795", in *Global Connections and Monetary History, 1470-1800*, ed. Dennis O. Flynn, Arturo Giráldez and Richard von Glahn（Aldershot: Ashgate Publishing Company, 2003），pp. 35-106。

"怀胎圣母"号及"圣安布罗休"号，参见 Schurz, *Manila Galleon*, p. 259。"怀胎圣母"号的复原，见 Eugene Lyon, "Track of the Manila Galleons" 及 William Mathers, "Nuestra Senora de la Concepcion"，分布载于 *National Geographic*, Sept. 1990, pp. 5-37 及 pp. 39-55。1987—1988 年的考古发掘，使得这条船成为第一艘通过水下考古，打捞出船货的马尼拉大帆船。

关于 1639 年暴乱的最主要史料，出自著者不明的 *Relation of the Insurrection of the Chinese*，该书由 Blair 及 Robertson 翻译成英文，见 *The Philippine Islands*, vol. 29, pp. 208-58。关于菲律宾的华侨的历史，参看陈荆和的《16 世纪之菲律宾华侨》（*The Chinese Community in the Sixteenth Century Philippines*）（Tokyo: Centre for East Asian Cultural Studies, 1968）；Edgar Wickberg, *The Chinese in Philippine Life, 1850-1898*（New Haven, CT: Yale University Press, 1965）。

中国人和石铎琭的对话，出自石铎琭的《初会问答》，转引自 Pascale Girard, *Les Religieux occidentaux en Chine à l'époque moderne*（Lisbon: Centre Cultural Calouste Gulbenkian, 2000），pp. 388, 472。

"一直以其庞大财富支撑整个王国"一节，出自 Jeffrey A. Cole, *The Potosí Mita, 1573-1700: Compulsory Indian Labor in the Andes* (Stanford: Stanford University Press, 1985)，pp. 52-53。

富尔亨西奥·奥罗斯科的故事，出自 Padden, *Tales of Potosí*, pp. 27-32。卡兰查神父称波托西的人们"热衷于追求财富，有点沉迷于肉欲"，出自 Lewis Hanke, *The Imperial City of Potosí: An Unwritten Chapter in the History of Spanish America*（The Hague: Martinus Nijhoff, 1956），p. 2。

第七章　旅程

关于对范·德·布赫的《玩牌人》的讨论，见 Michiel C. C. Kersten and Danielle H. A. C. Lokin, eds., *Delft Masters, Vermeer's Contemporaries: Illusionism Through the Conquest of Light and Space* (Zwolle: Waanders Publishers, 1996)，pp. 174-75。英国王室收藏的两幅与此同一时期的绘有非洲仆人的画，分别是 Jan de Bray, *The Banquet of Cleopatra*（1652）以及 Aelbert Cuyp, *The Negro Page*（c. 1652）。前者可以在 Christopher Lloyd, *Enchanting the Eye: Dutch Paintings of the Golden Age* (London: The Royal Collection Publications, 2005)，pp. 50-51 中见到，值得注意的是，Jan de Bray 在克娄巴特拉（Cleopatra）面前的桌子上画上了一个克拉克瓷器。

关于荷兰的奴隶贸易，参见 Pieter C. Emmer, "The Dutch and the Slave Americas", in *Slavery in the Development of the Americas*, ed. David Eltis, Frank D. Lewis, and Kenneth L. Sokoloff（Cambridge: Cambridge University Press, 2004），pp. 70-86。关于 17 世纪荷兰社会及艺术当中黑人的历史，参见 Blakely, *Blacks in the Dutch World*, 特别是第 82—115 页、第 226—228 页。关于黑人在近代早期欧洲社会中发挥的作用，见 Hall, *Things of Darkness*，尤其是第 5 章的第 1—15 页，此外亦可参照 Steven A. Epstein, *Speaking of Slavery: Color, Ethnicity, and Human Bondage in Italy*（Ithaca, NY: Cornell University Press, 2001），pp. 184-97。Epstein 在书中指出，黑人是欧洲奴隶人口中的后来者。

鲁博的故事，记录在 C. R. Boxer, *Fidalgos in the Far East, 1550-1770: Fact and Fancy in the History of Macao*（The Hague: Martinus Nijhoff, 1948），pp. 149-53。关于葡萄牙对日贸易的结束，参见其 *The Great Ship from Amacon*, p. 155。

澳门耶稣会神学院院长反对买卖中国儿童，见 Souza, *The Survival of Empire*, p. 195。班特固的出航经历，见他的 *Memorable Description of the East Indian Voyage,* pp. 57-59, 92-95, 105-13, 142-43。科恩的批评，见 Bruijn et al., *Dutch-Asiatic Shipping*, vol. 1, p. 71。

"新霍伦"号 1646—1647 年的航行经过，见 Bruijn et al., *Dutch-Asiatic Shipping*, vol. 2, p. 96, vol. 3, p. 52。

"驶往长崎的中国船一见到红毛的船，就像老鼠见到了猫一样"，出自西川如见《長崎夜話草》（岩波文库，1946 年）第 264 页，转引自 C. R. Boxer, *Jan Compagnie in Japan, 1600-1850*, p. 121。

韦特佛瑞的故事，见 Gari Ledyard, *The Dutch Come to Korea* (Seoul: Taewon Publishing Company, 1971)，pp. 26-37，引文出自同书第 28 页，第 36 页，第 181—182 页，第 186 页及第 221 页；博斯凯特的事情在第 144 页、第 204 页。荷兰东印度公司的二等船"霍兰迪亚"号从胡力—奥斯夫拉克岛（Goeree-Overflakkee）出发，在 1925 年 8 月 25 日抵达巴达维亚（现雅加达）。但韦特佛瑞说他从阿姆斯特丹出发，那么他更可能是搭乘从特塞尔岛出发的"霍兰迪亚"号，见 Bruijn et. al., *Dutch-Asiatic Shipping*, vol. 2, pp. 52, 56; vol. 3, p. 28。"乌韦克尔克"号的命运，见 C. R. Boxer, *The Great Ship from Amacon*, pp. 114-15。

高琦的故事，见 George H. Dunne, *Generation of Giants*, pp. 235-39，以及 Antonio Sisto Rosso 的文章 [*Dictionary of Ming Biography, 1368—1644*, ed. L. Carrington Goodrich and Chao-yin Fang（房兆楹）(New York: Columbia University Press, 1976)，pp. 409-10]。

关于"居间搭桥的女人"，见 Sylvia Van Kirk, *"Many Tender Ties": Women in Fur-Trade Society in Western Canada*, 1670-1870 (Winnipeg: Watson & Dwyer Pub., 1980)，pp. 4-8, 28-29, 75-77。关于"中间地带"，见 Richard White, *The Middle Ground: Indians, Empires, and Republics in the Great Lakes Region, 1650-1815* (Cambridge: Cambridge University Press, 1991)，p. 52。

凯列班的原话，引自莎士比亚《暴风雨》第一幕第二场。"使他们脑子翻转，使他们死亡的，是你们"，见 Penny Petrone, ed., *First*

People, First Voices（Toronto: University of Toronto Press, 1983），p. 8。阿芒·科拉尔的诗《赤脚站在被屠杀的大地上》（Barefoot on the Massacred Earth），引自 Sioui, *For an Amerindian Autohisotry*, p. 33。

理查德·特雷克斯勒的追问，见 *The Journey of the Magi: Meanings in History of a Christian Story*（Princeton, NJ: Princeton University Press, 1997），p. 6。关于黑人的巴尔撒泽以及他所处的偏离中心的位置，见第 102—107 页。

结语　人非孤岛

邓恩的第 17 则沉思语，见 John Donne, *Devotions upon Emergent Occasions*（Cambridge: Cambridge University Press, 1923），pp. 97-98。我在引用时调整了拼写及句读。

班特固在福建买猪付二十五枚雷亚尔的事情，见他的 *Memorable Description*, p. 109。

"今天中国在下雪"，见 Ledyard, *The Dutch Come to Korea*, p.28。

科奎拉和教会的争端以及他之后的经历，见 Nicholas P. Cushner s. j., *Spain in the Philippines: From Conquest to Revolution*, pp. 159-67。"以前两比索可买到的衣服，现在要四五比索"，见 *The Philippine Islands*, vol. 35, p. 195。

卡塔莉娜所说"毁灭性的漫长战争"，见 *Vermeer and His Milieu*, p. 351。关于旧教堂内维米尔家族墓地，见 O. H. Dijkstra, "Jan

Vermeer van Delft: drie archiefvondsten （Jan Vermeer of Delft: Three Archival Discoveries）", *Oud Holland Quarterly for Dutch Art History* Vol. 83 （1968）, p. 223。